中国青年志愿服务丛书

大型赛会志愿服务机制研究

——基于2016年二十国集团领导人杭州峰会志愿服务工作

沈威　盛晓晶　林毅　著

人民出版社

目录 Contents

导　言

　　2016 年 9 月 4—5 日成功召开的 2016 年二十国集团中国峰会（以下简称"G20 杭州峰会"）不仅是中国首次以峰会主席国的身份召开的大型国际会议，也是中国 2016 年举办的最重要的主场外交活动，还是中国"全面介入全球治理"，"力争成为全球治理的主要贡献者和领导者[①]"的开端之作，会议确定的"创新、活力、联动、包容"主题得到世界的关注和认同，并取得了诸多成果，包括积极推动《巴黎协定》尽快落实，制定《20 国集团落实 2030 年可持续发展议程行动计划》等。

　　G20 杭州峰会取得的成果引人注目。同样，直接参与服务的峰会志愿者的风采与贡献也引发了世人的关注。

　　峰会志愿者以"四个最""四个满意"为要求，切实做到了"零起点学习、零懈怠筹备、零遗憾参与"，实现了"精彩服务、精彩管理、精彩展示"的目标，为峰会成功举办贡献了积极独特的力量，打造了峰会志愿者金名片，树立了杭州志愿服务事业发展的里程碑。据统计，峰会共录用会场志愿者 4021 名，服务岗位 3760 个，服务点 299 个，累计服务时数 19.4 万小时，服务嘉宾 5 万余人次，峰会城市志愿服务累计参与志愿者 185.2 万人次，国内外媒体报道 300 余篇次，其中中央电视台报道 25 次，志愿者的"小青荷"形象也因此家喻户晓。"小青荷"的

[①]　金灿荣：《G20 杭州峰会的中国意义》，《南方都市报》2016 年 9 月 11 日。

出色表现得到了与会嘉宾的一致好评。时任联合国秘书长潘基文、欧盟主席容克、国际货币基金组织总裁拉加德、巴西总统特梅尔、印度尼西亚总统佐科维多多、墨西哥总统培尼亚、加拿大总理特鲁多等亲切慰问志愿者，并合影留念。老挝总理府大臣、驻华大使、俄罗斯总统府翻译官等分别以感谢信的形式，对志愿者的表现给予了高度评价。

在峰会召开之前，团杭州市委、杭州市志愿者工作指导中心就研发出了峰会志愿者招募注册系统，面向 15 所定点招募高校接受报名志愿者 26266 人，联合志愿者使用部门、高校组织了两轮面试、三轮测试（通用知识线上测试、心理测试、英语托业测试）和三审三查（招募系统实名认证、学校党委审核、峰会卫志部核查），遴选出"形象好、气质佳、外语强、素质高"的志愿者 3963 名，95% 的志愿者的托业测试水平在良好以上，还有部分德语、法语、西班牙语、阿拉伯语、印度尼西亚语等小语种志愿者。同时，招募来自 14 个国家的国际志愿者代表 25 名，选拔北京、上海等地优秀大中学生代表性群体志愿者 33 名。在做好招募基础上，编制了《峰会志愿者通用培训教材》，开发网络版"培训课程"，开展峰会志愿者通用知识培训 142 场，集中专业知识培训 42 场，教师领队培训 14 场，礼仪形象、外语口语强化训练 69 场，开展各类实战演练 166 场，切实做到"不培训演练、不上岗服务"的要求。

为了规范化开展志愿者服务工作，峰会志愿者部提前制订《2016年 G20 杭州峰会志愿服务组指挥手册》，实行"一部一中心、四组十二队"应急运行模式，建立 12 支大队并配套成立临时党组织，集中抽调工作人员 210 名，编组中队 85 支、小组 293 个，召开大队长例会 5 次、联络中心会议 12 次、大队内部会议 40 余次，落实"一张清单三份责任书"，建立了完备应急预案和应对流程，确保"属地管理、分级负责"；主动对接"一办十部"和八个指挥部，开展了多轮岗位磋商，以岗位备忘形式，明确国博中心、新闻中心、宾馆、机场、火车站、安检口等 299 个服务点位，服务内容涉及抵离迎送、礼宾接待、会议注册、现场咨询、文件发放、场地引导、交通出行、新闻中心、晚宴服务、文艺演出、安全检查、后勤保障 12 大类；协调峰会办印发了《峰会志愿者保障激励通用政策》，落实了"谁使用、谁保障、谁负责"保障机制，配套制定印发应急保障、暑期保障、车辆保障、服装保障、评奖评优等系列文件；率先提出"服务 G20，志愿我先行"口号，实施省市 G20 志愿服务"赛积分，比贡献"活动，联合开展了人大代表"服务 G20、当好志愿者"活动，依托全市 946 个社区志愿服务站、1000 多个公交站点、70 多个"微笑亭"、280 多个公共自行车亭、150 多个文明路口，组织动员了百万志愿者、1.3 万个志愿服务组织，广泛开展志愿平安、志愿文明、志愿生态、志愿关爱、志愿国际、志愿旅游、志愿文化七大城市志愿服务行动。

正是基于 G20 杭州峰会志愿服务的突出表现，对志愿服务机制的理论提升研究就显得更加迫在眉睫。本书主要立足于 G20 杭州峰会志愿服务，同时以其他大型赛会的志愿服务为参考，主要研究志愿服务动员机制、招募机制、能力培训机制、现场指挥调度机制、素质提升机制和激励保障机制等。

机制是人们当前在改革中使用的频率比较高，但却对它的确切含义又少有研究的一个概念。人们对机制还存在着这样或那样的一些模糊认识。首先，过去人们对机制的本义进行解读时，并没有仔细分析机制的本义所要表达的全部意思，过于简单地认为机器的各个零部件根据机械原理形成因果关系、相互联结，并没有对这种机械原理和因果关系进行分析，就推导出机制就是机器的部分的相互关系及其运行方式。机制一词来源于希腊文"mechane"，意指机器的构造和动作原理。把机制的本义引申到社会领域，就形成了社会机制。社会机制是指社会现象各部分之间的相互关系及其运行方式。其表现形式主要有三种。①

---

① 主要观点参见孙绵涛：《社会机制理论的新探索（上）》，《沈阳师范大学学报》2007 年第 6 期；孙绵涛：《社会机制理论的新探索（下）》，《沈阳师范大学学报》2008 年第 2 期。

　　层次机制即从社会层次范围的角度来考察社会现象各部分之间的相互关系及其运行方式所得出的机制。它包括宏观、中观和微观三种社会机制。宏观社会机制是指从社会组织的高层着手，从整体出发，运用整齐划一的形式把社会的各个部分统一起来，从而使社会得以运行和发展。这里的宏观不单纯是指层次高和范围大，还指在一定的层次和范围内各部分的统一；中观的社会机制是指从社会组织的中层着手，在这一层面上用统一的方式将社会统整起来使之运行和发展；微观的社会机制是指从社会各个基层的组成部分着手，充分调动各个基层组成部分的积极性，使社会得以运行和发展。

　　形式机制即从社会运行形式的角度来考察社会现象各部分之间的关系及其运行方式所得出的机制。它包括行政—计划式的机制，指导—服务式的机制和监督—服务式的机制三种。行政—计划式的机制是指用行政的手段和计划的手段将社会的各个部分统整起来使之运行和发展；指导—服务式的机制是指用指导的手段和服务的手段将社会的各个部分统整起来使之运行和发展；监督—服务式的机制是指既运用行政—计划的手段，也运用指导—服务的手段将社会的各个部分统整起来使之运行和发展。

　　功能机制即从社会运行形式所发挥作用的角度考察社会现象各部分之间的相互关系及其运行方式而得出的机制。它包括激励机制、制约机制和保障机制。激励机制是指用激励的手段发挥激励的功能来调动社会各个方面的积极性，从而统整整个社会使之运行和发展；制约机制是指用制约的手段发挥制约的功能，将社会的各方面统整起来使之发挥作用。这种制约从纵向上来说，有上级对下级的制约、下级对上级的制约以及平级之间的制约。从形式上来说，有行政制约、法律制约和舆论制约等。保障机制是指用保障的手段发挥保障的功能将各方面统整起来使之运行和发展。这种机制一般采用三种方式来发挥作用：一是提供经费、设备等物质条件；二是提供观念导向、政策支持和制度保障等精神条件；三是提供管理或服务的方式。在社会运行过程中，一般来说，这三种方式是同时采用而发挥作用的，但有时也可以只采用其中的一种方式或两种方式来发挥作用。也就是说，要使社会的各个部分统整起来发挥作用，多数情况下是同时采用三种方式，而有时候只采用一种或两种方式就能达到把社会的各个部分统整起来使社会得以运行的目的。

三类机制的实然逻辑表现在：人们认识这三类机制，有时是首先从层次上去考察所表现出的层次机制；有时是首先从形式上去考察所表现出的形式机制；有时是首先从功能上去考察所表现出的功能机制。从层次机制来看，虽然宏观、中观和微观反映的是人们认识事物或现象层次范围的应然逻辑，但实际上人们从层次上来看事物或现象的运行方式，不一定就是从宏观到中观再到微观，有可能是从中观到宏观再到微观，或从中观到微观再到宏观；也有可能是从微观到宏观再到中观，或从微观到中观再到宏观。然而，无论人们从哪个层次上去分析事物或现象的运行方式，都必须兼顾其他两个层次，否则既不可能准确而清楚地认识这一层次上的机制，也不可能全面地认识事物或现象的层次机制。从理论上来看，三类社会机制中每一类机制中的三种机制是同时存在的。加强中观和微观机制、指导—服务式的机制、激励机制及保障机制，并不等于宏观机制、行政—计划式的机制和制约机制就不存在了，它们仍然会存在，而且还会发挥作用。

起源于 19 世纪初，并于 19 世纪末 20 世纪初发展和逐渐成熟完善的西方社会志愿服务，早已逐渐步入组织化、规范化、法制化、系统化的轨道，且有着良好的社会声望和广泛的群众基础，虽然我国志愿服务发展还处于初级阶段，但近年来随着社会的进步，志愿者队伍不断壮大，志愿服务水平不断提高，志愿服务范围不断扩大，志愿服务的内容遍及城市社区建设、农村扶贫开发、支援西部、抢险救灾、环境保护、医疗卫生、大型赛会活动、社会公益等多个领域。

中国实质性的志愿服务起步于改革开放以后。1989 年深圳市借鉴外国和我国港澳台地区的经验发起志愿服务活动，并于 1990 年成立了中国内地第一个志愿服务团体——深圳市义务工作者联合会，开展对外来工、孤寡老人、儿童、病人的服务，引起社会强烈反响。随着社会需求的增加，志愿服务逐渐引起了党团组织和政府部门的重视。1994年中国青年志愿者协会正式成立。1997年党的十四届六中全会把青年志愿者行动写进了决议。2019年7月23日，习近平总书记致中国志愿服务联合会第二届会员代表大会的贺信中，再次对志愿服务作出重要指示。他强调，志愿服务是社会文明进步的重要标志。党的十八大以来，广大志愿者、志愿服务组织、志愿服务工作者积极响应党和人民号召，弘扬和践行社会主义核心价值观，走进社区、走进乡村、走进基层，为他人送温暖、为社会作贡献，充分彰显了理想信念、爱心善意、责任担当，成为人民有信仰、国家有力量、民族有希望的生动体现。

自中国广泛开展志愿服务以来，就把大型赛会作为志愿服务的主战场。如中国主办的多次亚运会、国内的全运会、远东及南太平洋残疾人运动会、世界乒乓球锦标赛、奥运会、世界大学生运动会、APEC会议、G20峰会等重大活动都有志愿者的重大贡献。1990年亚运会期间，北京团市委就组织了20万人的义务服务总队，投入到亚运服务之中，这是北京青年参与国际重大活动的初步尝试。1994年秋，第6届远东及南太平洋残疾人运动会举办期间，又有3万名青年志愿者以"与你同行"为宗旨，全面参与到运动会的各个环节之中，把爱心献给了每一位残疾同胞和各国运动员，把真情播撒到社会的每一个角落，与残疾人运动员共同创造了生命的辉煌。这次志愿服务活动赢得了国内外舆论的广泛赞扬。1993年8月至9月间，10万名北京青年组成的志愿人员服务团，全面参与到第7届全国运动会的接待、交通维护等方面的服务工作之中，为七运会的成功做出了积极贡献。1997年10月在上海举行的第8届全运会，是20世纪末中国最大的一次全国综合性运动会。八运会期间，首次设立了专门从事组织青年志愿者服务的部门——青年志愿者工作部，7万多名青年志愿者报名参加了八运会，几十万人次参加了清理场馆、咨询宣传、迎送礼仪、文明啦啦队等各类服务活动，在八运会组委会工作机构中，青年志愿者的人数是专职工作人员的 2 倍以上。

中国的志愿服务活动取得的成绩之大，且组织化、规范化、法制化、系统化速度之快与中国当代特殊转型需求有密切关联。可以说当今我国志愿服务已经成为社会结构转型、社会空间发育以及市民社会价值观念转变过程中一种新的社会事实。

首先，中国志愿服务的兴起成为社会架构方面由原有的国家一体化向政府、市场与社会三大结构体系并存转变的重要表征。

中国的改革释放了蕴含在社会各个层面的巨大能量和多样化需求，使原有的政治化、行政化、一体化的社会走向了开放化、市场化和多元化。改革对志愿者组织的影响在于：经济体制改革为整个社会走向自我服务、自我管理的多元治理模式奠定了坚实的基础，政府体制改革通过以"小政府、大社会"为目标的机构改革和职能转变为志愿者组织的发展提供了很大的社会需求和相应的部分资源，改革使得以物质福利再分配为主要特征的苏联式的单位制福利开始淡出，传统的国家代理人企事业单位的福利角色逐渐弱化，提供福利的主体不再局限于政府，个人、家庭和社区在养老、医疗、住房等福利领域要承担更加明显的责任，家庭、市场、社会和国家开始形成新的利益结构关系，同时随着改革的深入进行，公民通过各种形式参与经济、社会乃至政治过程的机会越来越多，热情越来越高，其自由、自主、自治和志愿服务的意识逐步觉醒和培养起来，这为志愿者组织的发展奠定了重要的社会基础。社会成员利用自身资源解决共同面临的社会事务，已经成为一种新型的社会参与方式，形成了新的社会公共空间。

其次，中国志愿服务的兴起是当代社会成员由以往的单一职业角色向多重社会角色分化的现实需求。

改革以前，由于人们被安排在统一的、同质同构的"单位体制"中，仅仅只有干部、工人、农民等简单的职业角色差别，其职业地位的分层也主要由单位占有社会稀缺资源多少来决定，并服从于一定的行政序列。而且行政组织和经济组织内部的科层制度往往严重地压抑了人们的个体创造的积极性。随着"单位体制"的松动和弱化，人们得以在逐渐增多的社会活动中发展横向的社会联系和关系。人们渴望能激发自己除职业之外的潜能，实现自己的全面发展，这就使人们不再满足于单一的职业身份和由单位决定的社会地位，他们寻求充当更多的社会角色来充分体现自己的社会价值，志愿者正是在这一分化过程中产生的新的社会角色。[①] 当代的社会转型为人们充分发挥自己的个性和创造才能提供了十分广阔的舞台和良好的前景。

再次，中国志愿服务的兴起是人与人之间由以往的熟人关系、亲情关系向业缘关系、法理关系及更广泛的陌生人之间的社会关系转变的结果。

中国传统农业社会中的人际关系主要表现为家族、村落内部的血缘、地缘关系。这种人际关系虽然在城市社会中受到冲击和改造，但在传统的计划经济体制下，由于单位内生产生活化的封闭性社交圈以及整个社会的低流动和低分化程度，使得人际关系仍然主要集中在单位内部和亲属邻里之间。在单位中，人际关系又遵从着严格的行政级别秩序，这种政企合一、政社合一的组织体制在同构的社会组织内形成同质性极强的社会成员群体，而邻里之间的效益主要集中在单位之内。随着我国社会主义市场经济体制的发展，社会人际关系更多地表现为功利取向的交易契约关系。无情的市场竞争原则和法理关系打破了以往熟人效益的一切温情纽带。同时，在大规模城市建设和改造中，市场的搬迁和流动加剧，这一切都使得城市社会成员之间形成了强烈的陌生感并缺乏归属感。人们迫切渴望重建和谐温馨的人际关系。[②] 应当指出，这一新型人际关系不仅是邻里熟人之间的互助友爱，而且在参与志愿服务活动中提高和升华为一种陌生人之间的社会

---

① 刘威：《志愿服务："弱关系"群体间人际互动的路径选择》，《学习与探索》2015年第9期。

② 富晓星：《互为中心：志愿者和服务对象的关系建构》，《青年研究》2015年第6期。

公益精神和奉献精神。

最后，中国志愿服务的兴起是中国社会价值观念重构的需求。

中国社会正由传统伦理社会向现代法理社会融合。在传统社会中，人们主要依靠私人情感和身份地位构成的网络来进行，以人情面子来判断是非曲直。随着工业社会的到来，市场交易和科层制的发展使人们之间更强调契约精神和业绩原则。改革以来的中国社会，尽管传统私人关系网络仍有相当大的影响，但人们更多地依靠彼此的信用和功利理性来交往。以权利和义务为核心的责任伦理成为现代法理社会的主要精神。这一方面保持了大工业社会的稳定和有序，另一方面也使城市人缺乏归属感，人与人之间的情感流于短暂化、表面化和形式化。这种工业伦理与中国传统伦理观念产生强烈冲突。人们迫切要求在功利理性之外，还应张扬体现爱心的价值伦理。已有研究发现，传统价值观念对人们支持或参与志愿活动有着正相关关系，在对"天下为公""助人为乐"和"行善积德"持肯定态度的人中，利他型动机比率最高。可见，当代中国社会的价值转型是人情伦理逐步融入契约理性的一个过程，表现为人们在追求功利理性的同时，也对生活有着审美情趣的追求；在强调责任伦理的同时，也强调内在的道德规范。

由此可见，在从熟人社会向陌生人社会转变的现代化进程中，志愿服务作为一项由国家倡导和推行的制度性活动，已经成为制度化的社会互动模式，成为陌生人之间人际互动的重要路径选择，这种路径选择的社会意义已完全超出了其互动的双方之间。

但根据前人的研究成果①，发现大型赛会志愿服务也存在着共性问

① 具体参见李迎生：《志愿服务于弱势群体的权利保障》，《教学与研究》2005 年第 3 期；殷小川、巩凌等：《关于 2008 北京奥运会志愿者培训问题的思考》，《山西大学学报》2006 年第 11 期；邹智：《高校大学生志愿者服务参与度的影响因素研究》，《亚太教育》2016 年第 9 期；王智慧：《大型体育赛事举办后对承办地区居民幸福指数影响的实证研究》，《体育科学》2012 年第 3 期；黄海燕：《体育赛事管理》，人民体育出版社 2012 年版等。

题，主要体现为以下几点：

第一，大型赛会志愿者的管理上过度依赖政府部门的支持。目前，我国大型赛会志愿者管理主要采用"党团主导，高校支持"的模式，借助党团组织的号召力和组织力，虽然能在短时间内整合社会资源，招募大量的赛会志愿者，但招募来的绝大多数志愿者中"被动志愿者"占据较大比例，影响志愿服务的社会化进程。

第二，大型赛会志愿者组织建设缺乏持续机制。我国的赛会志愿者管理机构往往是一种临时性组织，当赛会需要志愿者时，通常采用向高校大面积定向招募临时志愿者，在赛会志愿者的招募、日常管理中没有形成相对稳定的志愿者队伍，特别是相对完善的持续机制还没有建立，影响了志愿服务精神的延续。

第三，大型赛会志愿者培训机制不完善。良好的志愿者培训机制对提高志愿者的服务质量与水平具有决定作用，但就目前的志愿者培训现状来看，由于各方面的原因，志愿者的培训质量不高。高建华、高嵘等在研究中发现，我国体育赛事志愿者由于培训质量不高而导致志愿者在服务过程中出现差错的现象时有发生。[①] 同时提到除了相关工作内容的培训以外，处理应急情况的能力等培训也十分必要。当然，虽然大型赛会志愿者的培训体系日趋完善，如在杭州 G20 峰会就有充分的体现，但培训师资、培训教材、培训方式等相关问题时有存在。

第四，缺乏健全的大型赛会志愿者保障体系。志愿服务行为虽然是一种自愿行为，但必要的保障是必不可少的，这种保障主要体现在对大型赛会志愿者的立法保障与经济保障。但就目前的现状而言，我国的大型赛会志愿者大多数没有得到良好的保障，有些赛会组委会连最基本的意外保险都没有提供，志愿者的各项基本权利也缺乏明确的法律规定。我国近几年大型赛会志愿者管理在组织制度、专业化进程和经验积累方

---

① 高建华、高嵘等：《大型国际性运动会志愿者招募与培训经验的研究》，《体育科学》2006 年第 11 期。

面虽然取得了巨大的成就，整体上迎合了国际大型赛会志愿者发展的趋势，但还存在一定的完善空间。

当然在诸如志愿者持续服务的理念、志愿者的激励机制、志愿者的引发效应等方面都还存在着一些问题。

基于此，本书以 G20 杭州峰会志愿服务为研究基础，力图总结和解析志愿服务动员机制、招募机制、能力培训机制、服务功能、现场指挥调度机制、素质提升机制和激励保障机制的经验和教训，以期进一步提高大型赛会的志愿服务管理质量。

第一章　大型赛会志愿服务动员机制

　　我国的志愿服务事业从 20 世纪 80 年代开始到现在已发展了 30 多年，人们的精神追求越来越丰富，志愿服务的氛围越来越浓厚、平台越来越广阔，志愿服务事业正面临新的发展机遇。大型赛会志愿服务是众多志愿服务中的一种，是公众参与具体社会事务、展示志愿服务精神的重要途径，是保障大型赛会顺利举办的重要力量。但是由于我国志愿活动开始时间较晚，发展时间较短，并且我国的社会制度不同于西方，因而我国大型赛会志愿服务具有典型的行政化动员特征，即由政府主导，动员客体是以高校为主力军，辅之以其他动员客体。随着社会发展的多样化及公众观念的多元化，仅仅依靠这种传统的自上而下的行政化动员，不足以有效地唤起公众的参与意识。如何通过有效的手段与途径，动员和吸引公众关注并参与大型赛会志愿服务，这是大型赛会志愿服务组织者必须面临的重要议题。

　　动员作为一种工作方法，是为了达到某一目的所运用到的呼吁、发动的工作。社会动员则是指"为了实现特定目的，通过各种形式的高强度的宣传、发动、组织工作，以促使特定对象形成或改变一定的价值观念、态度与期望，从而产生持续性的参与行为或其他预期行为的过程"[1]。动员机制则是在既定的有规律性的模式中，为达到一定目的，

---

[1]　施雪华：《政治学原理》，中山大学出版社 2001 年版，第 2 页。

动员主体号召、组织动员客体采取行动的方式。动员机制在志愿服务过程中占据中间地位，上接志愿服务的策划安排，下承志愿服务过程中的人员招募与培训，良好的动员机制不仅可以将志愿服务规划付诸实际，也可以为之后志愿者招募、培训奠定基础，更是与志愿服务效果息息相关。特别是近年来，随着综合实力增强，国际地位提升，我国开始有能力承办大型国际会议或者大型国际性赛事，比如 APEC 会议、2008 年奥运会等。大型赛会的举办在不断展现我国经济社会发展的同时，也促进了我国志愿服务的发展，大学生志愿者数量不断增加，已经发展成为志愿者队伍的主要力量，他们以其优势——充沛的精力、充足的时间、积极的态度、丰富的学识，投入到志愿服务中去，在志愿者队伍中显示出越来越重要的影响力。[1] 但是动员机制中存在许多不足，比如组织动员依然占据主导地位，动员力量整合不力；动员客体参与动机不纯，差异性流动性大；动员方式不全面，激励机制不完善；相关政策法规及社会支持缺失等。要想使更多的公众参与到志愿服务中去，建立起良好的动员机制成为解决问题之根本途径。通过对动员机制的构成要素及运行进行分析，以此期望在达到志愿服务目标的前提下，维持动员主体的引导作用，扩大动员客体的范围，发展多样的动员方式，同时也注重营造良好的动员环境，完善大型赛会志愿服务的动员机制，提高志愿服务的社会效益。

本部分着重于大型赛会的志愿服务动员机制，探索其发展现状、运行机制以及存在的问题，并在理论上探索缓解上述问题的对策。希望以此来弥补目前志愿服务动员机制理论方面的不足，为整个志愿服务工作运行机制的完善提供有益的借鉴。

---

[1]　张晓红：《大型活动志愿服务组织与管理》，中国青年出版社 2014 年版，第 5 页。

一、学界对志愿服务动员机制的相关研究及启示

在现代社会中，随着志愿者活动在社会各个领域的发展，志愿者已经不是一种个体化的行为方式，而是组织化的行动模式。无组织的志愿者行动只能是一种分散且效用低下的行动，不足以显示这一活动作为现代生活方式的普遍价值和意义。具有组织性的志愿者活动则可以通过组织的力量，既可以使志愿者的力量形成集合性的状态，显示出较高的效率，又可以通过组织的作用，广泛传播志愿者的行动理念和行为方式。这种组织化的行动模式引发了国内外学术界的热情关注，形成了系列的研究成果。

（一）国内的相关研究

我国对于动员机制的研究主要在民间组织方面，将民间组织作为动员主体或者动员客体的一部分加以研究，包括对动员方式、动员过程进行分析及对策研究。除此之外，较多的是对大学生志愿服务动员机制的研究。

其一，民间组织的动员机制研究。

文斌兴将大学生志愿者的动员方式概括为：组织动员、媒体动员、参与动员三种。[①] 他认为，最基本、最有效的动员方式是组织动员，即由政府、学校领导的各级志愿者组织或民间志愿者组织进行的社会动员。民间组织的动员方式属于组织动员，包括民间组织对个人的动员与政府对民间组织的动员，民间组织的动员机制是这两方面的要素所形成的有序结构，在这一结构中，民间组织及其成员都是具有能动性的"行

---

① 文斌兴：《试论大学生志愿者的社会动员机制》，《高校教育研究》2009 年第 9 期。

动者"，其余要素是围绕行动主体需求而建构的制度体系。①

当民间组织作为动员主体时，个体就作为动员的客体而存在。在主客体之间，动机激发机制是民间组织动员的依据，组织结构是动员信息得以传达的内部管道，组织契约是民间组织动员的工具，沟通活动平台为组织动员成员提供了物质条件，法律认可为民间组织的动员提供了合法性基础。②

当民间组织作为动员客体时，政府就作为动员的主体而存在。此时，政府对民间组织的动员就带有行政性质，是在倡导公平正义、社会参与的文化背景下，根据国家的相关法律，通过大众传媒与组织间联系渠道发布动员信息（一部分是通过政府设置的组织沟通管理平台，另一部分是通过私人的沟通渠道），以此吸引民间组织承担社会公共职能的过程。③民间组织在响应动员的过程中，获得政府的支持及相关的社会资源，同时也在社会中实现了自我价值，是基于工具理性与价值理性的行动选择。

因而，有学者在完善民间组织动员机制上提出以下几点：一是建构民间组织沟通服务平台，运用微信等新媒体进行线上与线下动员，扩大动员的影响范围；④二是营造全民参与的社会文化氛围，通过动员方式的多样化，加强宣传动员的使用，宣传公民意识与公益事业的参与精神，发挥原动力的作用；三是完善民间组织的内部管理机制；四是制定民间组织促进政策，旨在营造一个有利的动员环境，加强动员主客体的权益保障。

其二，大学生志愿服务动员机制研究。

当前，对于大学生志愿服务动员机制的研究主要是关于动员方式、

① 尚梦琦：《大学生志愿者动员机制研究》，山东大学硕士学位论文，2013 年。
② 赵凌云、邓蕾、陆烨：《民间组织动员机制论析》，《广西社会科学》2010 年第 8 期。
③ 具体论述参见周雪光：《组织社会学十讲》，社会科学文献出版社 2003 年版，第 63—68 页；李友梅：《组织社会学与决策分析》，上海大学出版社 2009 年版，第 3— 5 页。
④ 涂光晋：《基于新浪微博平台的网络动员机制研究》，《新闻界》2013 年第 2 期。

动员过程及存在的问题与解决策略。

大学生作为动员客体，一直以来都是志愿者的主要构成部分，对于大学生志愿者的动员方式主要是组织化动员，由政府、学校领导的最基本最有效的方式。王延隆、蒋楠则认为当前共青团的动员方式是组织化动员与社会化动员两种结合，随着新媒体、新社交软件的发展，线上动员也逐渐受到关注。[①]

文斌兴认为动员过程有以下三个环节：一是导向环节，指宣传志愿精神、培养志愿意识的过程；二是实施环节，即志愿活动的具体组织和开展；三是认同环节，指志愿者对志愿行为的接受和认同。[②]

韩晶从志愿者组织、志愿者自身、学校、社会四个角度总结了大学生志愿服务动员机制存在的问题。[③] 在志愿者组织方面，认为志愿组织存在问题，包括人治化管理、对志愿者的错误定位两个方面。志愿者自身方面存在责任心和能力不足；在学校方面，高校设置的奖励制度对学生参与社会服务的鼓励力度不够；从社会层面看，往往低估志愿者活动的社会意义，企业界对于志愿者创造的社会效益也缺少认同。张秀娟则谈到了大学生志愿者工作运行机制中存在的问题，包括对组织的定位不清、宣传力度不足、组织方式缺乏志愿性、过度依赖网络运作、组织招募倾向性过强、资金短缺与资金监督缺失、培训评估和激励约束机制有待完善、志愿服务项目设计创新性不强等[④]，以上问题的总结亦迫切要求完善志愿服务动员机制。

因而，有学者认为要从四个维度来完善动员机制。[⑤] 一是从认知上，

---

① 王延隆、蒋楠：《共青团组织动员方式的变迁对建构和谐校园的启示》，《学校党建与思想教育》2011 年第 5 期。

② 文斌兴：《试论大学生志愿者的社会动员机制》，《高校教育研究》2009 年第 9 期。

③ 韩晶：《当代大学生参与志愿服务的障碍研究》，《青年研究》2003 年第 2 期。

④ 张秀娟：《社会学视野下大学生志愿者工作运行机制研究》，吉林大学硕士学位论文，2009 年。

⑤ 王哲、李凌：《发展志愿服务事业创新社会动员机制》，《北京青年工作研究》2013 年第 2 期。

注重志愿服务精神的宣传与激励制度的健全。动员主体应该发挥组织化
动员的体制优势，以及行政化动员的组织优势，注重对公众进行志愿精
神的宣传引导，特别是大学生群体，使大学生真正形成"我要参与"的
思想。二是从组织结构的优化上，民间志愿者组织应完善其内部会员制
与组织架构，充分发挥动员主体的力量。一方面，政府应采取措施保障
民间志愿者组织的发展；另一方面，民间志愿服务组织也要加强自身建
设，扩大其社会影响力，同时，考虑到以大学生为动员主体，要在志愿
活动内容上下功夫，提高对大学生的吸引力，以获得更好的动员成效。
三是从动员方式上使大学生及时获取志愿活动的相关信息。四是完善动
员环境，加快大学生志愿服务法制化进程，就志愿者与志愿服务组织的
关系、民间志愿服务组织的合法地位、大学生志愿者的权利与义务等问
题在法律层面做出明确规定。要使志愿活动获得更多的社会支持，可以
借鉴志愿服务事业较发达国家的经验，在社会上形成认同、支持志愿活
动的良好氛围，企业可通过为志愿服务活动提供资金来获得良好的社会
公益。

（二）国外的相关研究

国外关于动员机制的研究是基于社会动员，政府作为动员主体，采
取特定有效的方式，来达到社会目标的一套模式。英格尔斯是从广义的
层面上理解社会动员的，他认为社会动员是使人具备现代的心理基础和
思想方式、行为方式的过程。他认为："一个国家的人民缺乏一种能赋
予这些制度以真实生命力的广泛的现代心理基础，没有从心理、思想、
态度和行为方式上都经历一个向现代化的转变，失败和畸形发展的悲
剧结局是不可避免的。"[1] 因此，英格尔斯把社会动员纳入社会建设的层

---

[1]　阿历克斯·英格尔斯：《人的现代化：心理·思想·态度·行为》，殷陆君编译，四
　　川人民出版社 1985 年版，第 23 页。

面，认为在动员方式的选择上应注重持续长久的动员机制的建立，而不仅仅是采取那些短暂的、临时性的动员策略和方式。

关于动员方式的研究，伯恩斯坦（Thomas Bernstein）曾以农业合作化为例，对中苏两国的社会动员模式进行过比较研究。他认为，苏联的农业集体化是通过"命令式动员"的方式实现的，手段包括劝说、群体控制和有限的强制。而中国社会动员的目标则更多地在于教育群众，改变群众的思想，提高群众的觉悟。①

从上述的研究成果可以看出，动员方式较多采用的是组织化动员，国家或政府作为动员主体带有行政性质，组织化动员可以在短时间里聚集最广大的人力、物力、财力，由组织自上而下地发动，发挥了组织的效率与优势。动员主体与动员客体在不同的情境下可以互换，以高校为例，对于政府来说，高校是动员系统当中的动员客体，政府动员高校积极参与志愿服务；对于高校大学生来说，高校是动员系统当中的动员主体，调动支配着相关资源。在大型赛会志愿服务动员机制研究中，将最基层的发动对象作为动员的客体，逐级而上的发动者则为次动员主体、动员主体。在大型赛会志愿服务动员过程中，着重考虑到志愿服务的特殊性，进而影响到动员客体与动员方式，动员客体是否具备大型赛会所要求的素质，动员的方式是否符合大型赛会的层次与水平，是否达到预期的效果都需要进一步研究。

二、大型赛会志愿服务动员机制的 动力来源与构成要素

一种行为的发生都是原动力和助动力共同作用的结果，志愿服务亦不例外。志愿服务的原动力表现为志愿者的参与动机，对志愿服务精神

---

① 聂秀莉：《城市社区志愿者的动员机制研究》，山东大学硕士学位论文，2013 年。

的高度认同和践行，这也就是志愿服务行为之所以能够发生的道德基础。助动力来自国家与社会对志愿服务事业的引导、动员、规范、组织，以及制度、组织对志愿者行为的激励等。[①] 志愿服务是一种自由选择下的利他行为，是公众参与社会生活的一种非常重要的方式。西方国家成熟的志愿服务事业，不是行动者个体分散自发活动的产物，而是一整套完整的志愿服务体系。策划、动员、招募、实施等都是组织的自觉行动，都有法律的保障。要推广志愿精神，发展志愿服务事业，需要加强志愿者的动员效果。

（一）大型赛会志愿者动员机制的动力来源

其一，志愿服务原动力。

原动力即为产生动力的力，引申义为本源、根源，也可以认为是志愿服务动员的内在驱动力。志愿服务也就是个人在志愿精神的支持下，自愿贡献自己的时间、精力等资源，从事无偿的工作，在此过程中获得自我实现的满足感。

首先，志愿精神是志愿服务的核心。志愿服务精神是一种精神体现，对志愿服务活动的参与者起着重要作用。志愿精神是一种自愿的、不为报酬和收入而参与推动人类发展、促进社会进步和完善社会工作的精神，是公民参与社会生活的一种非常重要的方式，概括起来就是：奉献、友爱、互助、进步。奉献是志愿精神的重要组成要素，也是公众参与志愿服务的首要原因。正是由于有了想去帮助他人的信念，才产生了参与志愿服务的行动。在这一精神的指引下，志愿者们利用自己掌握的技能，无偿为需要帮助的人服务。"为社会做出贡献"从本质上反映了志愿服务的性质。

---

① 　参见李新华：《大学生志愿服务的组织动员机制新论》，《桂林师范高等专科学校学报》2013 年第 4 期。

其次，自我实现的需要是志愿服务的内在需求。实现个人效用最大化也是推动志愿服务的重要动因。根据马斯洛的需求层次理论，自我实现的需要是最高等级的需要。通过"自我实现"，人们可以体现自己的社会价值。志愿服务作为一种无报酬的奉献行为，会影响志愿者的心灵体验，也会拓展志愿者对他人和社会的理解。人们从志愿服务中寻求情感慰藉的同时，从中亦获得了信任、成就感。从这个角度来说，志愿服务满足了公众最高等级的需求，从而对志愿服务拥有了最持久的原动力。

其二，志愿服务助动力。

有些学者将助动力称为外在驱动力，在中国的人情社会当中，助动力发挥着潜移默化的作用。改革开放之前，国家对公民、对社会资源都具有高度的垄断权，特别是在过去的科层制度下，公民对政府和单位具有高度的依附，使得人们对于组织有着极大的依赖性。

首先，组织动力构成了志愿服务的首要来源。组织是人们按照一定的目的、任务、形式编制起来的集团，组织不仅是社会的细胞、社会的基本单元，也可以说是社会的基础。随着我国社会转型的顺利实施，公民和组织都有一定的自由活动空间，为志愿服务的发展提供了可能。

在我国，党员群体响应党组织的号召，本着全心全意为人民服务的宗旨，积极参与到志愿服务过程，在组织动力的推动下，党员群体身先士卒，在志愿服务动员过程中起到领袖带头作用，动员更多公众积极参与。共青团是不容忽视的重要力量，其工作之一便是组织开展中国青年志愿者行动。此后，团中央对全国志愿服务活动统一指导，使志愿服务深入社会的各个方面，这也说明志愿服务是一种组织行为，各高校自上而下倡导推动学生开展大规模的志愿服务行动，在大学生中形成相互信任氛围，确实有助于提高大学生参与志愿服务的积极性。

其次，社会动力是志愿服务的重要补充。社会动力首先体现在媒体的宣传引导上。在信息化高度发达的社会中，媒体对于人们思想的影响发挥着不可忽视的作用。不论是传统的媒体方式，还是当今联系更加紧密快捷的新媒体，都是动员志愿服务的重要方式。除此之外，榜样动员也是社会动力中的一种，激励着社会各界人士真诚投入志愿服务。社会动力还体现在社会对志愿者的激励措施上。

（二）大型赛会志愿服务动员机制的构成要素

动员机制包含了两个过程：一是动员主体制定动员目标，然后运用各种动员策略、途径、方法、手段影响动员客体，从而实现动员目标的过程；二是动员客体在动员策略、途径、方法、手段的影响下做出响应，参与政治活动的过程。在动员机制运行中，第一个过程是起主导作用的，第二个过程从属于第一个过程，它实质上是一种动员式的政治参与活动。后一过程往往通过动员效果反馈于动员主体，从而实现两个过程的交互作用。[①] 同时，这两个过程都是在时间和空间上相互交错，构成一个完整的体系，在具体情境下，相互配合、相互支持，最终发挥动员作用，达到动员目标。下面从动员主体、动员客体、动员方式来看待大型赛会志愿服务动员机制的运行。

其一，志愿服务活动动员主体。

动员主体是志愿服务活动的发起者，在动员过程中占主导支配地位，通过各种方式宣传志愿服务，鼓励引导全社会积极参与到志愿服务过程中去。通过社会主流价值观，对志愿服务做出规范，树立志愿服务的良好形象，唤起公众对志愿服务的热情。另外，动员主体通过各个次级动员主体，以及各种动员途径比如传统纸质媒体，以及当代微信、微博等新媒体来宣传教育，培养公民对志愿服务的认同感。

大型赛会志愿服务是由政府主导，目的是在会场志愿服务与城市志愿服务方面充分发挥志愿者的作用。政府作为动员的主导力量随处可见，动员的范围不仅仅是所在城市甚至是全省。共青团组织、高校在动

---

① 尚梦琦：《大学生志愿者动员机制研究》，山东大学硕士学位论文，2013 年。

员大型赛会志愿者方面也发挥了特有的优势。

首先，各级党政机关发挥了主导作用。在社会事务的管理中，政府始终扮演着重要角色，在志愿服务动员中具有较高的能力与效率，发挥的是组织、引导、指挥的作用。政府承办大型赛会的同时，就要做好动员准备工作。通过会议交流、政策文件要求规划动员运行的各个方面。在志愿服务方面，规划志愿服务的团队，比如 G20 杭州峰会的志愿服务是由会场志愿服务与城市志愿服务两部分组成，就要划归动员的队伍，以及来源、数量。确立动员对接方式，政府与高校对接，或者是与各社会组织的对接。采取合适的方式进行动员则是动员过程的最后一步。在筹备 G20 的过程中，杭州市政府在政府网站上发布了众多相关信息，以 G20 为圆心，聚焦 G20、服务 G20。确定会场志愿者来源于浙江省各大高校。针对志愿平安、志愿文明、志愿生态、志愿关爱、志愿文化等城市志愿服务，面向社会各界招募。[1]

共青团是党领导下的先进青年的群众组织，是党和政府联系青年的纽带与桥梁，其工作之一就是积极发挥团组织的生力军与突击队作用，并且承担党委、政府交办的有关事项，同时积极带领各基层共青团参与到志愿服务当中。如共青团杭州市委下设杭州市志愿者工作指导中心，为团市委重大活动和重要会议提供志愿服务安排。通过举行 G20 杭州峰会志愿服务高校动员部署大会、联合"志愿杭州"网络平台等方式广泛动员。

其次，基层社区发挥了支撑功能。社区为社区成员解决困难和提供各种福利服务，是与社区居民关系最为紧密的组织，在社区中还存在着一些社会组织。社会组织是指政党、政府以外的各类民间性组织，具有民间性、自愿性、自治性、非营利性、公益性等特征。两者之间相互帮助、支援，为社区居民提供了一个良好的居住环境。在大型赛会志愿服务动员机制中，基层社区作为协助党政机关的动员主体，也承担了以往

---

① http://www.hzccyl.org.cn/ 青春杭州。

政府的许多职能，积极配合政府部门，发挥社会参与功能。

基层社区参与动员过程，一方面，可以在社区中营造志愿服务、互助进步的氛围，促进社区内人们的相互交往，提高社区居民的参与意识，在往后的社区建设过程中，也更能动员居民参与社会活动，促进社区的建设与发展；另一方面，作为最贴近群众的组织，应当响应政府的号召，动员社区居民以多种形式参与到志愿服务中去。

最后，充分发挥高等院校的优势。高校是推动志愿服务的有效力量，作为动员主体有其自身优势。一方面以共青团组织、志愿者协会和社团形式开展志愿服务活动，拥有充足的动员对象，覆盖整个高校学生群体，从校级到院系都是动员主体的一部分，最可能直接地动员学生群体参与志愿活动，快速地动员足够的志愿者，在短时间内整合学校资源，人员构成相对简单，组织和管理相对方便，可以实现统一目标、统一行动。另一方面，大型赛会需要有一定文化水平的志愿者，才能为参会的各界各地区人士提供便利、高效的服务，而高校是人才的聚集地，可以满足会议的需求，动员符合条件的学生，保证了志愿者的来源明确以及服务水平。

G20杭州峰会的志愿者工作确定15所高校作为峰会会场志愿者定点招募高校，包括浙江大学、浙江工业大学、浙江师范大学、浙江理工大学、浙江工商大学、杭州师范大学等高校。[①] 高校的动员能力强，学生对于所在高校组织的志愿服务活动更能接受，更加信任。目前，高校仍是志愿服务动员机制中的重要动员主体。但是过于依赖学校资源，对于志愿服务的长期化、系统化、社会化运作是不利的，容易造成工作的表面化、模式化。

其二，志愿服务活动动员客体。

动员客体是动员主体发动的对象，是志愿服务的主要提供者与活动参与者。只有对动员客体的来源、特点或者要求有一个具体分析，才能

---

① http://www.hzccyl.org.cn/ 青春杭州。

保证志愿服务提供者的水平，从而采取正确的动员方式，保证动员机制的有效运行。

首先，共产党员和人大代表具有鲜明的政治身份，应站在服务第一线。中国共产党党员必须全心全意为人民服务，必须贯彻执行党的基本路线和各项方针。G20 杭州峰会必须做到真正让党中央和总书记满意、外国元首满意、全国人民满意、全省人民满意，这是提升我国国际地位、展示我国实力与文化的一次会议。[①] 因此，杭州市开展市人大代表"服务 G20、当好志愿者"活动，是为了提高人大代表奉献、友爱、互助、进步的意识，从细节入手，养成"向我看齐"的标杆姿态，引导广大市民养成文明、绿色的生活方式，为峰会做出应有的贡献。

G20 杭州峰会共有 2100 多名各级人大代表志愿者参加了此次志愿服务活动，作为动员客体一方，带领企事业单位职工积极参与到志愿活动中。例如沿着三工段横河岸边开展了一场"清洁家园、喜迎峰会"环境大清扫活动，彻底清理公路两边、河道沿岸垃圾及卫生死角，清理整理影响环境卫生和有碍观瞻的破旧广告牌、"牛皮癣"及杂物等，为志愿环境、志愿生态等方面做出了重要贡献。

其次，充分发挥了社区居民的自愿参与愿望。社区居民也是动员客体的一部分。虽然社区居民的构成差异明显，在年龄、性别、专业、收入及文化程度上有明显差别，但是社区居民范围广、数量多、影响大，通过参与志愿服务，提升居民的社会责任感与价值感，也为社会树立良好的榜样，鼓励动员更多的居民参与其中，实现志愿服务目标、社区和谐。G20 杭州峰会不仅有会场志愿者也有城市志愿者，因而也动员了广大市民加入到志愿者的行列，比如"传承好家风·喜迎 G20"杭州家庭志愿者行动，面向九城区和杭州经济技术开发区、西湖风景名胜区招募家庭志愿者，开展文明出行引导、家庭垃圾分类、美丽庭院创建、文明礼仪倡导、五水共治宣传、社区环境整治、弱势群体关爱等各类志愿活

---

① http://www.hangzhou.gov.cn/ 中国杭州。

动，深化最美家庭寻找和文明家庭创建工作，引导全社会弘扬和传承好家风家训，营造"当好东道主·办好G20"的浓厚氛围，推动全社会为峰会做贡献。

最后，在校大学生成为志愿服务的主导力量。在信息化高度发达的社会中，媒体的宣传引导对于在校大学生群体的思想影响发挥着不可忽视的作用。大学生志愿服务的宣传报道、教育、引导，也推动了大学生作为动员客体的存在。

高校学生作为志愿者有其自身优势，一方面有志于志愿服务且具有较高的参与热情，通过参与志愿活动可以提高自身的奉献合作意识，可以实现自我的价值，获得丰富的社会实践经验。当前大学生就业难已经越来越引起人们的关注，想要在同辈群体中突出重围，就必须具备更强的综合素质，因此除掌握专业知识外，大学生们越来越注重提升自身的综合能力。另一方面，志愿服务活动能够为志愿者们提供各种类型的社会实践机会，大学生志愿者在参与过程中扮演各种社会角色。高校是多样化人才的聚集地，可以按照志愿服务的需求，选择合适的志愿者。G20杭州峰会的会场志愿者的选拔就特别注重语言能力，按照参会要求优先选拔德语、法语、西班牙语、阿拉伯语、印度尼西亚语等各小语种专业的志愿者，年龄在一定范围之内。在校大学生作为动员客体参与到了志愿服务中是目前大型赛会的重要选择之一，便于培训与管理，减少了社会成本。

其三，志愿服务活动动员方式。

动员方式是指动员主体开展志愿服务动员活动的手段、策略和模式。在当代中国，传统的、以行政为主导的动员范式仍然体现着独特的优势，但随着社会的发展以及信息化时代的到来，又为动员方式提供了新的选择，要更加注重新技术、新媒体的使用。

首先，开展多层次、多方位的宣传动员。宣传动员是最常用的一种动员方式，形式简单，效果明显。具体表现形式是运用媒体，如今更是重视信息技术和新媒体的运用。宣传动员方式多管齐下，潜移默化地影响着全社会的志愿服务意识，提高社会对志愿服务的参与度，传递志愿服务精神，夯实社会主义核心价值观，最终实现志愿服务目标。

其次，充分运用了传统媒体和新媒体宣传方式。传统媒体是通过报纸刊物、电视、广播为主要媒介，拥有强大的人力和物力资源，拥有丰富的经验，可以发挥传统媒体的优势，宣传的内容更加严谨，适用群体不受限制。传统媒体仍然是宣传动员的一种重要方式，发布志愿服务事业的权威信息，提高公众对大型赛会志愿服务的了解、支持程度，也在社会营造关注、参与和支持志愿服务事业的良好氛围。

新媒体是针对以往的传统媒体来说的，更适用于在校大学生。主要由互联网与移动网络构成，具有开放性、多元性、实时性、交互性、大容量和易检性、多媒体化、个性化等特征。人人都可以掌握话语权，没有时间与空间的限制，信息反馈及时迅速，可以增加社会各界人士的交流，更容易发展出相应的人际关系，甚至自发组建网络群体，通过活动开展把这种网络上的关系带入现实，通过文字与画面一体的形式更加方便直观地展现，因而也逐渐成为宣传动员的重要形式。如针对G20杭州峰会筹备工作"大比武、大评比、大考核"的要求，杭州团市委全面启动"赛积分，比贡献"活动，旨在全面发动共青团组织、志愿服务组织汇聚社会力量，广泛开展保障服务峰会系列活动，通过信息化科学展现服务的贡献和效率，激发各级组织和志愿者在服务保障峰会上建功立业。活动运用"志愿汇"公益平台，在"志愿杭州"网、"志愿汇"APP和微信公众号发布城市志愿服务活动信息，向公众展现志愿活动、志愿风采、志愿热点，同时依托"志愿汇"管理平台，开发家庭志愿者管理服务系统，建立起市、区、街道、社区四级家庭志愿者管理体系和家庭志愿者队伍。政府相关门户网站"青春杭州"也发布众多与G20相关的宣传片及志愿活动消息，以动员社会更多公民参与到志愿服务中来。志愿者之间通过新媒体共享信息，共同沟通、交流、探讨公益活动的开展，强化理念认同和情感互动，增强了志愿者行动意识。

再次，注重宣传内容的多层次性。体现为两点：一是对大型赛会志愿服务内容的推介以及动员进度与安排进行多方位介绍，以提高公众对大型赛会志愿服务的了解，更高效地实施动员，避免资源浪费，同时增加了会议志愿服务的透明度，缩短社会公共事务与公众之间的距离，激发参与意识，充分体现志愿服务活动平等、普遍、开放的特点。二是对志愿精神与志愿者形象的推介。志愿者弘扬"奉献、友爱、互助、进步"的志愿精神，默默无闻地奉献自己的力量，为顺利举办大型赛会、提升城市的文明形象、促进社会文明进步做出了重要的贡献。从精神文明建设和道德建设的角度而言，每一名大型赛会志愿者，都是一个道德建设的主体，都是提升社会道德水平的积极力量。对大型赛会志愿者展开宣传报道，展示优秀、热情、友爱、向上的志愿者形象，不仅有利于激发志愿者的服务热情，促进志愿服务的传播与普及，对于整个社会的道德建设、精神文明建设也大有裨益。

召开动员大会的意义重大。一是对于志愿服务主导者来说，是一次统一志愿服务思想、树立志愿服务信心、进入服务正式开展倒计时的过程。例如 G20 杭州峰会准备期间召开的筹备工作动员大会，时任省委书记、省人大常委会主任夏宝龙出席动员大会并讲话，时任省长李强主持会议，外交部国际经济司负责人致辞，会上展示了峰会 Logo，启动了峰会倒计时。二是对于次级动员主体来说，比如团市委及相关部门，这是一次正式授权的机会，省市有关方面负责人和社会各界代表等约1500 人参加动员大会，市民代表、国际友人代表、建设者代表、志愿者代表分别做了发言，同时也明确了自身在志愿服务过程中所具有的责任与权利。三是对于基层干部与志愿者来说，在动员会议上明确自己的具体职责与工作分配。自上而下达成一种共识，敢于担当、敢于胜利，主动补位、互相补台，埋头干事、不图虚名，上下同欲、齐心协力，以最好的精神状态克服艰难险阻。这是大型赛会召开、志愿服务活动开展的良好开端。

最后，通过树立志愿服务典型等完成激励动员。利用市场机制中的竞争和激励机制的原理，通过评估、奖励等方式来激励志愿者参与的动员方式，可以分为荣誉激励、物质激励、榜样激励。在认真贯彻志愿服务精神的前提下，可以借鉴市场机制中的竞争机制，在动员过程中加以运用，达到动员目的，同时也在竞争的状态下，志愿服务活动水平将得到进一步的提高。树立志愿服务典型就是一种榜样动员，通过先进人物或先进事迹来激励公众参与到志愿服务活动中。虽然榜样的现实效果有所弱化，但是榜样的力量是无穷的，最容易产生良好的激励作用。

其四，志愿服务活动动员环境。

动员环境指志愿服务动员活动开展的外部空间。它为志愿者动员机制提供外部支持，对动员主体、动员方式与动员客体产生影响。包括法律法规、社会各个方面以及志愿文化传播等方面。

首先，通过法制性环境塑造志愿服务外在动力。在我国，良好的法制环境对志愿服务动员的作用在于两个方面：一是相关的法律法规可以规范志愿服务活动，使志愿服务行为能够在法律法规的框架下进行。例如2006年共青团中央制定的《中国注册志愿者管理办法》，对志愿者注册工作进行了规范，提出加强注册志愿者管理的要求，同时也明确规范了注册志愿者的激励和表彰机制，以实现志愿服务活动有序发展。二是为志愿组织与志愿者提供保障的法律法规，使他们的基本权益得到保障，以免因开展志愿服务活动而遭受不必要的损失。如中青联发〔2003〕26号文件规定，对于参加大学生志愿服务西部计划的志愿者，除享受国家对于高校毕业生在就业方面的优惠政策外，还给予一定的生活补贴，在报考公务员、研究生时享受加分等政策支持。[①] 国家为志愿者在生活、就业上提供相关政策支持，提供法制环境，也成为志愿者参与志愿服务的重要动力。

其次，营造志愿服务的社会环境。中国传统文化中，助人为乐是传统美德，是人格升华的标志。它无论在过去、现在还是将来的社会中以

---

① 聂秀丽：《城市社区志愿者的动员机制研究》，山东大学硕士学位论文，2013年。

及人们的心目中都占据着重要的地位。儒教文化、道教文化、佛教文化等都有体现出"乐善好施"的传统思想。助人释疑解难、摆脱困境的羁绊，再内化为自己的修养，以达到修身正己的目的，从而为志愿服务在我国的蓬勃发展奠定了坚实的思想基础。

但随着改革开放的深入，拜金主义、诚信危机、个人主义等不良思想侵蚀民众，这些错误观念不仅会影响志愿服务事业的发展，更会给社会的和谐稳定造成危害。因此，向公众宣传志愿服务精神，提高社会认知程度与支持程度更是重要举措。公众对于公益事业的支持与参与是志愿服务普及的直接动力。社会对于志愿服务认识和理解，公众才会积极参与志愿服务活动，进而在整个社会形成良好的服务氛围，使越来越多的群众加入到志愿服务活动中来，也更有利于志愿服务动员工作的开展。

除此之外，志愿服务与公众需求相辅相成。志愿服务的提供要符合公众的期待、社会的期待，而这种期待取决于一个国家或地区的物质文化水平，只有在物质水平较高的条件下，才能动员公众将更多的时间和精力投入志愿服务活动当中。

三、大型赛会志愿服务动员机制的模式分析

在大型赛会志愿服务动员机制的模式中，动员主体起着主导作用。在原动力与助动力的驱动下，动员主体通过动员方式影响动员客体，动员环境对动员主客体加以影响。而无论是哪一种动员主体，在动员过程中都会经过宣传、组织和激励这三个环节，唯有从这三个环节入手加以完善，才能更好地实现动员目的，大型赛会动员机制才能有效运行。

（一）大型赛会志愿服务动员机制的静态模式分析

大型赛会动员机制的构成要素包括动员主体、动员客体、动员方式和动员环境。静态模式即动员机制的构成要素及其之间的联系。静态模式可以由图1-1展示出来。

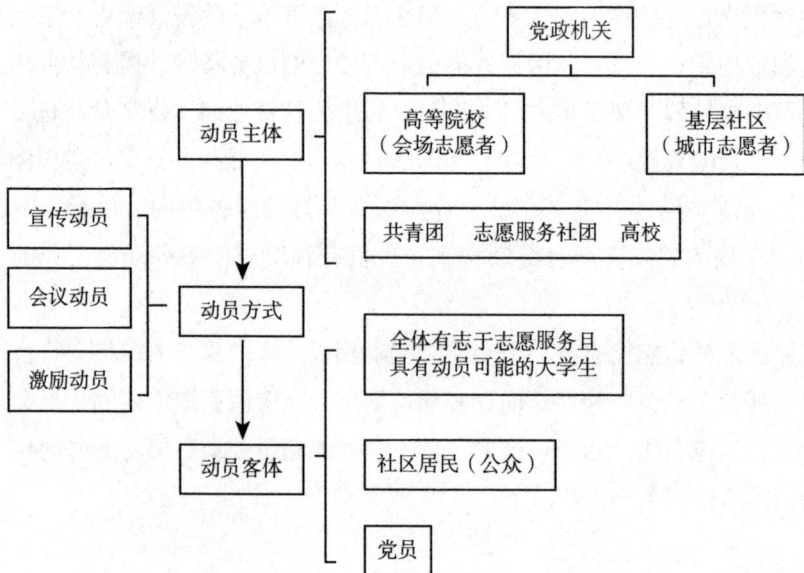

图1-1　大型赛会志愿服务动员机制静态模式

如图1-1所示，大型赛会志愿服务动员机制的静态模式主要是基于党政机关统一部署下的科层制结构。在其中，动员环境、动员主体、动员方式等都围绕党政机关的决策而展开，这是一种相对封闭的动员模式。其动员机制是一种党政机关统领下的内部协作和任务认领方式。

（二）大型赛会志愿服务动员机制的动态模式分析

动态模式指大型赛会志愿服务动员机制的运行过程。从动员主体的角度来探讨大学生志愿者动员机制的运行，动态模式即为三大动员主体开展动员的过程。不论是党政机关、高等院校还是基层社区的动员，都由三个环节来完成，分别是宣传环节、组织环节和激励环节。不同动员主体在动员过程中都有着不同的特点。动态模式可以由表 1-1 展示出来。

表 1-1　大型赛会志愿服务动员机制动态模式

	宣传动员	组织动员	激励动员
党政机关（主导）	引导正确志愿服务观念，形成良好氛围	动员层次化	评估表彰相结合，创新激励方式
高等院校（参与）	宣传具体志愿服务内容，宣传方式多样	共青团、院系、社团自上而下发动	为大学生志愿者提供荣誉
基层社区（辅助）	结合传统媒体与新媒体	发挥志愿服务骨干及干部带头作用	扩大影响力，提高支持度

如果说，大型赛会志愿服务动员机制的静态模式主要是基于党政机关统一部署下的科层制结构，那么大型赛会志愿服务动员机制的动态模式则是一种党政机关、高等院校和基层社区等动员主体的并列结构，在其中，三者所发挥的功能是一致的，可以根据各自的需求有机掌握和配置资源，进而对志愿者的宣传动员、组织动员和激励动员进行灵活的掌控。

这两种模式都是比较实用的大型赛会志愿服务动员机制，其区别在于赛会规模和对志愿者的需求力度。

四、我国大型赛会志愿服务动员特点

（一）政府的目标性任务动员主导性强

据初步统计，目前我国大概有数百万名志愿者。志愿服务在各地广泛开展，参与志愿服务的人群从最初的青年学生发展到社会各类人群，工人、老人、青少年、中青年都开始成为志愿者的主力军，参与志愿服务逐渐成为一种新兴的生活方式。人们通过捐助爱心、参与社会服务等方式践行着志愿者精神。特别是在 2008 年经历了汶川地震的伤痛和奥运会的热情之后，志愿者作为一个特殊的群体逐渐为人们所熟知，2016年 G20 杭州峰会的成功举办，更是让志愿者的风采登上世界舞台。从上述志愿服务的动员目标看，政府的目标性动员成为主导力量。

这种政府目标性主导的志愿者动员特点与中国的特殊国情有密切关联。一般认为，中国具有政府总领性特点，如唐士其认为，现代国家的发展历程也就是它不断地扩大其自身的职能范围，向"市民社会"渗透的过程，独立于和外在于国家的所谓市民社会只是资本主义生产方式萌芽时期的一种短暂的历史现象，是自由主义思想中理论上的抽象[①]；还有人从历史的角度考察了中国古代的国家与社会关系，认为国家与社会的亲和性分离源于西周时期。他认为在国家没有出现以前，人类已有小型的群体组织，如地缘组织、亲族，凡此均称为"原群"，其成分通常具有高度的同质性。商代的国家组织不发达，原群成为国家的基础，周代的亲属封建，国家的上层与原群的社会实相重叠，但诸侯的封国之内，因为有统治者与被统治者的多层结构，国家之内始现异质性，异质的社会可称为复群的社会，与国家权力之间有求取彼此平衡的需要，即使秦以后延续至今的专制和中央集权，这种需要也没有改变。[②] 也有人对此提出异议，认为汉代"独尊儒术"国策的实行是国家与社会走向亲和的开始。他认为汉代"独尊儒术"的实行原因在于，一方面，是为了满足政治国家管理体制有效运作的需要；另一方

---

① 唐士其：《市民社会、现代国家以及中国的国家与社会的关系》，《北京大学学报》1996 年第 6 期。

② 许倬云：《中国古代社会与国家之关系的变动》，《文物世界》1996 年第 2 期。

面，是为了适应维护宗法乡土社会秩序的要求。① 对于从新中国成立到20世纪90年代，学界对"国家—社会"关系的讨论大多持一种否定的态度，但对近几年的变化则持积极的评价。如范翠红认为，新中国成立之初，国家政权通过财政汲取、社会关系的调控及合法性资源的开发三条途径建立起了国家与社会关系的独特模式"超强国家—极弱社会"②。孔令栋认为，传统社会主义国家模式下的国家与社会关系是一种权威和依附的关系③，孙晓莉也做了类似的阐述，她认为由于中国传统社会小农经济基础和宗法制度的制约作用，以及忽视个人权利、漠视经济利益的影响，中国传统的国家与社会处于一种同构关系。社会被笼罩于国家之下，国家权力渗透到社会生活的各个方面，政治领域的规则成为整个社会的游戏规则。④

学界将中国国家的作用分为两个阶段，即认为计划经济时期"单位办社会"的模式和市场经济时期"国家管社会"的模式。计划经济时期国家通过单位组织将城市人整合入不同的单位空间，贯彻国家意志，完成国家权力对社会的"系统化的组织渗透"⑤。市场经济时期单位组织不再作为国家"父爱主义"的执行载体：一方面，对于国家而言，需要寻找新的社会控制和整合机制来填补单位组织理性化和专业化后留下的社会功能真空；另一方面，对于社会成员而言，需要寻求新的保护机制，来对抗市场化进程中的经济理性的强大侵蚀力，在学理上，是目前学者

---

① 徐忠明：《国家与社会：汉代"独尊儒术"及其对当代法制建设的启示》，《江苏社会科学》1998 年第 4 期。

② 范翠红：《新中国成立初期国家与社会模式初探》，《南京师范大学学报》2001 年第 2 期。

③ 孔令栋：《权威与依附——传统社会主义模式下的国家与社会关系》，《文史哲》2001 年第 6 期。

④ 孙晓莉：《中国传统社会与国家同构状态探析》，《求是学刊》2002 年第 1 期。

⑤ 华尔德：《共产党社会的新传统主义——中国工业中的工作环境和权力结构》，龚小夏译，牛津大学出版社 1996 年版，第 12 页。

们讨论"社会的生产"问题的现实依据与起点。[1] 在计划经济时期，我国的社会动员机制就是单一的党政动员，根据党和政府的阶段性任务一声令下，举国上下，全民行动。改革开放以来，社会方面面虽然发生了很大变化，社会管理从过去以单位为主，转变为单位、社区、社会组织共同参与。在这种情况下，社会动员机制也有了新的变化，逐步形成了党和政府主导、单位和社区及社会组织协同、广大群众积极投入的新型社会动员机制。政府形成了社会动员组织机构网络，各级部门、单位协调联动，并能依据灾害或事件的重大、重要程度，划定动员层级，进行不同程度的社会动员，使之更加有效和顺畅，因此政府的动员主导地位仍然保留。

大型赛会成功举办是政府的主要目标，因此志愿服务中政府作为动员的主导力量随处可见，动员的范围不仅仅是所在城市甚至是全省。北京 APEC 的志愿服务同样也是由北京市志愿服务筹备办在发挥着主体作用，协调各方动员主体积极参与到志愿服务中去。G20 杭州峰会中杭州市政府主导志愿服务规划、动员等，共青团组织、高校、社区在动员大型赛会志愿者方面也发挥了特有的优势，在会场志愿服务与城市志愿服务方面充分发挥志愿者的作用。

（二）组织化动员是志愿者的主要招募方式

大型赛会的志愿服务者主要来自高校师生。现阶段，高校志愿者的招募主要通过组织招募的方式进行。活动主要表现为四种形式：第一种是由共青团组织直接发起的志愿服务活动。团组织既是志愿服务活动的策划者，也是活动的组织者。第二种是由志愿者组织，如高校志愿者协会、公益性社团等组织开展的志愿服务活动，志愿者组织全盘负责活动的开展。第三种是社会草根公益组织，如公益 QQ 群、慈善组织等开展

---

[1] 王星：《社会的生产与市场调控失灵》，《社会》2008 年第 5 期。

的公益服务活动，也吸引了很多高校志愿者参与。第四种是由志愿者个人自发提供的志愿服务。

以共青团组织、志愿者协会和社团形式开展志愿服务活动，一般借助于学校党政支持，能够在短时间内整合学校资源，人员构成相对简单，组织和管理相对方便，可以实现统一目标、统一行动。社会草根公益组织因登记门槛过高而没有正式的社会地位，其运作主要依靠核心成员的满腔热情和无私奉献，组织参加活动也以内部成员为主，或以口口相传、朋友带朋友参与的方式为主，人员相对缺乏，无法大规模积聚社会资源。

组织化动员方式的产生既是当前中国社会环境所致，同时又是志愿者本身的需求。根据蒋逸民、章恺、孟维岩对上海市闵行区青年志愿者活动的研究，发现有34%的受访者认为"团组织"是最合适的，28%的受访者选择了"所在单位"，14%的受访者选择了民政部门或其他政府机构，8%的受访者选择了街道和居委会等社区组织，而选择"非政府组织或非营利组织"的人数相对较少，只占9%。在回答"志愿者获得志愿者活动的信息渠道"时，逾六成的受访者选择了"团组织""工作单位""民政部门""街道和居委会"等政府组织及相关机构。①

2016年G20杭州峰会更是体现出了这种组织化动员方式。早在2015年就成立了峰会卫志部志愿服务组，并以浙江省教育厅、浙江团省委、杭州市教育局、杭州市体育局、杭州团市委等为主要成员单位，在其内部成立峰会志愿服务工作领导小组，分配了相应职责。

浙江省教育厅按照计划完成以下工作：协助团省、市委对省内各高校开展外语类师生资源（学生以本科一、二年级，研一和博士生为主）情况摸底；协调各高校做好峰会志愿者招募、面试、测试、背景审查、培训组织、网络考核、服务协议签订和后勤保障等工作；协调各高校成

---

① 蒋逸民、章恺、孟维岩：《青年志愿者社会动员方式的调查》，《当代青年研究》2009年第12期。

立由校党委牵头的志愿服务工作领导小组，确定1—2名教师作为峰会志愿服务工作联络员和志愿者领队，协助开展志愿服务工作；将峰会志愿服务工作的参与及完成情况纳入高校年度工作考核；共同参与峰会志愿服务工作方案制订、论证和执行。

浙江团省委具体完成：联系团中央，指导、参与峰会志愿服务工作方案制订和论证；协调国内志愿服务工作领域专家、学者、培训师为峰会志愿者培训教材编写、志愿者培训等工作提供支持；协调国内其他省市优质志愿者为杭州紧缺的志愿者类别提供支持和补充（主要是小语种志愿者）；指导、协助团市委对省内各高校开展外语类师生资源（学生以本科一、二年级，研一和博士生为主）情况摸底；协调各高校团委配合做好峰会志愿者组织招募、面试测试、背景审查、培训组织、网络考核、服务协议签订和后勤保障等工作；将峰会志愿服务工作的参与及完成情况纳入高校团委年度工作考核；共同参与峰会志愿服务工作方案制订、论证和执行。

杭州市教育局协助团市委对市属各高校开展外语类师生资源（学生以本科一、二年级，研一和博士生为主）情况摸底；协调市属各高校做好峰会志愿者组织招募、面试测试、背景审查、培训组织、网络考核、服务协议签订和后勤保障等工作；协调市属各高校成立由校党委牵头的志愿服务工作领导小组，确定1—2名教师作为峰会志愿服务工作联络员和志愿者领队，协助开展志愿服务工作；将峰会志愿服务工作的参与及完成情况纳入市属各高校年度工作考核；联合团市委，共同成立一支外语类教师志愿服务队伍；共同参与峰会志愿服务工作方案制订、论证和执行。

杭州团市委牵头负责国际峰会各项志愿服务工作。筹备阶段：在省、市筹委会的领导、指导下，做好与团省委的汇报、对接工作，在工作组其他成员单位的支持、配合下，做好峰会志愿服务工作实施方案及招募、培训、宣传策划、信息化管理、保障和激励、服装、应急和风险控制、经费预算等系列子方案的制订与实施，并联合市教育局，共同成立一支外语类教师志愿服务队伍；推进阶段：协调筹委会各部门及省、市相关单位，做好志愿者招募选拔、面试测试、培训演练、岗位分配、信息化管理、激励表彰及后勤保障等各项工作；正式会议阶段：协助志愿者使用部门落实相关工作职责，配合使用部门做好志愿者的使用、管理工作；收尾阶段：做好国际峰会志愿服务行动的总结表彰和相关宣传工作；成果转化阶段：做好大型活动志愿服务工作探索和国际峰会志愿服务经验集、工作回眸、最美志愿者等书籍编印工作，制作国际峰会志愿服务工作纪录片、宣传片等，形成国际峰会志愿服务行动成果。

这种科层制的运作保证了志愿服务的组织化动员方式的有效进行。

(三) 明确目标持续动员

拥有明确的目标是大型赛会志愿服务动员的一个前提条件。北京奥运会志愿服务的目标就是倡导服务精神、激发服务热情、提升服务能力，以创新的勇气、精神和方法，为奥运与残奥会提供"有特色、高水平"的志愿服务，推动人与社会的协调发展。

G20杭州峰会志愿服务的目标不仅是保障赛会的顺利召开，还需做到真正让党中央和总书记满意、外国元首满意、全国人民满意、全省人民满意，这对大型赛会有了更进一步的要求。另外，动员机制是一个长时间准备的过程，在动员之前就要做好动员的规划，包括志愿服务的对接方式、确认志愿服务数量以及动员的方式，在动员初期较多使用局部性的低层次的动员，也就是用基本的宣传、媒体来动员部分群体，之后随着动员范围的扩大、志愿服务者的增加，在距离大型赛会召开的特别时间点进行赛会动员，采用动员大会的方式明确各部门的职责与义务，提高动员机制的社会效益。

五、大型赛会志愿服务动员机制存在的问题

伴随着经济社会飞速发展，新的社会问题不断涌现，诸如社会诚信缺失、人口流动性过大、互联网的广泛运用等，使得大型赛会志愿服务动员机制存在许多问题，增加了动员的难度。

（一）党政机关、高等院校和基层社区等动员主体存在着未能有效整合问题

首先，组织化动员影响着志愿者的主动性。大型赛会通常是由政府主导、负责，相应的志愿服务也是高水平高要求的服务，因而组织化动员依然是首要选择的动员方式，以党政机关为主导、高校作为动员客体积极参与，辅之以基层组织。共青团通过各高校团委，将志愿服务任务层层分配下去，由有固定名额的大学生参与。虽然这种方式具有高效、可操作性强等优点，但长此以往，会出现过于依赖高校组织的状况，这对于其他群体来说，缺乏参与的积极性与主动性。

其次，动员力量没有得到有效整合。一般情况下，大型赛会志愿服务分为会场志愿服务与城市志愿服务，会场志愿服务者从高校中动员，城市志愿服务者则对各个社区进行动员。社区为社区成员解决困难和提供各种福利服务，是与社区居民关系最为紧密的组织。在社区中还存在着一些民间组织，具有民间性、自愿性、自治性、非营利性、公益性等特征，两者之间相互帮助、支援，为社区居民提供了一个良好的居住环境。民间组织有别于政府组织，代表的群体多种多样，因此政府部门有待提供更为积极的政策支持，使民间志愿者组织的影响力能够进一步扩大，可以动员更多的力量参与到志愿服务中。

（二）志愿服务存在着功利化和应景性问题

首先，志愿服务目的功利化。高校毕业生就业压力逐年增加，为能够在未来的人才市场上获得更多优势，少数高校大学生深谙其中的道理，希望通过参与大型赛会志愿服务来展示自己的团队合作能力及奉献精神，为就业或升学增加筹码。出于这样一个功利化目的，志愿服务已偏离其原本具有的精神，存在对志愿服务的不负责和对大型赛会的不尊重的现象，阻碍了志愿服务的动员。

其次，动员客体异质性较大。从社会层面来看，因为社会利益分化，以及由此引发的社会分层，造成了社会动员对象的分化，客观上造成了社会动员的难度。社会公平决定了社会差异容忍度，在社会差异容忍度大的社会，更多的人生活在不断能得到改善的希望之中，发展的动力就更强。然而目前我国的社会现实存在贫富差距，社会差异容忍度不大的局面，因而是动员机制存在的一个问题。

从动员个体上看，动员客体的各项能力，如沟通能力、协调能力、合作能力等是活动顺利开展的前提。大型赛会志愿者虽然都是精中选优、精心培训的，但是对大学生来说，尤其是刚入校的大学生，社会历练机会较少，应对突发事件、复杂局面的能力较弱，对志愿服务的标准化亦缺乏了解，加之有些志愿服务参与者在重要嘉宾需要服务时，不敢张口说话；或者个别志愿者在岗位服务中，热情服务过度。这些在一定程度上都增加了工作运行的压力和风险。社区居民也是动员客体的一部分，其构成差异明显，在年龄、专业背景、收入及文化程度上有更明显的差别，在动员方式上就有差别的开展，对动员机制提出了更多的要求。

最后，社会动员流动性大。社会处于转型期，出现了社会保障、流动人口等新的社会问题，不断涌现的矛盾增加了志愿服务动员的难度。另外，大型赛会志愿服务前期的准备过程需要花费很多时间与精力。对于高校大学生来说，由于学生在寒暑假及节假日面临着社会实践、旅游度假、参加学习班、提前进入工作岗位实习等各种因素，平常时间又有大量的课堂学习任务，可能会在一定程度上造成动员难度和少量志愿者的流失，值得动员主体引起关注，并尽早制订应急预案，进一步强调责任意识、纪律要求。加之社会中提供的众多发展机会，使得潜在的动员客体流动性越发自由和频繁，一定程度上提高了社会动员的难度。

（三）动员方式上存在着媒体使用不当及激励机制不健全问题

首先，宣传方式倾斜，宣传内容不到位。在宣传方式方面，重视新媒体的作用，忽视传统媒体的作用。信息化时代来临，网络公开化、扁平化，信息传播渠道广、速度快，对社会动员的及时性和有效性提出了新的要求。网络虽然是虚拟的，但是这种虚拟已进入现实，它来源于实体社会，并与实体社会相互激荡、时时切换，是当面动员方式中一个新领域，具有发展潜力。但是从另一方面来看，强调新媒体在动员中的运用，会导致整个志愿服务动员方式出现倾斜，对互联网稍有了解的人都可以在新媒体中获得动员的相关内容，从而使原先的报纸、杂志等传统媒体，由于其自身的相对滞后性而处于劣势。

在宣传内容方面：一是志愿服务宣传引导不足。动员客体没有及时获得志愿服务动员的相关信息，比如存在获得志愿服务信息的时间有延迟、对志愿服务内容传递不清等问题。二是志愿精神的宣传不到位。志愿精神是志愿服务活动存在的道德基础，是志愿服务得以蓬勃发展的基石。动员主体往往更加关心如何将动员客体吸引到志愿服务活动中来，而未将志愿精神的宣传摆到重要位置，导致动员客体对志愿精神的内涵未能深刻理解，更谈不上内化。

其次，激励机制有待完善。激励是动员手段之一，是动员机制的重要组成部分。大型赛会志愿服务岗位"量大、面广、战线长"，有时候需求变动也很大，面临着志愿者参与热情持续激励难、不能临时增派替换人员、同一所学校志愿者不能同一时间上岗服务，给交通调配带来难题等不利因素，各动员主体并未形成科学合理的志愿者评估机制与激励机制。从动员机制的主要动员主体——高校团委来说，除寒暑假固定的社会实践项目外，没有形成评估学生志愿服务的合理标准。目前，高校中针对志愿服务的激励力度与大学生志愿者付出的时间精力相比仍然过少。

(四) 动员环境上存在着法制化程度低及社会认同度低的问题

首先，志愿服务的法制建设相对滞后。在整个社会大环境中，志愿服务的法制建设相对滞后。虽然国家在志愿服务中有法律法规，但其中涉及志愿服务的内容较少。在志愿服务过程中，志愿服务提供者的责任与义务没有明确的规定，社会上不免出现对志愿服务不理解、不支持的状况，在志愿服务过程中，容易受到不公正的待遇，挫伤了志愿者的积极性，也不利于志愿服务活动在全社会的推广。

其次，社会认同度低。发达国家的慈善及志愿服务事业发展时间相对较早，在长远的历史发展过程中，社会对于志愿服务的认可度较高。而在我国，随着社会飞速发展，社会问题日益凸显，导致社会诚信缺失，让公众不敢轻易释放人性中善的一面，志愿服务作为一项服务于他人的无偿奉献事业，受到人们的排斥或不理解。这些因素严重阻碍了我国志愿服务的发展，影响了动员效率。

六、健全大型赛会志愿服务动员机制的再思考

(一) 建立多层全覆盖的动员组织架构

首先，积极培育和发展多样化的动员主体。积极培育和发展志愿者组织，拓宽动员主体范围。大型赛会志愿服务的动员主体依然是政府，但是

可以拓宽此主体的范围，如发挥社区或民间志愿服务组织的作用。社区具有其动员优势，一方面作为草根组织，贴近实际、贴近群众、贴近生活，更能掌握了解社区公众的特点，因而在动员过程中，能抓住主要方面，在相互信任与依赖的关系中激发社区居民的参与热情。同时，可以把握最有效的动员方式，在构建和谐社区的视域内最大范围动员社区居民。另一方面作为联结政府与公众之间的桥梁，社区志愿组织积极响应政府的号召，开展志愿服务动员活动，传递志愿精神，与社会主流价值观接轨，既作为媒介，又作为动员主体之一，在动员过程中起到重要作用，为大型赛会的召开提供支持，又为社区居民提供志愿服务的途径。

民间志愿服务组织作为一种新的动员主体，增加了社会动员的多样性。各种类型的志愿服务组织，致力于敬老助残、扶贫济困、农民工子女关爱、应急救援等各种社会问题的解决，在关键时刻往往也可成为大型赛会志愿服务动员的重要力量。与此同时，志愿者组织形成的自下而上的动员机制，改变了我国社会动员传统的自上而下的单一向度。志愿服务组织是志愿者自愿、自发成立的社会组织，具有鲜明的草根性、基层性，不仅满足了社会公众自我动员、表达利益诉求的需要，还在很大程度上增强了动员机制的有效性。

其次，整合社会资源精实推动。关于大型赛会志愿服务的动员机制，要结合全社会可利用的资源进行整合，构建科学合理的动员组织框架，不仅有利于大型赛会动员的高效有序，也为后续各种性质的志愿服务提供借鉴。以共青团组织为例，在大型赛会志愿服务动员过程中发挥着协调、引领与组织作用。共青团是中国共产党联系青年群众的桥梁和纽带，团组织的政治先进性决定团在青年组织中的核心主导地位。各级团组织积极配合、协调上级团组织的指导与实施，特别是高等院校的团组织，更应该健全团的组织结构，配备志愿服务方面的专职干部，积极开展志愿服务组织工作，普及大型赛会志愿服务内容，传递志愿服务理念，引导志愿服务方向，保障动员顺利进行。院系团组织负责统筹本院系的志愿服务动员，更加具体、细致化地开展大型赛会志愿服务动员，扩大动员的范围及影响力。这样便构建出关于共青团这一主体的动员框架，改善了动员过程中资源整合不力的问题。

资源的整合对动员的效果起到了很大的作用，但是在此基础上，精实动员可以让各方资源发挥更大的作用。在 G20 杭州峰会筹备工作前期，杭州团市委组织专人先后 8 次赴北京、上海、南京、广州、厦门等城市考察学习，制定《国际峰会志愿服务工作实施方案》（包括 1 个总方案和 9 个子方案），团省委党组进行专题研究，并邀请北京、上海、南京等地专家进行论证。而后召开动员部署会，在筹备工作正式启动后，组织召开峰会志愿服务工作高校动员部署会，下发了《关于做好 2016 年 G20 杭州峰会志愿服务工作的通知》，在 15 所高校定点招募院校中建立了由校党委牵头抓总的峰会工作领导小组，组建了 AB 岗联络员队伍。分批抽调高校青年教师、杭州区（县、市）团干部参与工作筹备，形成校地一体的工作体系，为 G20 杭州峰会提供准确高效的服务。

（二）增强志愿服务储备力量

首先，传递正确的志愿服务理念。树立正确的志愿服务观是参与志愿服务的前提条件。随着近年来社会各界对志愿服务的大力宣传，公众对社区志愿服务已经有了一定程度的了解。但是，由于没有形成整体性的志愿服务观，公众对志愿服务存在一定误区，特别是针对大型赛会的志愿服务，一些青年人包括大学生认为大型赛会志愿服务就是政府相关单位的工作，自己难以参与到这些高层次的志愿活动中去。这种观点是错误的，大型赛会志愿服务是面向全体公民的，当然也是为全社会服务的。在全社会推广志愿服务理念，应推动越来越多的社会公众不仅仅成为志愿服务理念的接受者和认同者，而且成为志愿服务理念的传播者和实践者。青年大学生更要树立正确的志愿服务观念，通过志愿服务活动提高自我认识，奉献社会，为大型赛会的顺利召开添一份力。青年是国家社会的中流砥柱，在任何方面都应该体现出其重要作用，积极参与、大力支持和参与志愿服务活动的开展，为志愿服务创造有利条件和良好社会环境。

其次，广泛设立志愿服务预备队伍。增强志愿服务储备力量也是动员机制运行的保障。在社会出现紧急状况时，党员群体起到了很好的模范带头作用。高校与基层社区、民间组织也可以借鉴这一方式，培养自身的志愿服务储备力量。在高校中开展志愿服务选修课程，加强学生培养工作，教授志愿服务精神、志愿服务内容、志愿服务相关标准化知识，通过讲授全国各地高校参与志愿服务工作的实例，提高大学生的志愿服务意识，并建议高校在志愿者培养、管理方面发挥主体作用，切实做好志愿者协议签订、志愿者政审及志愿者校内培训、演练、后勤保障等工作。以便形成一支志愿服务预备队伍，拥有良好志愿服务修养及相应的学科知识，随时随地可以动员并参与到大型赛会志愿活动中去，提高动员的效率与水平。

最后，营造全民参与的氛围。在基层社区、民间组织中发挥志愿服务领袖带头作用，开展相关志愿服务活动，营造全民参与志愿活动的氛围，使得动员客体广泛化，更加快捷、方便地进行大型赛会志愿服务的动员。例如北京奥运会志愿服务活动，就培育和发展了志愿服务社团，引导和扶持其参与"迎接奥运"志愿服务活动，积极培育志愿服务家庭，推广以家庭为单位提供志愿服务的模式。G20杭州峰会也借鉴了这一方式，在社区中引导、支持家庭志愿服务的开展。

（三）志愿服务宣传与激励参与并重

首先，灵活运用动员方式，提高动员效率。正如学者梵迪克所言：新媒体的传播革命，意味着受时空所限的媒介和跨越时空的媒介间的界限消失了。尽管新媒体的主要目的是要消除时空距离，它也可以在离线环境下使用。新媒体是线上和线下媒体的结合体，不仅仅局限于传统的动员方式，要将传统与互联网结合在一起，由于大型赛会志愿服务的特殊性，以及动员主客体的不同状况，动员方式的选择显得格外重要。

对于高校学生还有更多年轻人来说，接触更多的是互联网，因而采用的动员方式应该是以新媒体为主导，例如微博、微信公众号、交流群等，以信息化推进社会化；对于基层社区当中的中老年人，则是以纸质媒体为主的方式会有更多的效果。针对不同的志愿服务类型、不同的动员客体，选择不同的动员方式可能会收到不同的效果，有时同一个志愿服务活动，不同的动员方式效果也不同。

大型赛会的志愿服务动员方式就要考虑到本次志愿服务的类型。大型赛会召开代表的是国家的实力与形象，因而由政府主导，通过政府门户网站进行志愿服务内容及动员信息的发布，再结合其他动员方式。2008年北京奥运会志愿服务活动中就通过组织义务宣讲、演说论坛和课堂教学等系列活动，利用各种传媒，传播奥林匹克文化，普及奥林匹克知识，推广志愿服务理念，倡导志愿服务精神；采用多种方式积极引导社会公众到公益机构、街道社区等，实现参加志愿服务与迎接奥运的有机结合；利用奥运会倒计时的重要时间点举行"志愿者迎奥运"主题活动，在全社会掀起参与奥运志愿服务的热潮。因此，动员方式不仅要多元化，而且要灵活运用，创新载体，提高动员效率。

G20杭州峰会在志愿服务动员过程中成立了国际友人志愿服务团，发布了峰会城市志愿服务宣传片和歌曲，推出了"志愿者服务号"游船，联合青年时报社，编印峰会志愿者杂志《志愿汇》，积极拓展新的动员方式，顺应时代需求，加强对社会、对公民的影响力，同时也极大地整合了社会资源，例如联合市委组织部、市委宣传部、市人大、市妇联、文明办、老干部局等单位，在区（市、县）、各基层志愿服务组织中开展"办好G20，志愿我先行"省市"赛积分，比贡献"活动暨"讲好杭州故事"等活动，深入实施喜迎G20杭州峰会城市志愿服务七大行动。

其次，加强共意动员，建立激励机制。克兰德尔曼斯（B.Klandermans）将共意动员定义为"一个社会行动者有意识地在一个总体人群的某个亚群中创造共意的努力"①。发挥宣传动员与会议动员的作用，有意识地向公众传播志愿精神，普及志愿理念，加强对志愿服务价值与目标认同，加强对大型赛会志愿服务的特殊性及内容的宣传，创造共意，切实提高社会各界人士对志愿服务工作的认识，让他们真正能重视起来，能主动参与到志愿服务中去，积极与组织单位对接，最广泛地营造为大型赛会服务的社会氛围。

同时，对于大型赛会志愿服务建立激励机制，一方面能够调动志愿者的积极性，强化志愿者的主动性，吸引更多更优秀的人加入到志愿服务的队伍中；另一方面通过后期政府或社会对志愿服务客体的评估，实现物质性或荣誉奖励，以精神激励为主、物质激励为辅，提高参与动机。基层社区可以为热心参与志愿服务的居民提供物质奖励，或者培养其成为社区的志愿服务领袖。高校可以将大学生参加志愿者活动的情况作为学生综合素质考核的内容，为学生干部培养和入党的参考信息，为表现突出的志愿者进行表彰，授予一定的荣誉称号，提供更多的学习培训、交流的机会和更大的提升发展空间，以此激励更多的学生参与到大型赛会志愿服务中去。

(四) 构建志愿服务支持系统

一个良好的动员机制应该有政策、法律法规的保驾护航。社会是由一个相互交错或平行的网络所组成的大系统，个体或组织力图进行有目的的行动是嵌入在具体的社会网络中的。大型赛会志愿服务应当重视个人或组织的社会网络或获得支持的程度，同时发展和维持社会支持网络。因此，构建大型赛会志愿服务活动的社会支持网络，也是建设志愿

---

① 克兰德尔曼斯：《抗议的社会建构和多组织场域》，载艾尔东·莫里斯、卡洛尔·麦克拉吉·缪勒主编：《社会运动理论的前沿领域》，刘能译，北京大学出版社2002年版。

者动员机制的一个重要方面。

首先，支持和鼓励志愿服务法律法规建设。政府及相关部门应提供对大型赛会及配套志愿服务的政策支持和法律保障，明确大型赛会志愿服务的法律地位，营造良好动员环境，是增强公众参与志愿服务的推动力。法律法规同时也保障了志愿服务参与者的合法权益，为志愿服务过程中的不公待遇提供法律解决的途径，提高参与者对动员主体的信任，为动员机制提供强有力的保障。

其次，充分利用财政及现有社会资源，调动全社会广泛参与志愿服务的积极性，给予大型赛会志愿服务资金和其他物质资源支持。民间组织、社区、高校可以为大型赛会志愿服务提供人力和经验支持，同时给予志愿者组织引导和监督作用，为志愿服务提供借鉴。例如北京 APEC 会议的志愿者还享有许多激励保障：在服装方面，北京市筹备办专门委托北京服装学院为志愿者设计了带有中国风的衬衫与正装，并获得志愿者人身意外保险，在培训、演练和在岗服务期间，均可得到保险保障等。

最后，完善大型赛会志愿者注册、管理，对已登记在册的志愿者进行定期资格审核，确保志愿者的来源、素质及服务能力。例如，北京市就建立了注册志愿服务者的信息管理系统，所有参加 APEC 服务的志愿者全部在"志愿北京"网站实名注册，有利于提高大型赛会志愿服务的水平与层次，有利于满足大型赛会开展过程中的不同需求，保障了动员的质量与效率，推动大型志愿服务质量的提高。

大型赛会志愿服务动员机制既要体现大型赛会的特殊性，也要体现志愿服务活动的性质。总体来说，当前大型赛会志愿服务动员机制基本完善，但还是难以满足社会发展的要求。从动员主体来看，政府及共青团是主要的动员主体，通常情况下，还有次级的动员主体，比如共青团下的各地区各高校的共青团，属于组织化动员，而民间组织发展力量微弱，难以成为动员主体之一。从动员客体来看，结构层次多样化，人口流动性大，缺乏稳定可靠的志愿服务储备队伍，动员客体广泛性不足。从动员方式来看，要根据使用的对象、环境灵活调整动员方式，该沿用的传统方式不能缺少，要充分发掘和利用新媒体的力量，适应信息化发展的需要。从动员环境来看，政府的支持也仅限于政策上的肯定及物质方面的保障，但是就法律保障以及精神支持这两方面来说，对志愿者的权益保障方面还有待提高。权益对于个人特别是志愿者来说，具有非同寻常的意义。权益平衡了个人对于社会的付出和回报系统，有助于激发社会成员的积极性、主动性和创造性，也有助于培育社会成员的公共责任和意识，为志愿者的动员提供了前提和保障，有利于动员效果的实现。

第二章　大型赛会志愿者招募机制

　　大型赛会志愿者的招募与选拔是大型赛会组委会通过岗位工作分析，确立招募与选拔的目标和用人标准，制定"招、选、录用"方案及实施细则，成立招募与选拔的组织机构，借助各种媒体、渠道发布有关招募信息，经过一定的程序和科学的选拔、测试评价方法，把符合大型赛会组委会目标的、具有一定素质、能力和其他特殊性的潜在志愿者吸引并选拔到需要岗位的过程。招募与选拔的根本目的就是吸引适当的志愿者，并将其安排到适当的岗位上。①

　　随着越来越多的大型赛会选址我国，我国对志愿者的需求将越来越大，对志愿者的整体素质和专业水平的要求也将越来越高。而大型赛会志愿者招募工作作为整项志愿者工作的第一环节，其工作效率与工作成果将直接关系到是否能够很好地满足赛会对志愿者在数量和质量上的实际要求，为赛会的成功举办和志愿精神的培育与传播奠定基础，推动志愿服务工作理论创新、制度创新、实践创新，从而为我国志愿事业的发展与跃升提供实践经验支持和学术理论支撑。

---

① 唐志红、骆玲：《人力资源招聘·培训·考核》，首都经济贸易大学出版社 2003 年版，第 55 页。

一、国际奥运会志愿者的招募及经验分析

奥林匹克运动会（Olympic Games）简称"奥运会"，是国际奥林匹克委员会主办的世界规模最大的综合性运动会。现代意义的首届奥林匹克运动会于 1896 年在雅典举行，距 2016 年 8 月举行的第 31 届奥运会——里约热内卢奥运会已经整整 120 年。经过 120 年的发展，奥运会早已成为目前世界上影响力最大的体育盛事。而现代奥林匹克运动能发展到今天，也得益于各个主办国广大志愿者的热情参与和无私奉献。

也正是由于奥运会具备国际化的影响力，以及奥运会在志愿者招募中长期的、多次的实践，为大型活动的志愿者招募积累了丰富的经验。因此，本节以伦敦以及近几届奥运会志愿者的招募情况为例，通过查阅大量的资料、文献等，了解并分析国际性盛会志愿者招募方式及经验。

（一）近 4 届奥运会志愿者招募情况

表 2-1　近 4 届奥运会志愿者招募基本情况

奥运会届别	志愿者申请人数	志愿者募得人数	青年志愿者[①]比例
2000 年悉尼奥运会	75000	46967	42%
2004 年雅典奥运会	160000	60000	78%
2008 年北京奥运会	1125779	100000	97.87%
2012 年伦敦奥运会	250000	70000	——

经查阅相关资料与研究成果，我们将近 4 届奥运会志愿者招募工作

---

① 青年志愿者一般指年龄在 35 周岁以下的志愿者。

的基本情况整理如表 2-1 所示，尽管都是奥运会的志愿者招募工作，但是每个主办国的招募人数、志愿者结构、招募方式等却不尽相同，甚至大相径庭。

其中，悉尼奥组委于 1996 年 11 月正式启动志愿者招募工作，历时两年，从 75000 名申请者中募得 46967 名志愿者，其中有 42% 的志愿者年龄为 35 岁以下。雅典奥组委从 160000 名申请者中实际招募了 60000 名志愿者，其中有 78% 的志愿者年龄为 35 岁以下。北京奥运会志愿者招募工作在 2006 年 8 月底就已启动，截至 2008 年 4 月，共约有 1125779 人提出申请，为历届奥运会之最，并最终募得 10 万名志愿者，其中 97.87% 为 35 岁以下。而 2012 年伦敦奥运会共有超过 25 万人提出报名申请，最终确定招募了 70000 名志愿者，这也创下了英国第二次世界大战后志愿者招募活动之最。在志愿者招募阶段的划分和招募方式的选择上，各届奥运会也有所差异和侧重，具体情况如下：

其一，2000 年悉尼奥运会志愿者招募方式。

悉尼奥运会志愿者招募共分为三个阶段：

（1）先锋志愿者招募：为后期的续招和培训打好基础，悉尼奥组委首先开展 500 名先锋志愿者的招募工作；（2）专业志愿者招募：以澳大利亚的多所高校为主要来源，启动专业型志愿者的招募工作，最终为奥运会提供了 25000 名具备相应专业能力的专业型志愿者，优秀的大学生们也具备奥运会服务所需要的特殊技能；（3）普通志愿者招募：本阶段主要将社区作为志愿者资源库，招募从事一般性服务工作的普通型志愿者，组委会首先根据志愿者们的第一志愿为其安排服务岗位，其次再考虑第二、第三志愿，以保证志愿者们的积极性能够充分发挥。

其二，2004 年雅典奥运会志愿者招募方式。

2003 年 1 月至 12 月期间，在招募、存档、甄选、培训和正式上岗等各个环节，都有相应的官员对此专门负责。其中，在志愿者招募上，雅典奥组委完成了志愿者的面试、选拔及岗位分配工作，官员们对申请者进行单独面试，并向其阐述志愿工作的主要内容及奥运会的特殊要求等。值得一提的是，该届奥运会志愿者年龄要求为18岁以上，并针对希腊国外的申请者以专门的问卷形式取代面试，避免了因面试时间、地点等带来的诸多不便。

其三，2008年北京奥运会志愿者招募方式。

北京奥运会志愿者的招募工作于2006年8月底就已启动，共分为以下几个阶段：申请人报名、材料审核、工作预分配及面试、初步确定岗位、发出录用通知、志愿者接受任务、背景核实等。

其四，2012年伦敦奥运会志愿者招募方式。

根据志愿者类型的不同，伦敦奥组委将奥运会志愿者申请工作分为三批次进行，以此来保证志愿者结构的合理性与科学性：(1)专业志愿者：具有专业背景的志愿者申请于2010年7月27日启动；(2)普通志愿者："普通岗位"的申请工作于2010年9月15日开始；(3)青少年志愿者：18岁以下的志愿者招募工作于2011年7月才正式拉开帷幕。

(二) 近4届奥运会志愿者招募工作的对比分析

志愿者招募一般可以简单地划分为三个阶段，即招募前期准备、招募过程设计和招募职位安排。结合近4届奥运会志愿者的招募工作，就前期准备、过程设计和职位安排三个环节来进行对比分析，可从中总结出国际上大型活动志愿者的招募经验。

其一，奥运会志愿者招募前期准备。

为了做好奥运会这一国际性活动的志愿者招募工作，招募方即奥委会必须明确地区并界定该届奥运会所需志愿者的岗位类型、岗位职责、需求人数等。同时，在明确志愿者需求之后，对于志愿者资源的持有情况也需要有一定的调研与了解，从而能够对整个社会(包括国内与国际)的志愿者供需情况有一个宏观的了解与把握。

在志愿者招募数量方面，并非人越多越好，也绝非供需平衡恰如其分。招募志愿者的初衷，一方面是为组委会节省人力资源的开支，另一方面也是为了让奥林匹克精神能够更广泛、更有效地在普通民众中得以传播，同时满足民众们的志愿意向与志愿需求。然而，志愿者招募人数过多容易造成人力资源的浪费与低效；人数刚好甚至偏少，又无法保障在紧急情况发生时得到有效应对。如2000年悉尼奥运会，在对志愿者招募数量进行预算时采用的方式是：设立一个能够在不同的项目领域间协调配合的专门小组，以帮助一些项目领域确定其所需的志愿者数量、时间要求、工作内容、管理方面的要求以及所需具备的专业技能等。[①]

除了对"想要招什么志愿者""想要招多少志愿者"要有足够充分的前期调研和预判之外，志愿者招募宣传也是招募前期的一大重点工作。现代传播媒介主要包括网络、报刊、电视、广播、布告栏等，充分并合理地组合化运用各传播媒介将可以最大范围、最大效用地宣传志愿者招募信息。

2000年悉尼奥运会在1996年底至1997年间首先成立了一个500人的先锋志愿者团队，通过志愿者自身的发声来号召大家成为志愿者。[②]2004年雅典奥运会在启动官方志愿者申请工作后，也同步在雅典和希腊的一些赛事中对此进行广泛宣传，同时，在国内外招聘各行业信奉奥林匹克精神与价值的专业型志愿者。而2008年的北京奥运会则充分利用了广播、电视、报刊、网络等媒介，在奥组委的总宣传计划框架内将信息传播面最大化，充分动员了民众的力量。2012年伦敦奥运会以"游伦敦，看世界"为宣传主题，创造了历史上关于伦敦奥运会最大的宣传项目，其目标就是吸引尽可能多的游客来伦敦游玩。

其二，奥运会志愿者招募过程设计。

志愿者招募过程，即志愿者招募方式的选择，可能直接影响到志愿者类型结构、整体素质的高低等。随着社会的不断进步，招募方式也需

---

① 冯卫：《奥运会志愿者招募情况的解读——以伦敦奥运会和近几届奥运会为例》，《沈阳体育学院学报》2012年第4期。

② 张建华：《大型国际性运动会志愿者招募与培训经验的研究》，《体育科学》2006年第6期。

因地制宜、因时制宜，并结合不同的文化背景、历史传统等有相应的调整，招募工作也需以此开展。

2000 年悉尼奥运会采用了多种形式相结合的招募方式，包括个人自愿报名、通过赞助商和供应商招募、根据特殊岗位的岗位要求所进行的专业型志愿者招募等。悉尼奥组委还专门针对学校学生，根据学生专业来安排志愿工作，充分将学生们的专业知识与志愿服务相结合。

2004 年雅典奥运会在志愿者招募过程中，只需志愿服务申请者们填写申请表，表格内容包括个人信息如姓名、年龄等，并专门收集申请者们的专长，根据专长来进行志愿者岗位的分配与服务内容的确定。

2008 年北京奥运会的志愿者招募机制高效便捷，采取定向与公开招募相结合、书面与网络申请相结合、个人与集体报名相结合等方式，按照招募程序按阶段、按人群开展工作。①

2012 年伦敦奥运会采取的是网上申请的方式，分阶段分别对专业型志愿者和普通型志愿者进行招募，2010 年 7 月底开通了"专家志愿者"网上申请，同年 9 月中旬开通了"普通志愿者"申请系统。

其三，奥运会志愿者招募职位安排。

在志愿者招募前期，对所需职位及志愿者数量的预判，决定了志愿者的招募结构与结果。而在招募完成后对志愿者进行职位的合理安排，让志愿者们与组委会对职位安排进行双向互动选择，让志愿者们充分了解各个职位的权利与义务，从而更好地激发志愿者的志愿热情、满足志愿者个人精神需求、发挥各个职位的主观能动性与积极性。

悉尼奥组委招募两个类型的志愿者，即专业志愿者和普通志愿者。其中专业志愿者主要从事如医疗保障、兴奋剂检测、翻译等服务，普通志愿者则主要从事观众服务、服装、奥运村志愿活动等。志愿者们可以在申报时选择 4 个自己偏好的岗位，最终由组委会按照统一协调、科学分配、尽量满足的原则来决定志愿者们的服务岗位。

---

① 田丽娜：《大型活动志愿者招募机制探究》，《中国青年政治学院学报》2013 年第 4 期。

而雅典奥运会在志愿者职位安排上，由组委会直接分配，导致招募部门与需求部分工作衔接不当，造成某些部门岗位安排不明确，从而在国际志愿者的管理上，志愿者们只能根据自觉性来开展服务，岗位缺失、岗位重复现象屡见不鲜。

根据岗位要求，北京奥运会的志愿者被划分为两种类型：专业志愿者、非专业志愿者，专业志愿者主要从事指定领域的服务工作，如翻译、安全保卫、医疗等。志愿者们在一开始的报名申请时，根据个人情况就工作领域和工作地点等方面进行选择。奥组委根据志愿岗位要求，并结合志愿者个人的专业技能、服务意向等，适当安排固定岗位与工作。为保证人人之间、人事之间的衔接性，奥组委还特别安排固定的工作联系人，让志愿者们最大限度地明确岗位要求与工作职责，从而保障奥运会志愿工作的顺利开展。

伦敦奥运会志愿者也被分为两类："专家型"志愿者和"普通型"志愿者，其分类依据是志愿服务岗位是否有专业素质和专业能力的要求。值得一提的是，伦敦奥组委为未满18周岁的志愿人士专门组建了一支1500人的"伦敦2012青年奥运志愿者"队伍。他们和80岁以上的志愿者一同由安全关怀部门来协调与组织。伦敦奥组委还为残疾人开设了志愿者申请通道，尽可能满足全民（包括老幼、残疾人等）的志愿意向，让奥运会真正成为全民、全世界的盛会。

二、当前大型赛会志愿者招募与选拔机制

通过文献检索、资料查询等多种渠道对我国当前的大型赛会及活动志愿者招募机制进行梳理，我们发现，以招募工作的组织者作为区分依据，志愿者招募与选拔机制可以大致分为三种类型，即相关非政府组织独立招募、相关非政府组织与活动承办方联合招募、活动承办方独立招

募；以招募方式作为区分依据，志愿者招募与选拔机制则大致可以分为四种类型，即社会招募、组织动员招募、社团招募、直接对口性招募。尽管可以根据不同的方式来对志愿者招募机制进行分门别类，但是在一场实际的志愿者招募过程中，往往运用多项机制的组合态，以便于更好、更快地完成志愿者招募工作。

（一）共青团组织独立招募

在我国，群团组织具有特殊的地位以及与其地位相匹配的影响力。而共青团作为党的助手和后备军，拥有广泛而全面的组织架构、组织资源优势，在我国的广大青年尤其是广大学生群体中发挥着无可取代的领导和组织作用。青年志愿者作为志愿者群体中的主力军，其招募工作的重要性不言而喻，而高校青年志愿者组织又作为青年志愿者组织队伍中成员最年轻、活动最积极、相对集中、影响力非常广泛的一个群体[1]，因此，由共青团牵头在高校中招募学生青年志愿者是当前最常见的志愿者招募形式。从实质而言，这个就是委托招募，主要是志愿者工作部积极与预定的高校团组织联系，采取委托高校团组织招募志愿者的形式。

这种重大赛会志愿者招募途径是目前最常用的一种途径。采用该种途径招募志愿者的重大体育赛事主要有 2004 第七届全国大学生运动会、2005UP 世界摩托车锦标赛、2005 澳大利亚 V8 房车赛以及 2005IAAF 上海国际田径大奖赛。[2]G20 杭州峰会的志愿者招募也主要依赖共青团系统，其招募体系大致分为三个部分：一是在杭高校志愿者工作体系。协调定向招募高校成立由校党委牵头的志愿服务工作领导小组，构建高

---

① 孟芳兵：《高校志愿者招募培训工作机制研究》，《华中农业大学学报（社会科学版）》2010 年第 2 期。

② 李致富：《上海重大体育赛事志愿者招募与选拔机制探究》，《长江大学学报》2014 年第 4 期。

校党委领导、行政支持、团组织具体实施、有关部门密切配合的工作格局。确定1—2名教师，作为峰会志愿服务工作联络员和志愿者领队，形成在杭高校志愿者招募工作体系。二是代表性群体志愿者体系。在团中央、团省委、市残联等有关部门的支持下，开展代表性群体志愿者的报名、选拔、培训、管理工作。安排全国及省市级典型志愿者在各类岗位上进行服务，带动其他志愿者积极性，树立服务典型，制造宣传亮点。三是需求部门志愿者工作体系。由专业志愿者需求部门牵头，协调国际峰会各部确定1名分管领导和1名联络员，牵头负责志愿者岗位确定、志愿者岗位培训、志愿者保障管理等各项工作，同时协助卫志部开展相关联络工作。此外，各部门提出的个别专业志愿者无法配足的情况下，联系北京、上海等城市合作招募。

（二）共青团组织与活动承办方联合招募

共青团是党联系青年群众的桥梁和纽带，作为党的助手和后备军，其在我国的志愿服务事业中也发挥着举足轻重的作用。也正是因为如此，共青团在我国的青年群体中具有特殊的号召力和权威性，而这是一般民间公益组织所无法具备的。在共青团组织的大力支持下，即便是在较短的时间内，大型赛会志愿者招募工作也总能够得到迅速回应并有效开展，从而招募到数量充足、素质水平较高的志愿者。但是我们也应当充分认识到，在共青团和活动承办方分离的情况下，由共青团独自承担志愿者招募工作，往往会因为其在招募专业型志愿者上相对缺乏经验而导致其招募的志愿者难以满足岗位要求。

在这种情况下，由共青团与活动承办方联合招募就体现出独有的优势。共青团是广大青年群体的组织，拥有最为丰富、最为优质的志愿者资源，尤其是全国高校的大学生们，他们既对志愿服务有着饱满的热情，有着十分积极的服务姿态，又身怀各行各业所需的专业素养和专业技能。而活动承办方是最熟悉活动各项工作的。在一些特殊的志愿服务岗位上，所配备的志愿者除了要满足最基本的志愿者要求之外，还必须拥有相应的专业素质和专业技能。共青团与活动承办方的联合招募，实质上是打通了志愿者资源需求方和志愿者资源供给方，通过供给侧和需求侧的互动和联动，合力完成志愿者招募工作。

（三）活动承办方独立招募

活动承办方独立招募，一般是通过市场化的形式来实现的。赛事一般由政府安排一些有国有资本背景的企业集团，由它们具体承办该项赛事，并由它们成立赛事运作公司，负责赛事运营，政府仅为赛事运作提供一定的支持。赛事运作公司一般会在公司内部成立专门的部门，志愿者招募工作则直接由其人力资源部具体负责。在志愿者需求评估上，一般由活动承办方对活动志愿者的需求情况包括数量、专业知识、专业技能等进行专业化分析，进而能够更有针对性与方向性地开展招募工作。在志愿者招募途径的选择上采取的是定向组织招募，但与第一种招募方式的定向组织招募又有所区别，在招募对象的选择范围上更广，同时也更有针对性，即赛事运作公司的人力资源部主要与高校联系，在委托高校招募的同时，还积极与各类团体、协会联系，以期招募到符合自己需要的志愿者。活动承办方独立招募的志愿者招募方式在一定程度上既避免了与第三方组织的前期沟通交流以及在招募过程中的工作协调，又能够找到专业对口的志愿者，避免了后期大量的培训与管理工作及费用。

（四）社会招募

社会招募，顾名思义就是向全社会公开性地进行志愿者的广泛招募工作，充分运用线上渠道如网络、电视、广播、报刊等和线下渠道如记者发布会等，发布活动信息和志愿者招募信息。比如 2008 年的北京奥运会，历时两年面向社会公开招募，共接收了社会各界 1125799 份志愿者申请，其中有 908344 名申请者还同时提出了残奥会的志愿者申请。①

（五）组织动员招募

对于大型活动，尤其是具有国际性影响力的大型活动，政府部门都高度重视。政府有效利用其权威性和组织资源，充分发扬志愿精神，推动活动志愿者的招募工作，以保障其重视的大型活动能够高效、有序、成功地得以开展。政府高度重视大型活动的组织工作，利用政府的权威性来推动志愿者的招募工作，使志愿者精神在社会中发扬。1948 年伦敦奥运会、1980 年莫斯科奥运会以及 1988 年汉城奥运会的志愿者招募都采取了政府动员的模式。第二届亚洲青年运动会（以下简称"亚青会"）于 2013 年 8 月 16 日至 24 日在南京成功举办。南京市政府通过亚青会志愿者工作部负责与属地志愿者社团合作，对南京亚青会、青奥会志愿者进行招募、培训和管理。在宁各高校志愿者社团组织，由所在高校团委进行统一管理，根据志愿者工作部的要求，负责校内亚青、青奥会志愿者招募、培训、管理及开展具体志愿服务工作。亚青会志愿者招募培训与激励是亚青会志愿服务工作的重要组成部分也是赛会运行的重要保障。②2012 年 9 月 17 日，南京地区赛会志愿者集中报名工作正式启动，南京亚青组委除了委托部分高校设立赛会志愿者报名点，接受在校师生自愿报名外，在南京市青少年宫青年志愿者家园(青春剧场三楼)以及南京市 13 个区县团委也设立了报名咨询点，接收在宁其他各界人士报名。

---

① 参见北京奥运会志愿者工作协调小组办公室等：《奥运先锋》，人民出版社 2009 年版，第 3 页。
② 袁冬梅：《南京亚青会志愿者招募培训与激励机制研究》，《探索与争鸣》2014 年第 4 期。

（六）社团招募

主要是利用民间协会组织或非政府组织来开展志愿者招募工作。除了共青团之外，志愿者协会等公益性组织甚至企业家论坛等商业性组织都可以是志愿者招募工作的组织者。1996 年亚特兰大奥组委就组成了一支由民间、社区和商业团体构成的"奥运力量"，它们承担了大量的志愿服务项目。采用该类方式的赛事还有如 2005 上海网球大师赛、2005 汇丰高尔夫冠军赛。①

（七）直接对口性招募

由于活动的特殊性，志愿者和志愿者岗位也必须有相应的专业要求，因此，要保障志愿者招募工作高效开展，从而保障整场活动的顺利进行，就必须有针对性地直接对拥有专业型志愿者资源的组织或群体进行招募。比如 2010 年在北京举办的第 29 届世界音乐教育大会，直接对口向北京的三所高校（中国传媒大学、北京语言大学、中国音乐学院）共招募了 560 名专业型志愿者②，这些志愿者在大会的学术会务组、演出组、安保组等发挥了重要的作用，保障了大会的成功举办。

三、我国当前大型赛会志愿者招募工作中存在的问题

近年来，随着我国经济社会的不断发展和综合国力的日益提升，我

---

① 田丽娜：《大型活动志愿者招募机制探究》，《中国青年政治学院学报》2013 年第 4 期。

② 田丽娜：《大型活动志愿者招募机制探究》，《中国青年政治学院学报》2013 年第 4 期。

国在国际上的影响力也越来越大。以 2008 年北京奥运会、2010 年上海世界博览会、2014 年北京 APEC 峰会等为典型代表的各类国际性大型活动在我国成功落下帷幕，2016 年 9 月 4—5 日，二十国集团（G20）第十一次峰会在杭州成功举办。唯有深刻总结以往大型赛会志愿者招募工作中的不足，积极吸取经验教训，并学习国际上志愿者招募的先进经验，结合我国具体国情，才能助力日后大型赛会志愿服务的成功举办，促进我国志愿者事业发展更进一步。

根据我国近年来大型赛会和活动的举办经历，可以从宏观社会层面、中观组织层面和微观个体层面这三个不同的视角层面出发，对我国当前志愿者招募工作中存在的问题进行总结。

（一）宏观社会层面的招募问题

当前，从宏观层面上看，我国大型赛会和活动志愿者招募工作存在的主要问题是：

其一，志愿者招募注重短期效应，忽视长期规划。

首先，回归到志愿者招募的动机问题，即举办大型活动为什么需要招募大量的志愿者。一般而言，大型活动招募志愿者共有三种目的。第一，志愿者对于大型赛会本身而言，既属于"工作人员"范畴，又属于"协助人员"范畴，是成功举办大型活动的一支特殊保障力量。志愿者们可以为活动参与者如与会人员、运动员、观众等提供服务，在保障活动有序开展的基础上以优质、高效服务的形式给活动加分；活动举办方通过招募志愿者的形式，以较少的财力投入获得了极大的服务回报；大型赛会志愿者一般都是有工作时限的，活动成功落幕也就意味着志愿者们的志愿工作接近尾声。因此，志愿者们是为某一特定的活动而生的。因事设岗、因事募人，这是人力资源管理的一大基本原则。第二，对于活动本身而言，仅通过主办方的自我宣传是远远不够的，志愿者们则是接触活动深度和广度仅次于活动组织者的一个群体。志愿者们在工作期间，作为工作人员了解活动所倡导的核心理念、精神等；在业余时间，志愿者们又作为广大民众中的普通一员，宣传、倡导并践行着活动所倡导的理念。当普通民众们耳濡目染之后，都在自觉或不自觉地践行了活动所倡导的理念的时候，活动便已经取得了真正的成功。奥运会和奥林匹克精神便是一个很好的例证。第三，对于整个社会的志愿者事业来说，某一次大型活动的志愿经历只是整项志愿者事业中的一个环节。更关健是在全社会萌发、倡导、传播和树立志愿精神。志愿精神内涵下的奉献精神、互助精神、团队精神等，都是和谐社会和精神文明建设不可或缺的组成部分。

其二，宣传力度和范围不足。

志愿者招募宣传工作的方式、力度、范围等，直接影响到整场活动志愿者队伍的结构特征、整体素质、专业能力等。只针对某一特殊的群体，或通过某一固定的方式，或以静态的思维模式设定招募目标人数等，都很有可能导致志愿者招募工作缺乏科学性、合理性和可持续性，甚至影响到整场活动的高效、有序进行。

在招募对象上，覆盖面的局限性特征十分明显。目前的大型赛会绝大部分的志愿者都来源于各高校，这与宣传工作集中在高校范围是密不可分的。尽管招募大学生志愿者使得整个赛会在志愿者管理方面变得更为高效和便利，但是这也严重限制了社会上其他组织或个人详细了解赛会志愿者的招募信息、工作内容等途径，从而使得志愿者的年龄结构、专业结构等产生了明显的倾向。在宣传中，在广度上不作前提限定，在深度上细化岗位要求，既能扩大赛会影响力、传播志愿精神，又能吸引更多有社会经验的民众参与到志愿服务中，从而使得志愿服务更具专业性。比如在旅游向导岗位上，本地的一些中老年群体中，肯定不乏一些既有丰富社会阅历，又深谙本土历史典故、文化传统和地理知识的专业人士，他们将比学生群体更能胜任这个岗位。

（二）中观组织层面的招募问题

其一，党团牵头的责任过重，社会化组织程度有待提升。

方奕在 20 世纪末就已针对我国的志愿者管理提出问题：组织建制单一，社会化程度不够。[①] 邓国胜在对我国志愿服务模式进行深入研究之后也提出，我国当前的志愿服务虽已不再是僵化的纯官方形式，但是也不是纯民间行为，而是多元模式并存的。

在我国，党团组织相对于民间公益性组织而言，具备绝对的权威性与号召力，因此，由党团组织尤其是由共青团来牵头开展志愿者招募工作，而且共青团能够利用其特殊的组织资源来提高志愿者招募工作的效率，这是一般的民间组织难以企及的。但是，也正是由于共青团这一法律意义上的社会团体在我国的特殊地位，团省（市）委—高校团委—学生会/青年志愿者协会的类层级制招募方式不可避免地影响了社会化招募进度。

另外，正是由于共青团牵头的志愿者招募工作拥有高效率、高参与率等明显优势，外加我国作为世界第一人口大国，志愿者招募就数量而言并非难事。因此，自下而上式的志愿者招募往往被忽视，抑或是作为自上而下招募方式的补充。社区层面和民间志愿者组织的志愿者招募渠道保障不足，从而导致大型活动的志愿者招募社会化运作程度不高。

其二，过多以学生为主体的志愿者结构。

目前，我国活跃度最强、规模最大、影响最大的志愿者群体包含社区志愿者与青年志愿者两类，两类志愿者群体都有各自的组织体系，分别与相应的政府组织相联系。社区志愿者组织隶属于民政系统，它的各级组织都与相应的民政部门联系在一起，并接受相应组织的领导和安排，但是它的最基层是与街道居民委员会联系在一起的。街道办事处属于城市最基层的行政组织，居委会属于城市基层群

---

① 方奕：《中国"志愿者行动"的社会机制问题》，《中国青年研究》1996 年第 6 期。

众性自治组织。^① 中国青年志愿者从属于中国共产主义青年团中央委员会下属的中国青年志愿者协会。中国青年志愿者协会是中国目前最大的青年志愿组织，它可以利用共青团中央和各级共青团的地方组织开展活动。"中国青年志愿者行动"是由党团组织和政府部门倡导与推动的，各级青年志愿者组织也都是由共青团直接领导，由团中央青年志愿者行动指导中心规划、协调、指导全团的青年志愿服务工作。^② 共青团中央专门设立了领导青年志愿者的志愿者工作指导委员会。这都为志愿服务的有效开展提供了组织保障。

在实际的志愿者招募中，以大学生为主的青年志愿者成为各类大型活动的志愿者主体，而社区志愿者以及其他的社会团体与民间志愿者组织则只以小部分的占比作为青年志愿者的补充。在 2016 年二十国集团（G20）杭州峰会正式召开前，杭州就提出"志愿者招募和选拔最好能做到三个百分百"，其中之一就是"百分百党团员"^③。以 2010 年上海世博会志愿者招募情况为例，就年龄结构而言，志愿者以青年为主，16—35 岁的志愿者人数占报名成功总数的 91.2%，并且以在校学生为主，在校学生有 409015 人，占报名成功总数的 72.8%。^④

在这个群体中可以找到具备多样专业知识与技能的学生个体，可以说该群体整体素质较高而且拥有很高的志愿热情，在志愿时间上也相对充裕。但是，学生缺乏一定的社交经验与实践经历。

---

① 丁元竹：《我国志愿服务的发展现状与问题》，《志愿服务论坛》2003 年第 1 期，见 http：//www.people.com.cn/GB/40531/40557/41317/41320/3025786.html。
② 中国青少年研究中心、团中央青年志愿者行动指导中心课题组：《中国青年志愿者行动研究报告》，《中国青年研究》2001 年第 2 期。
③ 陆桂英：《用高标准的志愿服务推动城市文明进步》，《杭州（周刊）》2016 年第 1 期。
④ 沈炜：《角色理论视角下的世博会志愿者》，华东理工大学出版社 2011 年版，第 34 页。

（三）微观个体层面的招募问题

从微观层面来看，志愿者招募工作中存在的主要问题是：志愿者岗位与申请人个人意愿不匹配，从而影响了志愿者的工作积极性和个人主观能动性的充分发挥。

在我国，由于组织资源在社会动员方面具有很强的优势，因此在志愿者招募过程中，要完成数量上的招募目标并非难事。但是，志愿者的个人意愿与实际被安排的岗位之间往往有所偏差，其表现为"冰火两重天"，即有些岗位申请者云集，如场馆服务；有些岗位则无人问津，如保洁、搬运等。这在普通型志愿者和专业型志愿者两者之间也表现明显，即普通型岗位上往往"僧多粥少"，而专业型岗位上则恰恰相反，对于专业人才的需求十分突出。另外，未能根据志愿者申请人的个人兴趣与特长来安排志愿服务岗位，从而影响了志愿者的服务热情的现象也较为普遍。例如某届世界青年田径锦标赛，根据相关调查研究发现，有1/3的志愿者因为对服务岗位不满意而影响了工作积极性。

要将志愿者队伍作为一种特殊的人力资源进行专项的、有针对性的科学管理。真正地做到以人为本，进而做到结合志愿者申请人的个人兴趣与专长对服务岗位进行科学、合理的安排，以达成"人适其事"与"岗得其人"相结合，最终实现"人尽其才"。由于志愿者们参与志愿服务的动机更多的并非物质回报，而是对无形的文化服务精神的满足，因此，满足志愿者们的合理精神需求是对志愿者最重要也是最基础的激励机制，也为志愿者资源的最大化发挥提供保障。

四、G20杭州峰会志愿者招募工作分析

2016年9月4—5日，G20杭州峰会这一重要的国际论坛成功举办。

据统计，整场峰会共录用会场志愿者 4021 名，服务岗位 3760 个，服务点 299 个，累计服务时数 19.4 万小时，服务嘉宾 5 万余人次，峰会城市志愿服务累计参与志愿者 185.2 万人次。峰会志愿者们为峰会的成功举办贡献了积极独特的力量，成就了峰会志愿者金名片，树立了杭州志愿服务事业发展的里程碑。

（一）志愿者工作整体概况

2016 年 G20 杭州峰会志愿者工作在峰会领导小组和医疗卫生与志愿者服务部（以下简称"卫志部"）的统一领导下开展，按照省、市混编的工作要求，成立峰会卫志部志愿服务组，以浙江省教育厅、浙江团省委、杭州市教育局、杭州市体育局、杭州团市委等为主要成员单位，各成员单位内部成立峰会志愿服务工作领导小组，主动配合峰会卫志部志愿服务工作。卫志部下设的志愿服务组设在团市委，由团市委牵头负责国际峰会各项志愿服务工作。志愿者整体工作推动进程主要如下。

其一，通过组织保障完成整体统筹（2015 年 4—5 月）

成立卫志部志愿服务组，明确各成员单位及其职责分工。团市委成立峰会志愿服务工作领导小组，统筹指导峰会志愿服务行动的整体工作。领导小组下设办公室，按会前筹备阶段和会时运行阶段分别设置并制订办公室各部门、组的职责分工方案，确保具体工作推进和实施。

其二，在工作推进中计划先行（2015 年 4—8 月）

组织相关工作人员赴北京、上海、南京、广州等地考察学习，汲取大型活动志愿服务工作经验，结合国际峰会和杭州具体情况，制订适合国际峰会、适合杭州的志愿服务工作实施方案及各项子方案，并将工作方案提交团中央、浙江省教育厅、浙江团省委、杭州市教育局及志愿服务领域专家学者评估论证。方案论证通过后，报卫志部和筹委会办公室审定。

其三，编制工作预算（2015 年 4—8 月）

根据峰会志愿服务工作整体方案，确定预算制定的原则，制订经费预算初步方案，并根据峰会具体工作的进一步明确进行相应调整。

其四，志愿者服装设计制作（2015 年 5 月—2016 年 7 月）

国际峰会志愿者服装由峰会卫志部负责赞助商甄选洽谈、落实设计制作，并完成相关审批工作。

其五，志愿者招募工作（2015 年 10 月—2016 年 3 月）

2015 年 5 月底前完成高校师生资源情况摸底。在摸底调查的基础上，结合峰会志愿者岗位需求预估，制订志愿者招募工作方案。

招募工作以社会招募和组织招募相结合为原则，少量骨干志愿者通过社会招募进行选拔；大批量服务志愿者采用组织招募形式，并以高校大一、大二、研一和博士生志愿者为主体。前期完成骨干志愿者的招募，高校的骨干志愿者可协助校团委开展相关工作；后期完成全部志愿者的招募，并开展志愿者集中测试，测试通过后，确定初步录用和冷、热备志愿者名单。

其六，志愿者培训工作（2015 年 10 月—2016 年 9 月）

制订峰会志愿者培训工作方案，编制《2016 年国际峰会志愿者通用培训手册》，邀请外办、民宗、旅委、相关高校等单位的专家组建志愿者培训师队伍，并开展培训师培训。

志愿者招募工作结束后，利用周末、节假日，以高校为单位，开展峰会志愿者通用培训。主要培训内容为国际峰会常识、志愿服务理念、通用礼仪、会务知识、杭州城市人文情况、中国文化、专业礼仪训练及筹委会要求志愿者掌握的其他知识。

其七，志愿服务信息化保障（2015 年 5 月至活动结束）

完成招募、培训等功能模块，并借西博会、电商博览会等志愿服务活动进行反复测试完善；调试完成后，提交筹委会安保部门进行安全审查。审查通过后用于峰会志愿者招募培训、时数记录、服务管理、岗位督察等全过程，并同步做好与注册中心的志愿者数据对接工作。

其八，志愿服务工作宣传策划（启动后至活动结束）

制订峰会志愿服务宣传工作方案，结合大型活动志愿者服装设计和日常志愿服务活动等，广泛开展志愿服务理念推广和文化宣传，为峰会召开营造文明和谐的社会氛围。主要工作包括完成杭州志愿服务宣传片制作、歌曲征集等。

其九，志愿者激励保障（2015 年 11 月至活动结束）

志愿者保障：为全体志愿者统一购买人身意外保险；按照"谁使用、谁负责、谁保障"的原则，协调各相关部门做好志愿者交通、用餐、用水及必要的住宿等保障工作；制作志愿者服装、培训手册、徽章、手环、志愿服务绩效证书和文化用品等，并向筹委会申请部分峰会纪念品用于志愿者激励；为志愿者争取必要的优待激励政策。

志愿服务工作保障：做好志愿者招募、培训期间的场地、交通、用餐、用水等后勤保障工作；做好志愿者之家、休息室的文化氛围营造、后勤物品配备、必要物资储备等工作。

活动结束后，组织并开展峰会志愿服务表彰激励工作。

其十，应急处置预判和学习（2015 年 11 月至活动结束）

学习借鉴其他城市和以往大型活动志愿服务经验，做好各类意外情况的预测预判。加强突发事件处置办法的研究，完成志愿服务工作应急预案制订。协助各业务部门开展志愿者应急演练，及时处置志愿者大面积人员流失、临时岗位调动、突发群体性疾病等各类应急事件。

其十一，峰会志愿服务行动（2016 年 9 月）

行动整体方案确定后，根据峰会场馆设置情况，单独排定各场馆、宾馆及相关部门的志愿服务行动计划。

（二）志愿者招募工作概况

针对本次 G20 杭州峰会的志愿者招募，研发了峰会志愿者招募注册系统，面向 15 所定点招募高校①接受报名志愿者 26266 人，联合志愿者使用部门、高校通过"两轮面试 + 三轮测试"方式选拔，第一轮面试由高校负责牵头，完成了 26266 名报名志愿者的首轮面试，选拔出 6000 名预招募人员。第二轮面试由卫志部、志愿者使用部门、高校共同实施，建立了预录取志愿者数据库。同步实施了志愿者通用知识线上考核、心理测试和托业测试，三轮测试的成绩作为志愿者选拔录用的重要依据。通过"两轮面试 + 三轮测试"方式，最终遴选出"形象好、气质佳、外语强、素质高"的志愿者 3963 名，其中，托业成绩 600 分以上（优秀）占 54.82%，400 分以上（良好）占 93.56%，还有部分德语、法语、西班牙语、阿拉伯语、印度尼西亚语等小语种志愿者。同时，招募来自 14 个国家的国际志愿者代表 25 名，选拔北京、上海等地优秀大中学生代表性群体志愿者 33 名。

本次 G20 杭州峰会的志愿者招募流程为：摸底调研→构建招募工作体系→报名准备→报名→高校初审→选拔测试→身份确认→确定岗位→签署协议→发放录取通知书，可分为以下六大步骤：

其一，摸底调研（2015 年 5—8 月）

志愿者资源摸底调研：认真开展志愿者资源的摸底调研工作，发函至浙江省内各高校，摸底高校外语类、骨干志愿者资源情况。

志愿者需求摸底调研：认真开展志愿者需求的摸底调研工作，发函至峰会各部门，初步界定志愿者岗位范围，汇总需求数量。

根据摸底调研情况，形成调研报告，研究志愿者招募方式，制订《志愿者招募工作策略》《志愿者岗位说明》等材料，为峰会志愿者招募做好充分准备。

其二，构建招募工作体系（2015 年 7—11 月）

---

① 15 所定点招募高校包括：浙江理工大学、浙江工商大学、浙江工业大学、浙江科技学院、浙江传媒学院、中国计量学院、浙江外国语学院、浙江越秀外国语学院、浙江中医药大学、杭州师范大学、浙江师范大学、杭州电子科技大学、浙江财经大学、浙江大学城市学院、浙江大学。

第一，构建在杭高校志愿者工作体系。协调定向招募高校成立由校党委牵头的志愿服务工作领导小组，构建高校党委领导、行政支持、团组织具体实施、有关部门密切配合的工作格局。确定1—2名教师，作为峰会志愿服务工作联络员和志愿者领队，形成在杭高校志愿者招募工作体系。

第二，构建代表性群体志愿者体系。在团中央、团省委、市残联等有关部门的支持下，开展代表性群体志愿者的报名、选拔、培训、管理工作。安排全国及省市级典型志愿者在各类岗位上进行服务，带动其他志愿者积极性，树立服务典型，制造宣传亮点。

第三，构建需求部门志愿者工作体系。由专业志愿者需求部门牵头，协调国际峰会各部门确定1名分管领导和1名联络员，牵头负责志愿者岗位确定、志愿者岗位培训、志愿者保障管理等各项工作，同时协助卫志部开展相关联络工作。此外，各部门提出在个别专业志愿者无法配足的情况下，联系北京、上海等城市合作招募。

其三，报名准备（2015年8—10月）

预设招募数量和来源。根据国际峰会总体需求，拟招募志愿者3000名，其中冷、热备共300人，主要通过定向招募途径进行招募。为便于组织管理，委托各高校团委和相关单位团（工）委负责招募。

其四，报名及学校初审（2015年10月—2016年3月）

确保各类会议的志愿者按照相关部门的要求，根据会议结点应对性招募、培训志愿者。根据志愿者招募和志愿者管理方面的需求，以及本计划的有关原则和方针，与组委会信息技术部等部门对接志愿者信息化相关工作，并与身份注册系统等技术系统科学配套。通过信息化系统统一招募志愿者。以"志愿汇"系统作为志愿者唯一报名平台，进行实名制认证，初步核查身份信息。

招募工作以社会招募和组织招募相结合为原则，向社会发布招募通告，少量骨干志愿者可通过社会招募进行选拔；大批量服务志愿者采用组织招募形式，向高校公开招募稿、招募方式及招募条件，以高校大

一、大二、研一和博士生志愿者为主体。

根据一定标准，科学设立各个志愿服务岗位的选拔标准和筛选条件。首轮背景审查工作由学校（或工作单位）安全保卫部门负责，志愿者需经辅导员（或部门经理）签字、院系（或所在部门）和学校（或所在单位）党委（或行政部门）盖章三步把关审查。由高校在初审后，以150%左右的比例来确保二次选拔测试人员。

其五，选拔测试（2016年3—4月）

申请人信息通过材料审核以后，卫志部根据申请人的志愿岗位、专业、特长等，安排相应岗位的测试。测试工作包括初选考察和测试环节。在初选考察阶段，各志愿者来源单位要负责报名、动员和考察等环节；在测试阶段，主要形式是笔试、英语托业测试和英语口语、心理、汉语表达、体能等集中测试。卫志部委托各志愿者来源单位、志愿者需求部门及委托测试的专业机构开展各项测试工作，通过集中测试的申请人确定为预录取人员。

通过预录取人员在动漫节、电商博览会等大型赛会的预演后，进一步筛选志愿者。为充分保证志愿者的来源，以110%左右的比例来配备相关岗位的志愿者。

其六，开展确认与录用工作（2016年4—6月）

第一，核定人员计划。通过部门提出的最终版人员需求，强化各业务领域志愿者的工作整合，实现团队的高效率运行。

第二，信息采集和修改。对于已经确定为预录用的申请人，各需求部门要共同做好志愿者人选的审核。对于新增加的预录用申请人，及时将申请人信息采集、补充录入到志愿者信息管理系统。

第三，提交注册。将完成人岗对接的志愿者信息分批提交到会议注册中心，由峰会安保部门进行最后的审核。

第四，人岗对接。志愿者人选确认后，安排各会场团队与志愿者团队对接，并进行合理的排班和调配。

第五，名单复核。各会场将完成人岗对接后形成的志愿者名单，分别与对接高校、志愿者需求部门和招募工作组复核，确定名单并备案，各相关单位负责通知志愿者本人。

第六，签署志愿服务协议并发放录用通知。分三个阶段进行：一是志愿服务协议文本和录用通知文本的制作。二是录用通知书的发放。三是志愿服务协议书的回收。

第七，人员流失、补充、调整跟进。在志愿者注册工作基本结束后，及时调换由于特殊原因不能参加服务的志愿者，办理退出手续，调换注册候补人员。

(三) 志愿者招募工作分析

其一，多部门联动提供组织保障。

在峰会领导小组和卫志部的统一领导下，以浙江省教育厅、浙江团省委、杭州市教育局、杭州市体育局、杭州团市委等为主要成员单位，成立峰会卫志部志愿服务组，各成员单位内部成立峰会志愿服务工作领导小组，主动配合峰会卫志部志愿服务工作，明确责任分工的同时又积极参与协调事务。

卫志部下设志愿服务组，设在团市委。团市委内部成立国际峰会志愿服务工作领导小组，由团市委书记任组长，副书记和党组成员任副组长。领导小组下设办公室，采取"1+3+X"（"X"指若干个场馆工作组）的组织架构。办公室设在杭州市志愿者工作指导中心，由分管副书记兼任主任，指导中心主任兼任副主任。办公室下设综合协调部、宣传保障部、招募培训部3个部门，分别由指导中心骨干同志担任部长。

待峰会场馆明确以后，按照场馆设置情况，以"一馆一组"为原则，设立若干场馆工作组；以"馆校对接"为原则，采用"一馆一校""一馆多校"或"多馆一校"等方式，选派场馆志愿者。每个场馆工作组由负责该场馆的团市委各部室、高校团委和属地团委等单位的工作人员混编而成。

其二，创新资源配置方式。

在志愿者资源供给与岗位需求的配位上，创新"供给侧"突破思路，转变原来用人单位先提供岗位，再组织志愿者提供服务的"需求侧"思路，主动从优化自身资源配置、提升自身内生动力入手，针对峰会志愿服务岗位"量大、面广、战线长"需求变动很大的难题。积极研究 APEC 会议、亚信峰会、南京青奥会等重大赛会志愿者岗位设置情况，梳理出抵离迎送、礼宾接待、会议注册、现场咨询、文件发放、场地引导、交通出行、新闻中心、晚宴服务、文艺演出、安全检查、后勤保障 12 种类型的岗位及职责，通过多轮次的主动走访部门、开展集中会议、进行个别约谈等形式，提前预设志愿者招募数量，建立预录取志愿者数据库，并做好应急预案，从而精确确定并保障岗位需求得以满足。

其三，G20 杭州峰会的特殊保障。

G20 杭州峰会志愿服务工作有其自身规律，不同于以往开展的常规性志愿服务活动，其要求高，体现政治性，是党和国家交办的政治任务，因此峰会志愿服务政治安全保障是本次志愿工作的重中之重。通过主动对接安保办制证中心，邀请制证中心的负责同志为高校联络员、志愿服务组工作人员进行面对面辅导、培训，推进高校严格按照"三审三查"的要求。"三审"具体表示：一审是以"志愿汇"为峰会志愿者唯一报名注册平台，进行实名制认证，核查身份信息；二审是首轮背景审查工作由学校（或工作单位）制订政审方案和程序，自行负责；三审是确定录用后，由峰会注册中心进行最后审查。审查通过后，团市委、高校（或单位）及志愿者本人签订三方志愿服务协议。通过"三审三查"在志愿者招募工作中对志愿者进行安全把关，建立学校主要领导负责制，确保学生志愿者、教师领队、学校领导等制证信息报备工作零误差，筑牢安全防卫的铜墙铁壁。

五、健全我国大型赛会志愿者招募机制再思考

我国在发展进程中不断释放经济增长潜力，特别是在整个世界宏观经济持续低迷的情况下，我国的发展成就仍旧十分令人瞩目，越来越多的国际目光不断聚焦，我国在国际上的地位也不断巩固和提高，国际影响力与贡献率也越来越大。在此背景下，我国已经迅速成为举办全球国际赛会的热门国家，如亚太经合组织会议（APEC）、上海合作组织领导人峰会、中非合作论坛、博鳌亚洲论坛（BFA）以及 2016 年 9 月 4—5 日在杭州召开的 20 国集团领导人（G20）峰会等。

大型赛会，尤其是带有政府性的国际会议，与一般的大型活动如学术性论坛、体育类盛会等相比，在志愿者的运用上具有很大的共性，例如接待工作、引导工作、保洁工作、翻译工作、医疗工作等，但是与此同时，大型赛会的举办及志愿者招募工作又具有其独有特征，以会议资料为例，需要前期准备、整理、校对、调整、布置等。因此，在大型赛会的志愿者招募工作上，既要吸取大型活动在志愿者招募上的经验，又要针对大型赛会的个性特征来进行相应的调整，以让志愿者队伍更好地为大型赛会的成功举办而服务。

本部分从我国大型赛会和活动志愿者招募机制及招募工作中存在的问题出发，结合国际上大型活动志愿者的招募经验，就大型赛会志愿者招募机制提出相应的建议，为以后即将举办的大型赛会的志愿者招募工作的优化与提升提供可行性路径选择。

（一）完善组织化保障

我国当前的志愿者组织与志愿者活动大多是由政府（以民政部门为主）或群团组织（以共青团为主）创办，且与政府活动和政府政策有着

密切关系。[①]"党政支持＋民政部与共青团承办＋社会化运作"是当前志愿者管理的基本模式，这在一定程度上尽管有可能会使得志愿者工作带上行政化色彩，但是以政府民政体系或共青团这一群团组织体系作为志愿者招募工作的基本组织体系，还能为招募工作提供权威的、有号召力的组织化保障。

首先，为某一大型赛会创建一支专属的志愿服务队伍，其基础目标与要求就是为了更优质、更高效地完成该大型赛会的召开与服务工作。大型赛会尤其是政治性国际会议，其政治要求更是非同一般，对志愿服务队伍的要求亦是如此。组织化保障，既要求在正式启动志愿者招募工作之前，有一个具有完备体系的组织对会议的整项志愿者工作进行科学的顶层设计，明确志愿者招募的目标与要求；又要求在确定了工作目标与要求之后，通过高效的组织架构来分重点、分步骤地开展落地执行；并且在执行过程中，不断地根据实际情况与实际问题进行实时的、科学的反馈与调整，最终有效达成工作目标。

其次，组建专属志愿者队伍，除了在服务对象层面达成工作目标外，还应在精神层面上传播赛会精神，并在社会层面上促进志愿精神的传播、促进社会和谐发展。这便要求组织框架必须高于即将举行的赛会本身，从整个国家和社会的层面上来协调好短期目标与长期目标之间的关系，因为作为赛会举办本身并没有或者说缺乏传播志愿精神、促进社会和谐的义务与动力。

最后，共青团组织应当在大型赛会的志愿者招募工作中居于核心和主导地位。它们不仅直接或间接地掌握着大量优质的志愿者和志愿组织资源，决定着志愿者和志愿组织的扶持力度和发展方向，而且还通过财政支持等政策，决定着大型赛会举办的积极性和可获得的扶持力度，决定着大型赛会能否享有获取优质志愿者资源的资格以及可以获取的程

---

① 　丁元竹、江汛清：《志愿活动研究：类型、评价与管理》，天津人民出版社 2001 年版，第 189 页。

度。因此，政府组织和群团组织在支持大型赛会的举办、支持志愿事业的发展、支持大型赛会志愿者招募工作等方面所能发挥的作用是至关重要且无可取代的，其组织资源的优势是保证大型赛会志愿者招募工作有效进行的核心。

（二）加强社会化运作

目前，我国志愿服务模式可以分为三种：第一种模式是"自下而上发起，自上而下推广"，代表是中国社区层面的志愿服务；第二种模式是"自上而下发起并推广"，代表是青年志愿者及其志愿服务；第三种模式是"自下而上发起，自下而上扩展"，代表是一些草根组织。[①] 在大型赛会的志愿者招募渠道中，青年尤其是在校大学生往往成为最主要的招募对象，然而，青年志愿者在社会中只是作为整个志愿者群体中的一部分，在校学生社交经验有限、应急能力不足等均会被反映在以在校大学生为主的整场会议的志愿者队伍中，这便大大影响了志愿队伍的形象与服务水平，进而影响会议正常、有序地进行。

每一个大型活动都具有其特殊性，大型赛会亦是如此。正因为特殊性的存在，大型赛会对志愿者的数量要求和专业技能要求也必不相同，从而使得大型赛会的志愿者招募工作需要根据多样化的实际需求进行相应的调整。尽管由共青团领导下的青年志愿者协会掌握着非常丰富的志愿者资源，但是相比大型赛会的需求来说，青年志愿者的资源依然是相对单一和缺乏的。

以社会化运作手段和方式来开展志愿者招募工作，把招募信息向全社会发布，从社会的各个群体中吸引有才又有心之人加盟志愿者队伍，使得志愿团队结构更科学、素质更优化。社会化运作并非指将志愿者招募工作完全交由社会力量去完成，而是要让社会的力

---

① 邓国胜：《中国志愿服务发展的模式》，《社会科学研究》2002 年第 2 期。

量参与到招募过程中，既能够招募到社会上的志愿精英，又能够让社会力量成为招募主体的一部分——先遣招募志愿队。大型赛会，尤其是大型国际会议，其政治性、严肃性非同一般，这便要求为会议提供服务的每一位志愿者都具备全面而优秀的志愿服务能力。然而仅仅通过十分有限轮次的笔试和面试来发现面试者的综合素质是非常困难和低效的。

在大规模启动志愿者招募工作前，通过定向招募、其他组织推荐（如社区推荐、志愿者组织推荐等渠道）等精英化挑选的方式组建一支先遣招募志愿队，将志愿者综合素质与专业技能的发现及筛选过程往前延伸至大型赛会志愿者招募工作正式启动之前，而非临时性、片面性地发现志愿者才能和组建志愿服务团队。精英化定向招募完成后，让这支特殊的志愿队参与到志愿者招募过程中，使其成为一支社会化、精英化的招募力量，既为招募工作的大范围正式展开出谋划策，又可以在招募完成后的志愿者培训、演练以及正式的志愿服务中扮演先锋角色、发挥主导作用，让社会性机制在志愿者队伍中充分发挥自我招募、自我管理、自我提升、自我服务的作用。继而，以先遣招募志愿队成员为圆心向外扩散，以点式辐射形成志愿者招募面，保证志愿者资源来源的多样性和丰富度，以满足大型赛会对志愿者数量和素质的多样化需求。

（三）注重多元化合作

大型赛会志愿者是一种十分特殊的人力资源，大型赛会志愿工作的开展可视为一项对特殊人力资源的管理过程，而大型赛会志愿者招募工作则是这一管理过程中的一个环节。近年来，随着公共管理领域一系列变革和失效现象的出现，治理理论开始兴起并不断发展，日益成为公共管理理论的重要组成部分，并在公共管理实践中发挥出喜人的治理成效。治理指的是一种由共同的目标支持的活动，这些管理活动的主体未必是政府，也无须依靠国家的强制力量来实现。① 治理理论发展至今，其核心论点为：学界普遍认为应强调"多主体"；治理更强调平等、互动、协商和博弈，超越了原有科层体制下的对抗格局，更具有现代化的韵味；治理现代化就是要更加科学、民主，同时也要更制度化、规范化、程序化。② 以多元共治的治理理论来分析大型赛会志愿者招募，从多元主体的分工与合作来实现招募机制的科学性和招募成果的高效性。

在大型赛会志愿者招募工作中，一般涉及以下几个主体角色：领导方（政府或群团组织）、志愿者需求方、志愿者资源供给方、志愿者招募方。领导方（民政部门或共青团各级组织）是整项志愿者招募工作的统筹核心，在工作中发挥宏观领导和顶层设计的作用。志愿者需求方一般都是赛会的主办方或承办方，对举办赛会所需要的志愿者数量、志愿者岗位类别、志愿者岗位要求等志愿者招募的前期工作最为了解，也直接决定了后期志愿者招募的具体目标与要求。志愿者资源供给方，包括社区登记在册的志愿者、各级青年志愿者协会登记在册的志愿者、其他志愿性组织的志愿者以及社会上有志愿意向和奉献精神的普通民众，资源供给方掌握着具备各种技能的志愿者，供给方越多，志愿者资源越丰富，招募所得的志愿者结构也就越科学。志愿者招募方，一般是志愿者需求方的委托方，具备丰富的志愿者招募经验，甚至掌握着一定的志愿者资源，招募方的权威性、动员能力、组织水平等都会影响到志愿者招募工作的效率与成果。实际上，一个组织可以同时兼顾多种主体角色，如赛会举办方直接面向社区招募志愿者，则同时扮演了志愿者需求方和志愿者招募方的双重角色。

正是由于在志愿者招募工作中有多个主体角色可能参与其中，而每

---

① 詹姆斯·N. 罗西瑙：《没有政府的治理》，江西人民出版社 2001 年版，第 5 页。
② 于江、魏崇辉：《多元主体协同治理：国家治理现代化之逻辑理路》，《求实》2015 年第 4 期。

一个主体角色都能为志愿者招募工作发挥其独特的功能，因此，在招募工作中搭建起多元主体的长期合作机制，通过专业分工让专业的主体负责专业的工作，通过制度合作保障各个具有不同利益的主体向同一个目标去开展工作，从而使得整体的志愿者招募工作高效、专业、有序开展。政府或群团组织整体统筹和宏观领导，协调好完成大型赛会志愿服务工作这一短期目标、社会志愿精神的培育与传播这一中长期目标以及和谐社会精神文明建设这一长期目标，使其三者相互结合、有机统一。志愿者需求方在招募工作开展前进行科学的工作分析，确定志愿者岗位需求、数量需求、岗位要求等，并将志愿者招募目标与要求准确地传达给志愿者招募方，从而为整项招募工作的方向定调，避免在招募工作一开始便出现方向性失误。志愿者招募方与志愿者资源供给方则是最直接的志愿者供需双方，供给方资源的多少、结构的丰富度都直接影响到招募方的工作成果，而招募方招募方式的科学性和有效性，也直接影响到供给方优质资源能否有效显现，两者互相影响、相辅相成，合作的效率与最终成果也由此得以体现。

（四）实施个性化机制

前文已有相关提及，大型赛会尤其是带有政府性的国际会议，尽管与其他的大型活动在志愿者招募上有着很大程度上的共性，但是其独特性也十分突出与鲜明。因此，在大型赛会的志愿者招募上，既要运用好大型活动志愿者招募的共性经验，也必须在科学分析大型赛会特征的基础上，建立起符合其特征的、有针对性的个性化招募机制来保障大型赛会志愿者招募工作有效、有序开展。

首先，在需求分析上，大型赛会的封闭式特征决定其对志愿者数量的要求一般，因此，大型赛会志愿者的需求量普遍来说并不高，尤其是相对于大型体育赛事（如奥林匹克运动会）而言。在志愿者岗位要求和工作分析方面，大型赛会一般需要专门安排会务咨询志愿小组、文件资料小组等。因此，志愿者招募在这些方面拥有特殊需求与要求，即使志愿者们并不具备岗位所要求的技能，也必须具备一定的学习能力，以便后期培训工作有效开展。

其次，大型赛会的与会者均是各领域甚至是各国家或国际组织的精英人物，因此，大型赛会的安全性是举办方需要考虑的第一要务。安全性要求在志愿招募时不能完全公开地直接释放与志愿者岗位安排有关的详细信息，需要在一定程度上遵守保密性原则。并且，在招募遴选过程中，政治审核也必须作为不可或缺的步骤之一，以保持志愿者队伍的纯洁性，杜绝会议内部人员出现安全等方面的问题。

再次，在招募方式的选择上，考虑到大型赛会对志愿者岗位、数量、安全性等方面的特殊要求，以定向的精英化招募为主、广泛的社会招募为辅的招募方式可以高效率地获得志愿者资源，而且能在前期对志愿者的来源、背景、专业水平等方面有初步的了解，并有选择性地对志愿者的来源进行一定的控制；广泛的社会招募则可以通过在全社会范围内的宣传来提高赛会的影响力和志愿精神的传播力，让赛会的影响与对社会的促进不仅仅只局限在会议室之内。

最后，在志愿者遴选方式的选择上，多轮次的"条件限制＋面试＋笔试"过程往往被视为由不同专业偏向（如外语、心理、政治、礼仪等）的面试官组成的面试团对志愿者申请人身上所具特质的发现，通过多轮次的遴选对志愿者申请人的综合素质、专业技能、政治素养等"划及格线＋打平均分"，从而按照"分数的高低"对申请者们进行遴选，确定满足基本志愿者条件的人选并从优录用。这种方式也符合大型赛会的安全性原则，前期招募较大数量的志愿者再从中进行选拔，毕竟在为了保障安全等条件而导致志愿者需求情况无法直接公布的情况下，是很难做到直接根据需求来进行志愿人才的招募的。

第三章　大型赛会志愿者能力培训机制

近年来，志愿服务活动蓬勃发展，志愿者在参与社会福利、环保等公共事务管理方面承担着积极和重要的角色，通过与公共组织相互协调和互补，不断完善社会服务的质量。志愿服务的发展和完善使得整个志愿服务组织的服务水平和服务规模得到很大提升，是促进社会发展的重要积极力量。志愿者是志愿服务活动的直接执行者和基本构成单元，不仅有效降低了志愿者组织的活动成本，而且志愿者能力的高低也直接影响了志愿服务活动完成的质量。通过加强志愿者能力建设，就能有效地拓展志愿服务的内涵，并提升志愿服务的质量，对推动志愿活动顺利开展尤为重要。

对大型赛会志愿者能力培训已成为大型赛会志愿服务的通行做法。通过大型赛会志愿者能力培训，能够有效地提高志愿者的综合素质和业务能力，为大型赛会的顺利举办提供有力的人力资源支撑和保障。

一、大型赛会志愿者能力培训的意义

（一）有利于提高志愿者赛会服务的综合素质和服务能力

在志愿服务的过程中，单有满腔热情是不够的，还应该掌握一定的服务技能、行为规范、沟通技巧、应变能力等，这样才能圆满完成志愿服务的任务，保障大型赛会的顺利进行。大型赛会志愿服务必须遵循"不培训不上岗"的原则，只有通过科学、系统的培训，志愿者才能在相应的服务岗位上，以自己的专业知识为大型赛会的顺利开展提供优质服务。2016 年 G20 杭州峰会编制了《峰会志愿者通用培训教材》，开发网络版"培训课程"，开展峰会志愿者通用知识培训 142 场，集中专业知识培训 42 场，教师领队培训 14 场，礼仪形象、外语口语强化训练 69 场，各类实战演练 166 场，切实做到"不培训演练、不上岗服务"。

以 2016 年 G20 杭州峰会的突发性事件培训为例。其内容包括了六大部分：

第一，志愿者无法按时到岗的应急处理。即各种原因导致志愿者无法按时上岗、随身携带物品无法安放等负面连锁反应。

其应急培训包括了如何联络指挥中心协调交通部门，重新设定路线或开放就近封闭道路；场馆志愿服务大队与场馆负责人联络，经同意后调整备用志愿者，做好岗前培训准备上岗；高校带队教师在车辆行驶过程中开展岗前培训等内容。其预防措施是保障人员提前与交通部门对接确定路线；高校带队教师提前与司机熟悉路线；联络指挥中心与安保部门保持联系，确保路线畅通；制作"交通情况反馈表"，由高校带队教师填报，到达指定地点后上交。

第二，临时性大规模岗位调整的应急处理。即场馆负责人临时向场馆志愿服务大队提出要求，进行志愿者服务岗位大规模调整。

其应急培训包括了诸如场馆志愿服务大队第一时间将相关信息上报联络指挥部。场馆志愿服务大队待联络指挥部反馈后形成可行性方案。告知场馆负责人并即刻执行。场馆志愿服务大队下达岗位调动任务给各中队，并填报"每日情况反馈表"，上交联络指挥部存档等内容。其预防措施是场馆志愿服务大队提前与场馆负责人对接，明确志愿者服务岗位。上岗前夕，场馆志愿服务各中队分别与岗位分管负责人再次明确志愿者服务岗位。

第三，会场内人员受伤的应急处理。即志愿者发现受伤人员。

其应急培训包括了诸如志愿者询问伤者情况，并做初步医疗判断。如伤者可移动，则志愿者上报事发地点、伤者性别、外貌体征、受伤情况等基础信息给场馆志愿服务中队，同时将伤者送往就近医疗点处理。如伤者不可移动，则志愿者上报基础信息给场馆志愿服务大队，由场馆志愿服务大队协调医疗卫生部门前往救治。如伤者受伤严重，则志愿者第一时间上报基础信息给医疗卫生部门，进行紧急处理。医护人员赶来的同时上报场馆志愿服务大队，并请给场馆志愿服务中队前往现场协助。伤员进行救治时，志愿者及志愿服务部门工作人员需与安保部门及医疗卫生部门做好配合工作。场馆志愿服务大队负责人填报"每日情况反馈表"，上交联络指挥部存档等内容。其预防措施是场馆志愿服务大队、场馆各志愿服务中队及志愿者，需熟悉安全出口、消防栓、火警警报等安全通道及设施。如发现岗位附近存在安全隐患，需及时上报场馆各志愿服务大队。由场馆各志愿服务大队与场馆负责人协调设立安全指示牌，并及早修理。同时志愿者需做好现场秩序维护工作，如志愿者的服务岗位所在区域为楼梯、手扶梯或电扶梯等安全事件多发区域，需时刻提醒嘉宾及工作人员注意安全事项。

第四，会议信息错误的应急处理。即原定会议未按时开展，部分嘉宾或工作人员向志愿者抱怨，造成不良影响。

其应急培训包括了诸如志愿者及时将情况反馈给场馆志愿服务大队。场馆志愿服务大队向场馆负责人确认正确会议信息并将该信息告知场馆志愿服务各中队。志愿者根据场馆志愿服务各中队指示，做好信息传达、现场秩序维护等工作。场馆志愿服务大队填报"每日情况反馈表"，上交联络指挥部存档等内容。其预防措施是场馆志愿服务大队提前与场馆负责人确认会议信息。负责会务、信息咨询的场馆志愿服务中队，于会议开始前一小时与会议负责人再次确认会议信息。

第五，电梯故障的应急处理。即电梯停止工作，引起现场嘉宾恐慌。

其应急培训包括了诸如志愿者上报场馆志愿服务大队现场情况，场馆志愿服务大队联系安保部门，并派相应中队工作人员前往协助。如手扶电梯停止运行，且现场有安保人员，则协助现场安保人员维持现场秩序；如手扶电梯停止运行，但现场无安保人员或安保人员还未到达，则在保证自身安全的情况下，主动维持现场秩序。如手扶电梯发生"吃人"现象，则按下紧急制动按钮，如现场有人伤亡则按照人员伤亡开展工作。如厢式电梯停止运行，且现场有安保人员，则协助现场安保人员维持现场秩序；如厢式电梯停止运行，但现场无安保人员或安保人员还未到达，则在保证自身安全的情况下，主动维持现场秩序。尝试稳定电梯内人员情绪，协助安保人员及维修人员做好现场工作。场馆志愿服务大队负责人填报"每日情况反馈表"，上交联络指挥部存档等内容。其预防措施是询问场馆负责人电梯的运行状况是否正常。提醒嘉宾及工作人员上下电梯的安全注意事项。

第六，临时新闻采访的应急处理。即有记者临时希望采访志愿者。

其应急培训包括了诸如志愿者需主动告知记者，在未经上级部门同意的情况下不能随意接受采访。如记者仍希望采访志愿者，则应向新闻宣传部门进行申请。帮助记者联系场馆志愿服务大队，请大队上报联络指挥中心，协调新闻宣传部门安排采访事宜。如志愿者接到场馆志愿服务中队采访通知，可按照志愿者接受采访的相关规定进行采访。如志愿者未接到场馆志愿服务中队采访通知，则不得接受采访。场馆志愿服务大队负责人填报"每日情况反馈表"，上交联络指挥部存档等内容。其预防措施是上岗前，再次提醒志愿者接受采访的相关规定。如有记者临时希望采访志愿者，则委婉拒绝并请记者向新闻宣传部门申请批准后，新闻宣传部门向志愿服务总指挥部下达采访任务，总指挥部根据记者采访要求选定被采访者，安排采访。如有记者强行采访志愿者，则志愿者第一时间上报场馆志愿服务中队，由中队长赶往现场做进一步劝导。

（二）有利于完善个人发展，帮助志愿者成长成才

志愿者在大型赛会中接受培训，一方面能够培养志愿者的团队合作精神，有助于志愿者的心理素质以及人际沟通、应急应变能力的提高，有助于志愿者习得相关技能、提升自己的业务能力。另一方面志愿者能够结交朋友，扩大社会交往，这对于志愿者以后走向工作岗位乃至于职业生涯规划都有一定的帮助。总之，志愿者接受培训，是志愿者融入社会的一种方式。通过培训，能够更好地适应社会，获得更好的发展。

表 3-1　志愿者服务所需能力素质

能力类型	能力名称	能力描述
技能知识	学习能力	善于学习、了解和掌握各种知识与技能，善于为自己创造学习的机会，善于总结经验教训，主动参加培训和各种活动。
	沟通能力	根据不同情况和对象，调整沟通方式，善于倾听，理解他人观点、想法和感受，并传达出自己的观点跟意愿。
	信息收集	根据志愿服务工作的需要，尽可能地通过查阅和调查走访等方式汇总资料并进行分类和整理。
	专业能力	应对公共危机时，发挥自身专业优势，提供专业级的技术支持和指导，提供特殊需求，更科学、更有效地提供公共服务。
角色定位	团队领导	通过各种手段激发志愿者的动力，促进团队合作，带领志愿者更好地提供服务，营造良好的团队氛围。
	战略规划	结合组织和自身的志愿服务活动的实际情况，为自己和组织进行合理的规划安排，对目标有预期。
	决策能力	可以对服务活动中的事件进行有力和迅速的判断，及时地做出有利于推动工作进展的决定。
	组织协调	组织人、财、物等资源进行合理调配，协调各方面关系，调动各方面积极性，并及时处理和解决活动中出现的问题。
自我认知	责任心	明确自己的职责与角色，对工作尽职尽责，遇到问题不推诿，敢于承担后果。
	灵活性	遇到问题能够随机应变，面对志愿服务活动中的突发事件及时做出反应，具备良好的局面掌控能力。
	关注细节	在工作过程中，可以全面仔细地考虑问题，不仅自我严格要求，同时把握他人工作中的小细节，减少失误的发生。
	积极主动	自觉地付出更多的努力，主动计划和应对工作执行过程中可能会遇到的阻碍。

（续表）

能力类型	能力名称	能力描述
品质	自控力	面对他人的反对、敌意和压力环境下，控制负面情绪和消极行为，保持良好心态，以正常状态完成工作。
	坚持不懈	树立持之以恒的参与志愿服务的信念，遇到困难时永不放弃，拥有顽强的意志，不断激励自我。
	诚信正直	遵守制度、信守承诺，不因个人利益、情绪和喜好等而影响事务的处理，实事求是。
	敬业精神	热衷自己的工作，具有使命感，工作中可以做到全力以赴。
	团队合作	在团队中主动征求他人意见，有良好的合作精神，以团队为中心，不自我。
动机	成就动机	有事业心，想把事情做好，不怕失败，面对失败与挫折不怨天尤人，而是寻找自身的原因。
	人际交往需求动机	通过活动提升与他人接触的机会，扩大人际网络，在活动中与他人建立友谊。
	服务意识	真心为了帮助他人，奉献社会，实现人道主义。

资料来源：胡欣欣：《杭州市志愿者能力建设研究》，长春工业大学硕士学位论文，2014年，第18页。

能力培训是艰辛的。如礼仪训练，"把卡纸放在膝盖中间，或是用头顶住，这样才能保持端正的站姿"。浙江大学的礼仪培训师同时也是志愿者教师领队的卢思颖在耐心教导着志愿者。从五月开始，浙江大学共开办了3次集中的礼仪课。"在志愿者服装发下来以后，对着装也有专门要求，比如扣上衣扣子要扣两粒，外衣拉链拉到领口的缝线为止等。"在志愿者们上岗后，还针对各用人单位的反馈组织集中培训。

在浙江传媒学院，前后共开办了三次大规模的培训课程，除了通识培训，还专门请专业的礼仪老师讲课。志愿者运用学校礼仪课程教学资源进行训练，如对着窄窄的落地镜，一遍遍练习各种动作，在细节上追求完美。

礼仪形象不但要落实到细处，对如何实际操作也有一套要求。浙江传媒学院对志愿者进行集中模拟训练，志愿者们进行了角色扮演，练习面对不同情况的具体操作方式。"练习的时候可以学会换位思考"，浙江传媒学院青年志愿者总队长郭赛男说，"我在扮演被服务的人时，就会想我想要得到什么样的服务，下次上岗的时候就会站在对方的立场出发，就会不断反思自己的表现是否让对方舒服，然后调整自己的姿态、表情等"。

"手还可以再往上面一点。"杭州师范大学仓前校区的排练室里，志愿者陆天琪和同学面对面站着，互相指正对方姿态上的不足。

"记得有一次参加演练，站了很长时间，脚都酸死了。"之前的狼狈让她们意识到训练的重要性。于是，在没有上岗的日子里，她和同学们每天都组织礼仪训练。"训练挺枯燥，但我们想尽办法让它变得有趣起来，比如一边练习一边玩玩词语接龙，同伴间的嬉笑也让我们暂时忘记脚上的酸痛。"她笑着说。

在每天两个半小时的训练下，大家伙也逐渐适应了。在之后参加的又一次演练中，"脚上也感觉轻松了不少，工作时自然也更加自信从容了。"陆天琪说。

浙江师范大学趁 60 周年校庆之际，安排"小青荷"们作为校庆的志愿者进行服务，正好对之前学习的理论知识趁热打铁，不过对于校礼仪队的王文琦来说，参加这样的练习已经习以为常了。"G20 杭州峰会的培训和以前不同，有专门的礼仪老师来讲课，站怎么站、走怎么走、面部表情还有仪容仪表的要求都更加严格，我们还训练面对外国来宾时应有的礼仪。"为了迎接 G20，王文琦除了日常进行礼仪训练，还坚持练习瑜伽。"真诚很重要，如果是发自内心的笑容，别人也可以感受到你的真诚。"这是她对于笑容的理解。

"我觉得 G20 杭州峰会是向世界展示中华文化的时刻，我们的表现其实是代表了国家形象的。"王文琦说，展示最美的志愿者形象，这也是许多"小青荷"们的目标，经过各高校的培训与上岗实践，绽放在杭州各角落的笑容会更加美丽。

G20 杭州峰会期间，志愿者"小青荷"青春朝气、纯洁美丽、无私奉献，他们用实际行动拥抱峰会，用热情微笑欢迎中外来宾，为峰会增添了一道亮丽的风景线。志愿者管理部门也及时推出了具有"志愿者精神、西湖元素、杭州特色、江南韵味、中国气派、世界大同"元素的峰会志愿者"小青荷"形象。联合"中国共青团""青春浙江""中国青年志愿者"等新媒体平台，共同打造了"青春 G20"专栏，推出了"最耐晒""最不怕寂寞""最守口如瓶""最辛劳""最奔波""最远道""最外围"等"小青荷"的优秀典型，对"小青荷"忘我服务、一丝不苟、追求完美的服务形象进行最大范围的传播。

（三）有利于助推全社会参与志愿服务的新浪潮

G20 杭州峰会城市志愿服务牵动性强，极大地调动了企事业单位、志愿服务组织以及广大市民的参与热情。自实施峰会城市志愿服务七大行动以来，杭州全市志愿者人数从 91.7 万增长到 152 万，注册志愿服务组织从 1200 多家上升到了 13100 余家，为峰会期间城市文明素养提升做出了积极的贡献。"志愿汇"得到全省推广，浙江省内注册志愿者达 490 万，同时还得到了团中央认可，将在全国推广。

通过对志愿者能力进行培训，不仅增加了志愿者乃至更多的人群对志愿者事业的认识，更用一种便于参与的形式鼓励更多的人参与到志愿者服务的行动之中。

二、学界对志愿者培训的研究和启迪

关于"志愿者培训"，已有的研究主要认为，现时我国公益志愿者培训主要以项目为中心开展，并且在培训方式和内容上有待改进。[①] 这种模式是在短期内围绕项目本身进行技能、技巧和专业知识的培训，使志愿者能够快速熟悉项目、提供服务。张翠翠认为，这种模式存在无法培养长期能力、缺少通用性的服务理念和服务技巧的培训、不够系统和专业化、忽视志愿者自身的参与动机和需求、无法形成有力的激励机制

---

① 吴江：《1994—2007 中国志愿服务的文献研究》，《中国青年研究》2008 年第 1 期。

等弊端，使得志愿服务存在暂时性、局限性和资源浪费。她提出培训的"服务学习模式"包括预备、合作、服务、课程统合、反思、庆贺等多个部分，将课堂学习与社区实践相结合。① 时怡雯认为，现有的世博会志愿者培训存在培训教师的选择达不到培训要求、培训内容的设置不符合志愿者需求和个体特性的问题。她提出增权视角下的志愿者领袖培训模式，该模式以社会工作中的专业理论为指导，运用小组工作的实务方法，在社会工作者协助下由相互依赖的个体组成小组，达到与个人、人际或任务有关的目标。② 樊娟指出，现有的志愿者培训方式有待改进，她通过调研得出志愿者希望通过培训对自己将要面临的工作环境、遇到的问题有一个系统的了解，志愿者认为培训中最大的问题是"对可能面临的突发状况介绍不够详细"。她认为应采用开会学习和模拟实践训练相结合的方式进行志愿者培训，增强他们处理突发事件的能力，充分鼓励以调动志愿者的积极性。③ 高和荣等结合其研究工作指出，社区志愿组织按照性质不同可以分为以下三种类型：以行政为主导型、自组织型和混合型。通过对这三种类型的社区志愿者组织的研究及对其在运行过程中的优势和不足进行分析，并对其不足之处给出应对策略。④ 张雷主要研究了草根组织的发展，总结概括了草根组织发展中所存在的一些问题，如组织性和团队协作能力差、志愿者人员群体存在的不固定性等，同时针对研究中发现的一些问题提出了应对的策略和办法。⑤ 傅怡雯的研究工作主要是针对四川省21家非营利组织，通过分析这些组织的现状，提出了组织发展困难的原因、总结出组织的管理经验、分析了志愿

---

① 张翠翠：《"服务学习"对于志愿者培训体系建立的启示——以南开大学"服务学习"课程为例》，《广东青年干部学院学报》2009年第3期。
② 时怡雯：《"增权"视角下的志愿者领袖培训》，《社会福利》2010年第2期。
③ 樊娟：《从世博会看中外志愿者比较研究》，《北京青年政治学院学报》2009年第2期。
④ 高和荣：《论社区志愿者组织与志愿服务的完善——以福建三个社区为例》，《福建论坛》2011年第4期。
⑤ 张雷：《我国网络草根NGO发展现状与管理分析》，《政治学研究》2009年第4期。

者的心理需求，在此基础上提出一整套志愿者培养支持体系。① 王名在其研究中对非营利组织志愿者的管理进行了系统的分析，对志愿者管理相关的基本理论进行了详尽的阐述，如志愿者招募、提高志愿者服务等。唐钧通过对参与某国际运动会的志愿者进行了调研和统计，从获得的资料中发现出规律性的问题，并对原理想的志愿者服务行为模式进行了对比和修正，与此同时对该模式进行了具体的图示。然而这种模式的基础仅仅来源于第 21 届世界大学生运动会这一活动的研究资料，因此所获得结论的可靠度仍值得斟酌，是否适合推广到其他领域，都还需要进一步予以验证。②

宋延安在其研究中将能力定义为：存在于某种活动当中且影响人们在活动中的表现的，促使人们顺利完成某种活动所必备的心理特征。尽管能力影响着活动的顺利完成，但它不是取得活动成功的唯一条件。影响活动完成度的还有众多因素，如人的知识技能、态度、物质基础、人际关系和个性特征等。③ 能力与知识、技能之间是有区别的，能力需要在长期的学习和训练中才能潜移默化被掌握，是一种稳定的心理特征，最终在获得知识和技能的动态过程中表现出来。李运亭等在其研究中详细地阐述了"素质"的概念。素质是指和参照效标（有效的绩效或优秀的绩效）有因果关联的个体的潜在特征，即素质是一种更深层次的特征，可以依据素质的不同将某一工作中表现优秀的人员和一般人员区分开来。程静在关于建立人的能力素质模型的研究中指出，"能力素质"是从人的能力和品质层面来评价个体与工作绩效的关系，也被称作"胜任力"。在定义中我们知道，素质可以将某一工作中的优秀者与一般表现者区分开来，她认为素质这一深层次的特征包含了个体的态度、价值观、自我形象以及潜质和动机等。内在素质决定了人与人之间的工作绩

---

① 傅怡雯：《论 NGO 组织中志愿者的本土培育》，四川大学硕士学位论文，2006 年。

② 唐钧：《志愿者状况研究——第 21 届大学生运动会的志愿者情况调查》，《青年研究》2001 年第 11 期。

③ 宋延安：《论素质教育观下的体育教育》，《北京体育大学学报》2000 年第 3 期。

效的差异，通过素质可以对某人是否可以胜任某项工作进行预判。胡欣欣以杭州市最典型的志愿者组织——杭州市志愿者协会为例，对杭州市志愿者能力建设中存在的优势和不足进行解析。在此基础上提出加强志愿者能力建设的途径，即国家需要进一步完善相关法律法规，创造有利于志愿活动开展的外部环境；对志愿服务工作加大扶植力度；志愿者组织应加强对志愿者培训的重视程度和培训力度，建立因地制宜的评价体系和以需求为导向的长期有效的激励机制。此外，组织应长期向志愿者提供志愿活动，同时提升志愿活动的质量，满足志愿者的各类需求，通过活动使志愿者之间互动的频率和深度逐渐加强，有助于志愿者能力的提升。[①]

综上所述，国内外学界针对志愿本身的能力建设机制的研究文献不多。因此本部分是在前人对志愿者组织以及能力建设研究的基础之上，进一步对志愿者能力培训进行探讨。

三、大型赛会志愿者能力培训的现有经验

从现有的情况看，大型赛会志愿者能力培训的基本状况有以下几方面内容：

（一）大型赛会志愿者能力培训已有一定的工作基础

国内大型赛会对志愿者进行了基础性培训。例如 2014 年在北京举办的 APEC 会议，在培训期间志愿者系统学习了 APEC 知识、志愿服务规范、国际赛会英语、礼仪与形象塑造、应急处置与自护、北京文化

---

① 胡欣欣：《杭州市志愿者能力建设研究》，长春工业大学硕士学位论文，2014 年。

等知识。领导人会议周期间，志愿者在 7 大板块、39 个业务口、133 个岗位上开展了服务。为了在短时间内帮助志愿者提升礼仪素养，培训采取小班教学，由专业培训师在仪容、仪表、仪态、仪姿、语言表达等方面一对一辅导。大到"坐、立、行、走"，小到"微笑、眼神"，志愿者都得到了强化训练。2010 年上海世博会志愿者能力培训分为通用培训、专业培训、岗位培训。世博会志愿者分"三支队伍"：园区志愿者、城市志愿服务站点志愿者和城市文明志愿者。三支队伍的培训内容各有侧重，园区志愿者与另外两支队伍相比，个人修养和志愿者精神方面有更多的内容，而实务性、应用性技能的培训内容较少。但总体来说，差异不大，基本的培训内容是一致的。

（二）大型赛会志愿者能力培训保障等条件逐步完善

从全国的情况来看，改革开放以来，我国最早的志愿者来自联合国志愿人员组织。当时联合国志愿人员组织派遣了包括地理、环境、卫生、计算机和语言等领域的志愿者来中国工作。后来国外的其他组织也陆续派遣志愿者到中国。20 世纪 80 年代后期，我国最早的志愿者产生于社区服务的层次上，并逐步建立起社区志愿者组织，90 年代初期，另一支志愿者队伍在共青团系统中形成，并出现了全国性的青年志愿者组织。其中，广东省是我国青年志愿者组织的发源地之一，较早地将"学雷锋、做好事"与志愿者组织"自由、灵活、人性化、国际化"的理念相结合，创造了我国志愿者组织发展史上四个"全国第一"，即全国第一条志愿服务热线电话、第一个正式登记注册的志愿服务团体、第一个地方性法规《广东省青年志愿服务条例》、第一个地方性公募志愿者事业发展基金会。

在 2008 年北京奥运会的推动下，我国的志愿服务事业迅猛发展。首先是打造了一批如西部志愿者、研究生支教团、扶贫接力、环境保护、海外志愿者、红十字志愿者、应急救援志愿者、亚运志愿者、奥运志愿者等精品项目，既发挥传统志愿服务项目的优势，又与时俱进不断开拓志愿服务项目的新领域。其次是为适应志愿服务事业不断发展的需要，已有商务部、团中央和中国红十字会以及山东、福建、河南、黑龙江、吉林、宁夏、湖北、浙江、北京、天津等 18 个省市制定了志愿服务的条例、规定、办法，还有多个省市正准备对志愿服务进行立法或将志愿服务立法纳入 2008 年立法计划。

G20 杭州峰会开办，团中央明确以中国青年志愿者协会名义专项表彰峰会优秀团队和志愿者，设突出贡献奖两个，优秀团队 50 个，优秀个人 300 名。同时，在 2016 年第十一届中国青年志愿者优秀组织、优秀个人评选中，为 G20 杭州峰会志愿服务单设 4 个优秀组织奖，4 个优秀个人奖的专项名额。浙江省教育厅、浙江团省委等联合制定出台峰会志愿服务工作先进评选办法，从组织领导、招募、培训、演练、综合保障、宣传、上级肯定等多个维度，推进创新争优。外部企业同样提供了支持，浙江森马服饰股份有限公司赞助志愿者服装 4500 套（价值 900多万元），堪称杭城史上"最全志愿者装备"，全部配备了帽子、T 恤、裤子、外套、背包、腰包、水壶、袜子、鞋子、皮带 10 个单品，12 件物品。G20 的内部保障在人员上，第一阶段以杭州市志愿者工作指导中心专职干部和挂职干部为主，第二阶段选派精干力量参与峰会集中办公，第三阶段集中抽调力量，杭州团市委全员出动，打破部门设置，严格定岗定职，确保"人人有任务，人人为峰会"。在经费上，中央、省、市财政安排 800 万元专项经费，同时制定《团市委峰会志愿服务工作专项资金管理办法》，成立资金管理 5 人小组，严格资金审批。在后勤上，组织峰会志愿服务筹备人员进行集中办公，切实保障办公桌椅、办公设备、就餐、停车等。

全社会对志愿服务的认知程度也大大提高。志愿服务，从不被理解的"前沿话题"转变为"80 后"青年的"生活时尚"；志愿者主体，从系统职工和大学生延展到整个青年群体；志愿服务项目，从临时活动逐渐形成有延续性接力机制的事业，从"人人能为"的普通服务逐渐转变为专业性、技术性越来越强的专业服务；志愿服务领域，从过去单一的社区服务，已经逐步延伸到了农村扶贫开发、城市社区建设、国际交流、为大型赛会服务、应急救援、环境保护等领域；志愿服务区域，由原来的城市社区已经发展到整个城市建设，并逐步向农村蔓延，现在志愿者已经跨出国门，足迹遍布亚洲、非洲和拉丁美洲。特别是西部计划、海外服务计划、扶贫接力计划、研究生支教团等一批优秀项目在全社会引起广泛影响。

(三) 通过借鉴移植先进地区经验提高大型赛会志愿者专业水平

广东省构建了"一委两会三中心"的体系，指导和支持各级志愿组织发展壮大。2014 年 3 月，广州市发布《志愿服务岗位能力培训教材》。这是我国开展志愿服务二十余年以来首套系统性的志愿者专业培训教材，它根据志愿者的服务时数与岗位角色，分层分级，由浅入深，提供了相应的学习内容，促进志愿者培训更加规范。广东省的创新是以政府资源带动社会资源，整合全社会优势，实现志愿服务"层次化"运作。

近年来，江苏省提倡"三创三先"为代表的江苏精神，为江苏经济社会发展提供了强大的精神动力。江苏精神的核心与志愿者所提倡的"奉献、友爱、互助、进步"理念是相通的，两者都强调勇于承担社会责任，强调道德的内化作用，也都强调创新发展的重要意义。

江苏借鉴新加坡经验，一方面，继续强化政府在志愿服务发展中的主导作用，从宏观的角度出发引导志愿服务健康、良性、有序发展；另一方面，在紧紧围绕社会主义核心价值体系的前提下，挖掘江苏精神与志愿者精神的契合点，加大宣传力度，巩固志愿服务的社会价值观基础，在鼓励青少年参与志愿服务的同时，注重对成年人的再教育，营造全社会参与志愿服务的氛围。

G20 杭州峰会筹备期间，组织专人 8 次赴北京、上海、南京、广州、厦门等地进行考察学习，选派 50 名同志观摩学习世界互联网大会、峰会系列筹备赛会的志愿服务工作。制定《国际峰会志愿服务工作实施方案》，召集国内著名专家进行多轮论证、九易其稿，重点就招募选拔、培训演练、保障激励等环节反复研讨、精益求精。

（四）大型赛会志愿者培训的特点及课程设置

由于大型赛会志愿者能力培训刚刚起步，存在着工作理论和实践不足、培训资源缺乏等诸多难题。如缺乏针对性的志愿者能力培训项目载体，难以快速精准地提高志愿者的能力；缺乏培训室、培训教材、培训老师等必要资源影响了志愿者能力的提升；缺乏能够有效帮助解决实际赛会问题的技能培训、信息等工作资源，导致服务效果不明显；缺乏具有大型赛会培训经验、专业知识背景的专业人士支持，难以对志愿服务过程中所遇到问题对症下药；等等。针对这些问题，在大型赛会志愿者能力培训中需要整合各方面资源，逐步建立"大型赛会志愿者能力培训支持系统"，依托政府和有关学校机构，为志愿者开展专业服务提供有力的资源支持，形成志愿者能力培训的聚合优势，推动志愿者能力培训工作的持续发展。

大型赛会志愿者能力建设培训要紧跟国家政策和赛会特点要求，立足于学有所得、学有所用，根据整体性、层次性、动态性、灵活性的原则，不断创新培训内容，构建紧贴时代、针对性强、效果明显的课程体系。

以2016年G20杭州峰会的志愿者培训为例。这次会议志愿者能力建设培训课程体系整合国内外资源，培训内容覆盖四大专题：一是公共管理与政策理念专题，包括方法论模块、法律法规模块、政策制度模块、政治经济模块四大模块；二是志愿服务基础理论与实务专题，包括志愿服务基础理论模块与志愿服务实务模块两大模块；三是人文素养与通用能力提升专题；四是志愿服务实践培训专题。这些课程模块，既包含前沿权威的理论知识，又有与工作生活息息相关的实用技能，对帮助志愿者创新理念、启迪思维、提升素养起到积极的作用。

人文素养与通用能力专题以菜单式的课程形式设置，为大型赛会志愿者提供可供选择的课程主题，采用基于项目的学习，简称 PBL 学习模式呈现。PBL 与传统的以学科为基础的教学法有很大不同，PBL 强调以学生的主动学习为主，而不是传统教学中以教师的讲授为主；PBL 将学习与更大的任务或问题挂钩，使学习者投入于问题中；它设计真实性任务，强调把学习设置到复杂的、有意义的问题情景中，通过学习者的自主探究和合作来解决问题，从而学习隐含在问题背后的科学知识，形成解决问题的技能和自主学习的能力。

1. 新闻传播类课程。任何传播行为都离不开传播者、传播内容与受众这几个要素。在这个过程中，大型赛会志愿者有必要熟知信息的传播过程，了解媒介的诉求与传播机制。20 世纪 70 年代，欧洲的一些国家的中小学甚至大学开设媒介素养教育课程，或在有关学科中增加媒介素养教育的内容。后来经联合国教科文组织的积极推动，亚洲一些国家和地区，包括我国的台湾和香港地区也开设了媒介素养课程。此外，大型赛会志愿者还应学习掌握信息传播的规律和特点、宣传的方法和技巧、我国媒介环境现状、影响信息传播取向的社会因素、面对媒介的原则和塑造媒介形象的技巧、微博时代的政府治理与舆论应对等方面的内容，学习运用"拟态环境"理论、议程设置理论、框架分析理论设计一套媒体沟通模板，即建构媒体议程设置与公众导向需求的融合框架。

2. 危机公关类课程。公共危机事件是对一个社会系统的基本价值和行为准则构架产生严重威胁，影响涉及公共利益和公众心理，在时间压力和不确定性极高的情况下，需要政府迅速做出应对以最大限度降低或消除其危害的事件。在这个过程中，政府能否做到让公众正确认识危机、引导公众走向利于危机解决的方向至关重要，媒体也因其自身的特点成为危机管理体系中极其重要的因素。可开设课程如：危机预警系统建立、风险管理与危机应对、政府公共事件管理和应对、危机处理中的

"隔离"策略、蝴蝶效应的实践分析等。

3. 心理学类课程。当经济社会发展到一定程度之后，各个社会阶层相应的心理需求就会释放出来，而发展越快速的地区，就越容易出现心理调适不过来的问题。作为非心理学专业的从业人员来说，大型赛会志愿者需要掌握较基本的心理学常识，这既是面对媒体的需要，也是面对社会公众的需要，只有平衡两者的心理需求，才能顺利化解危机。可开设课程如：沟通心理学、媒体心理学、ABC 说服法、记者的职业特性及心理需求、受众的阅听心理、渐进态度调整法、群体非理性效应、沟通与情绪心理学、亲近影响力效应等。

4. 人文类课程。帮助大型赛会志愿者提高和完善人文素养，进一步拓展视野，培养兴趣爱好、明晰工作思路，可开设课程如：社交语言艺术、中西方文化比较、美学鉴赏、实用英语、生活中的行为艺术、趣味摄影、影像资料编辑、国学中的哲学智慧、投资理财等。

在学习理论的同时，会议志愿者培训也注重了实操的训练。在社区实践培训专题中，分为两个模块，包括赛会服务参观调研模块以及赛会实务能力训练模块。

如服务参观调研模块中，会议志愿者可以有选择性地选择部分有特色以及符合自身需求的活动参观和调研。在实务能力训练模块当中，培训时间一般为 3—5 天，由授课团队按专业能力训练方案开展培训。能力培训主要内容有：各地志愿服务的经验、模式介绍，各地志愿服务的实践问题讨论，大型赛会志愿者案例走访。授课教师来自国内外，其大型赛会志愿者能力培训支持系统建设经验值得全国借鉴。

G20 杭州峰会准备期间总共有 4 次大型的培训，分别是通用培训、教师领队培训、集中培训、联络员培训。通用培训课程包括峰会相关知识介绍、志愿者基础理念介绍、志愿者基本礼仪和沟通技巧、浙江及杭州文化、志愿者经验分享等，网上示范课程作为通用培训的有益补充，志愿者可根据自身实际情况进行在线学习。根据培训内容邀请相关高校、研究机构专家学者，相关政府部门领导做专题培训。邀请了浙江大学、浙江省委党校、杭州市委党校、杭州市社科院等高校及研究机构专家学者，杭州市外办、旅委、民宗局、文化局等领导，以及杭州志愿者培训学院培训师。

峰会教师培训旨在通过团队建设与管理课程，提高志愿者教师团队建设和管理的能力，坚持目标导向，围绕服务好国际峰会，形成正确的、积极的思维模式和荣辱与共、顽强拼搏的团队精神，打造有战斗力的志愿者团队。

四、大型赛会志愿者能力培训存在的问题和困境

（一）志愿服务的自主性不足

众所周知，志愿服务是一项社会事业，必须强调社会化参与、社会化组织、社会化服务、社会化运作和市场力量的参与，而独立性更是志愿服务的基本特性之一。但是，我国目前的志愿服务主要还是由行政力量推动，党政部门与志愿者组织设置高度同构，志愿者组织的组织化和社会化水平较低，自主空间不足。

（二）志愿者培训缺乏必要的政策保障

目前随着志愿者组织的内容日趋丰富、方式日益多样、成效日见显著，党政部门和社会机构对于志愿者组织资源的使用也越来越普遍。但是，往往存在重使用、轻支持，重付出、轻资助的现象，使得志愿者组织缺乏可持续发展能力，志愿组织项目的社会效益受到了一定的制约。特别是志愿者组织的日常管理、人员培训、项目策划缺乏必要的经费、场所等物资支持，严重制约其服务水平、服务能力的提高。

（三）志愿者培训短期行为明显

赛会志愿服务培训应景式、临时性，使得志愿者组织的领导和成员较多考虑短期的服务效果，而不愿意考虑长期的服务计划。大型服务活动期间，志愿者培训开展得如火如荼，但是，这些大型服务结束后，能否持续开展，能否使受助方长期获益，则没有引起志愿者组织的足够重视。

五、促进大型赛会志愿者能力建设的再思考

随着志愿者在社会上受到越来越多的重视，为使志愿者能力得到提升，建立一套科学完善的培训体系已经成为志愿者能力建设的重要保障。但在我国，培训体系的建立尚处于起步阶段，对于培训体系的概念及内涵没有一个统一的理解。对培训体系，有的定位于培训需求、计划、执行、评估的管理，有的定位于课程体系及讲师队伍的建设，有的定位于对培训内容、方式、对象及考核的管理。这些认识对培训体系的定位不全面，不能系统地将培训工作的各个方面及环节有机地结合到一起，不利于志愿者培训工作的长远发展。从严格意义上来说，志愿者培训体系是指实施培训的理念、组织机构、职责、方法、程序、过程和资源等构成的整体。可以说，建立长效的培训体系是保障大型赛会志愿者能力建设持续发展的根本。

（一）思想上高度重视培训工作

我们要在思想上对大型赛会志愿者能力培训有一个正确的认识，参加培训不仅是一种消费行为，更是一种投资行为，对大型赛会志愿者个

人、政府等公共部门以及整个国家都是如此，因为通过科学的培训，大型赛会志愿者个人的政治素质、业务素质都会有不同程度的提高，其个人绩效会有所改善，与此同时，可带动其所在部门工作的改善。

当然思想观念的转变不是一两次宣传或讲座就可以改变的，是一项长期任务，需要多种措施的激发与配合。比如资金、政策上的支持，我们应该逐步把大型赛会志愿者能力培训的经费纳入工作预算。我们还可以为大型赛会志愿者开设专门的培训期，保证大型赛会志愿者能力培训的时间。总之要从多个方面入手，激励大型赛会志愿者参加培训，在不断的培训中转变观念，提升能力，形成一个良性循环。

培训工作必须以志愿精神培育为核心。志愿者事业是一项崇高的事业。这种崇高性集中体现在志愿者通过志愿服务所凝结的奉献、友爱、互助、进步精神。这种精神，是一种基于道德和良知的不图回报的精神，一种自觉自愿奉献的精神。这种精神深刻体现了中华民族的传统美德，反映了社会发展进步的时代要求，是社会主义集体主义精神的生动体现。以奉献、友爱、互助、进步为主要内容的志愿精神，是推动志愿服务活动长期深入开展的内在动力和有力支撑。这就要求我们在工作实践中必须广泛普及志愿理念，大力弘扬志愿精神，推动形成关心、支持和参与志愿服务的良好环境。但是在很多志愿服务中存在志愿服务是为了锻炼自己或者是为了以后找工作能有一个筹码的现象，缺少从内心而来的志愿精神。而有学者也认为，我国在志愿精神的培养方面，不少青年对志愿精神核心内涵理解不全面，单纯地看作是献爱心、做奉献，不是公民的社会责任与社会义务。在志愿服务的活动中，被动地由单位组织参与的比较多，而不是自觉、自主性地参与。

志愿服务是公民参与社会公共事务的一种社会行为，是社会责任意识和奉献意识的体现，显然许多志愿者在这方面的理解还不是很全面、很透彻。因此，在志愿者培训中，首先要进行志愿服务精神的培训，帮助志愿者认识志愿服务的历史、服务动机、服务方式、服务的保障、志愿服务组织、志愿服务的法规等，有利于端正他们对志愿服务行为的认识——志愿服务精神体现了公民的社会责任意识。以自愿、无偿为前提的志愿精神，引导着我国大批志愿者把服务他人、服务社会与实现个人价值有机结合起来，引导人们在做好事、献爱心的过程中陶冶情操、提升境界，这有利于倡导爱国、敬业、诚信、友善等基本道德规范，提高公民思想道德素质，把建设社会主义核心价值体系的任务落到实处。但目前我国志愿者培训往往着重于技能技术的培训，不是很重视志愿者精神的培育。现实中，志愿服务精神是志愿工作和志愿服务事业的灵魂与核心，它从根本上影响着志愿者在志愿服务工作中的行为表现。志愿者的培养，本质上是志愿精神的培养。因此，建构志愿者培训机制的首要任务，就是着重于志愿精神的培养。在培训课程的设置、训练、考核中，与志愿精神有关的内容，应当占据一定比重，培养目标的确定、培养计划的制订、培训课程的设计以及培训效果的评估，都应该围绕志愿精神的培养这一核心问题来进行。

G20 杭州峰会志愿者的表彰以精神方面的鼓励为主、物质方面的激励为辅，宗旨在于激发志愿者内在的工作热情，使得志愿者获得更有价值的、愉悦的工作体验。结束后，根据服务时间以及效果，峰会卫志部对做出突出贡献和表现优异的志愿者个人、集体以及志愿服务项目给予特殊的奖励。卫志部为志愿者提供统一的工作证、服装、腰包、帽子、午餐以及夜宵；还提供凭证件免费乘坐班车和免费上意外伤害保险等福利待遇。志愿者们参与峰会服务工作之前最期待的奖励形式是接受培训和获得荣誉表彰等。基于这一点，峰会卫志部在对志愿者进行培训的过程中，对以往各届志愿者的先进活动和事迹进行报道，以此激励峰会志愿者，并颁布志愿者奖励实施办法，从而促进培训工作的常态化和实效性。

（二）确保培训机制的有效性

围绕大型赛会志愿者能力建设，如何建立一套符合科学的大型赛会志愿者能力建设培训机制是摆在我们面前的第一要务。

首先要创新培训模式。采取长期、短期、网络培训、按需培训四种模式。对于新任大型赛会志愿者的培训时间可以设定为 1 个月左右,以便使其系统学习与掌握上岗知识;对于长期从事志愿服务的志愿者,宜进行 1—2 周的单项突击短训;对于大型赛会志愿者需求培训,要从大型赛会志愿者的实绩考评结果中发现问题,把大型赛会志愿者的组织需求、岗位需求以及本人的诉求有机结合起来,努力做到大型赛会志愿者需要什么就培训什么,大型赛会志愿者成长缺少什么就补给什么的培训机制。

峰会志愿服务工作要求所有参加志愿服务的人员必须参加培训,培训的主要目的是让志愿者掌握服务所必备的知识和技能。志愿者上岗前的在岗实训可以帮助志愿者更好地了解实地情况,提高工作质量。通常在志愿者报道注册并分配好岗位后进行,一般在上岗服务的当天,根据不同的岗位需求安排相应的培训。

其次要创新培训方法。可采取灵活多样的教学方式,如进行重大案例分析、危机公关事件预设、志愿者与教员之间的双向交流、开展调查研究等,其目的就是让志愿者通过分析讨论和实践锻炼,进一步解放思想、检验学习成果,从而提高破解难题、厘清思路、选择路径、寻找对策的能力。

在整个 G20 峰会培训过程中,实施单位基本能够充分运用多种培训方式,主要采用了函授培训、专家讲座、仿真模拟、小组讨论、案例分析、参加测试赛等方式调动志愿者的学习积极性,从而提高志愿者自我学习和相互学习的能力。在调查中发现,志愿者普遍认为仿真模拟、案例分析、参加测试赛等培训方式效果好。

最后要创新培训理念。在组织服务方面,改变传统的教育管理思维,逐步建立起以参训志愿者为导向的现代服务理念,把坚持实效、注重细节、完善服务作为大型赛会志愿者能力建设培训的核心竞争力,讲服务、比服务,以服务赢口碑,以服务促发展。在培训管理方面,进一步完善志愿者的考勤制度、请假制度、考核制度，并和主办单位一起加强对志愿者培训期间的管理，培训结束后，为每一个志愿者建立学习档案，便于跟踪管理。在培训质量方面，构建工作管理、目标管理、教学质量监控、教学质量评估与反馈四位一体的质量保障体系。以机制促发展，以制度保规范，不断推动大型赛会志愿者能力建设培训的有序化、高效化运作。

(三) 做好培训需求的调查分析工作

应该认识到，接受培训的大型赛会志愿者在知识背景、工作技能、工作经验、生活经历、个人发展计划等方面都有各自的特殊性，表现出不同的培训需求。因而，要对大型赛会志愿者的培训需求进行深入具体的分析，既要满足一般需求，又要满足特殊性的需要，这样才能真正做到因材施教，也才能取得良好的培训效果。

大型赛会志愿者能力建设培训需求分析也可以借鉴企业的经验，从组织、任务、人员三个层次进行分析。

第一个层次，组织层面的培训需求分析。此层次培训需求分析的目的在于，通过对部门目标、资源和环境等因素的分析和判断，发现部门工作中存在的问题，明确本部门大型赛会志愿者应该具备的素质，使培训活动与部门发展目标紧密结合起来。其内容主要包括以下几个方面：一是政府部门的目标分析，目标是一切活动的导向，也深刻影响着培训工作的开展，决定了培训的重心，目标明确后，通过部门需求分析，说明培训对于实现既定的部门目标的必要性，并分析应采取的培训形式、培训规模，进行培训支出预测；二是政府部门的资源分析，资源是培训活动的保证和现实基础，培训经费直接影响着培训的广度与深度，而对培训时间长短的安排也是影响培训效果的关键因素，通过对这些资源的分析，可以使培训更切合组织的实际；三是政府部门的环境分析，这主要是对组织的系统结构、文化特质、信息传播等情况的分析了解，组织特质、环境对培训的成功与否也起着重要作用，因为当培训和组织的价值不一致时，培训的效果就很难保证，培训的内容也很难转化为相应的工作行为和工作绩效。

为保障峰会正常、顺畅进行，峰会志愿者的培训工作中的物质投入是必不可少的。峰会卫志部高度重视志愿者培训工作中的物质保障，为志愿者在培训课程、社会实践过程中提供充足的物质保障。这些物质保障包括志愿者意外伤害事故保险、志愿者因公受伤的医疗费用补偿等。北京奥组委联合中国太平洋保险公司和中国平安保险公司共同为参加奥运会赛事的每位志愿者投保，确保每位志愿者都能得到最完善的保障。投入了各类资源，奥运会培训工作才能正常运转，在大型赛会志愿者能力培训中也需综合衡量自身资源。

第二个层次，任务层面的培训需求分析。任务分析是对具体工作的分析，也称工作分析，其目的在于了解有关工作的详细内容、标准及人才要达到理想的工作绩效所必须掌握的技能、能力和行为表现。为了使培训更有针对性，应明确部门中每一职位的职务要求和规范，了解大型赛会志愿者有效完成工作需要具备什么样的条件，从而给予相应的培训。为获得完整的工作信息与资料，工作分析需要富有经验的人员积极参与。工作分析是培训需求分析中最烦琐的一部分，但只有对工作进行精确的分析并以此为依据，才能设计出真正符合部门绩效和特殊工作环境的培训课程，并选择合适的培训方式。虽然国家明确了大型赛会志愿者通用能力，但具体到各个工作岗位，其素质能力要求就会有差异，这就需要建立各个岗位大型赛会志愿者的素质模型。

第三个层次，大型赛会志愿者个人层面的培训需求分析。这一层面主要是从大型赛会志愿者的角度来确定培训需求，主要做法是将大型赛会志愿者目前的实际工作绩效与需要达到的标准绩效进行对比，或者将大型赛会志愿者现有的知识技能水平与本岗位的能力素质要求进行对比，发现两者存在的差距，从而明确培训的重点和方向。在对大型赛会志愿者个人进行分析时，首先要了解其个人的绩效状况，这可通过个人考核绩效记录以及人员的自我评价来实现，接着就要对某些大型赛会志愿者绩效不理想的原因进行分析，了解是什么原因造成的，这通常可以通过对大型赛会志愿者的知识技能测验和工作态度评价来予以确定，最后根据测评结果确定对大型赛会志愿者进行何种类型的培训。

总之，志愿者培训需求分析一定要首先着眼于志愿者成员的全面发展。发达国家和地区的志愿者活动就十分注重志愿者个体的成长，志愿者组织的目标首先是"成员的发展"，因而"成员发展空间提供者"就成为西方志愿者组织的普遍定位。许多组织都积极为成员制订发展计划并创造条件，由此促其实行短期加强式的技能培训和长期志愿者素质培训相结合的双线培训模式。因此，在我国的志愿者活动发展中，尤其是在志愿者培训流程的第一步需求分析中，应努力将培训的中心转移到志愿者本身，关注其个人成长需要，着眼于志愿者素质得到全面提升。志愿者组织要根据志愿者的现实需求，制订出切实可行的培训计划，从志愿者自身能力提升与素质提高的基础出发，并结合相关志愿活动的开展进行有针对性的培训，从而树立奉献精神与实现个人价值主动结合的观念，本着"志愿者既是奉献者又是受益者"的发展理念，科学定位志愿者活动目标，实现既完成志愿服务活动任务，又帮助志愿者实现个人发展的目的。

(四) 设计合理的培训计划

合理的培训计划一般要遵循以下原则：

一是标准化。即要求志愿者组织首先要具备制订计划的正式规则，这些规则使计划制订成为一个标准的程序，既节省了计划制订的时间成本，又保证了计划的质量。

二是普遍性。即培训计划必须适应不同的志愿者工作岗位、不同的志愿者培训需要的是有效性，制订培训计划时一定要以培训需求分析和评估的结果为基础，针对志愿者岗位工作，以现有资源为限度，这样才能保证计划能够落到实处，达到预期的效果。实施培训计划就是按照制订的计划实际推行志愿者培训工作，最主要的是落实培训机构、人员、管理人员、教师，以及培训时间、场所、经费、教材、设施等一系列与培训计划有关的因素，按计划使培训各环节的活动有计划、有控制地和谐开展。实施具体的培训活动主要有以下方面：一是选择培训机构，志愿者组织主要从资金、人员及培训内容等因素视具体情况来选择。一般来讲，规模较大的组织可能拥有自己的培训机构，而规模较小的组织在培训内容很专业时，往往求助于外部机构。二是明确培训内容，根据培训内容不同，可分为一般性培训、专业培训、横向培训和管理培训等。

G20 杭州峰会主要分为三个方面：一是抓好通用培训。通用培训是提高峰会志愿服务水平和服务质量的一个重要基础。重点是加强了对志愿者在志愿者基础理念、志愿者礼仪与形象管理、杭州历史文化、G20 相关知识、医疗急救知识等方面的培训。承担教学任务的有国际关系的专家，志愿服务工作者，礼仪文化的讲师，金牌导游，医疗工作人员，志愿者骨干。二是抓好校内培训。学校要提前谋划和精心准备通用培训后的校内自主培训工作，有计划、有步骤地提升志愿者在服务中的礼仪、外语的会话、应急处理等方面的能力培训，通过教师授课、情景模拟、互学互比等多种形式，提升学生的参与度、激发做好服务的内生动力，确保在服务中能够做到"会站、会笑、会说"。三是抓好模拟演练。在一些大型活动的现场，我们也感受到杭州的文化乃至中国的文化一般都比较内敛，羞于表达，不太会主动服务，所以这也是我们开展志愿服务筹备工作中的一个难点和重点。学校要将校内模拟演练工作摆到一个非常重要的位置，要结合实际、因地制宜地开展多场、多类型的模拟场景演练，让志愿者在仿真的情景中适应工作氛围和工作节奏，增强自信和胆识，提升应急能力和防范意识。同时，在演练中还要注重团队的凝聚力和战斗力，增进志愿者间的了解和信任，为峰会服务的有序开展做好充分的准备。

上海世博会出于对培训质量的考虑，决策层推出"四个统一、两个统筹"的原则，即统一要求、统一课程设置、统一教材、统一考核标准，统筹管理培训场地和统筹管理培训师资。"四个统一"可以有效保证课程质量，确保园区志愿者能够接受同样的高质量课程培训，保证了培训的公平性，而不同的培训基地则可能有不同的实际情况，赋予了一定的灵活自主性。培训课程分为通用型课程和专项课程，培训师由一级培训师和二级培训师两级构成，第一级培训师主要负责承担管理岗位志愿者和二级培训师的面授任务，第二级培训师负责后续的大规模分批综合岗位志愿者专项培训。

（五）根据需要合理设计培训课程

第一，志愿者培训课程的制定原则。

志愿者培训课程的主要内容包括志愿精神与意识的培育，志愿服务工作内容、工作对象、工作方法与服务技巧的讲授，以及沟通技巧、团队精神，如何面对服务对象、服务过程中可能出现的问题和解决方法等方面。志愿者培训课程的分类与设计方式多种多样，但志愿服务任务的完成都离不开与志愿工作相关的态度、知识和技能。因此，志愿者培训的课程应当主要围绕态度、知识和技能这三点来展开。

首先，世界观、人生观、价值观教育仍然是培训的第一要务，通过相关培训提高大型赛会志愿者的政治素质和政治鉴别能力。这是所有大型赛会志愿者都应接受的培训内容。大型赛会志愿者能力建设培训对这类课程的开发还是相当充分的，不过其内容设计却难以激发学员的学习积极性，建议多添加一些案例，并聘请一些教学经验丰富的教师进行授课，这样不仅能激发学员的学习热情，还能使学员深刻领会其精髓和内涵，对于培养一批思想进步、政治立场坚定的大型赛会志愿者有很大帮助。还可以根据形势发展的需要增加一些相关的培训课程或课题。

其次，在重视思想道德教育的基础上，还要加强专业素质能力的培训。因为无论哪个岗位上的大型赛会志愿者都需要一定的专业素质作为支撑，而现代社会的发展又是日新月异，靠原有的专业技能储备难以满足现实的需要。再加上这也是我国大型赛会志愿者能力建设培训的薄弱环节之一，所以更需要大力改进。这方面课程开发应按专业分类进行，大型赛会志愿者能力建设培训基地要发挥自身优势，做好本专业课程的开发工作。除此之外，各高校也是开发大型赛会志愿者能力建设培训专业课程的重要力量，但是在开发课程过程中一定要考虑到学员的特殊性，他们不是普通的成年人，也不是普通的学生，他们大都具有一定的专业素养，其学习的目的也很明确，就是提高自己的业务素养，学到实用的技能。这决定了大型赛会志愿者能力建设培训的课程设置，既不同于普通高校以知识的传授、灌输为主的课程设置，又要有别于社会上补充知识技能空缺的一般性成人培训课程，必须体现出自己的特色，即大型赛会志愿者能力建设培训课程设置既要注意贴近党和政府管理工作实际，不空虚，又要有一定的专业水准，能增强大型赛会志愿者的专业水平，以便通过培训培养造就新型的服务人才。

G20 杭州峰会按照"三个百分百"要求，面向 15 所定点招募高校接受报名志愿者 26266 人，联合志愿者使用部门、高校组织了两轮面试、三轮测试（通用知识线上测试、心理测试、英语托业测试）和三审三查（招募系统实名认证、学校党委审核、卫志部核查），遴选出"形象好、气质佳、外语强、素质高"的志愿者 3963 名，95% 的志愿者托业测试水平在良好以上，还有部分德语、法语、西班牙语、阿拉伯语、印度尼西亚语等小语种志愿者。同时，招募来自 14 个国家的国际志愿者代表 25 名，选拔北京、上海等地优秀大中学生代表性群体志愿者 33名。在做好招募基础上，编制了《峰会志愿者通用培训教材》，开发网络版"培训课程"，开展峰会志愿者通用知识培训 142 场，集中专业知识培训 42 场，教师领队培训 14 场，礼仪形象、外语口语强化训练 69场，各类实战演练 166 场，切实做到"不培训演练、不上岗服务"。

再次，加强志愿服务技能方面的课程。通常参与服务的志愿者都具备自身从事或学习的相关领域的技能知识，因此，志愿组织要根据不同的服务对象、服务主体进行有针对性的技巧培训。对管理层的志愿者进行管理技巧培训，如服务项目策划课程、领导力提升课程、人力资源管理学习等；对实施操作层的志愿者进行一般服务技巧培训，如自我认识、人际沟通技巧、活动程序设计及小组合作技巧培训；同时针对社会不同的服务需求开展特别技巧培训，如急救训练、防火防盗知识普及、矛盾化解技巧训练等。志愿组织可以聘请有关的专业人士或有经验的志愿者对参与不同服务岗位的志愿者进行相关的服务技能培训。专业技能要求高的服务项目，经培训后达不到要求的志愿者，可重新选择其他服务项目。总之，培训课程不仅侧重于知识性，更要提高其志愿服务意识。因为仅仅有知识是不够的，知识并不等同于服务能力，更不代表志愿者已具备成熟的心智和健全的人格。因此，在知识性培训课程之外，我们还强调必须对志愿者进行技能培训和态度培训。技能培训的目的在于帮助志愿者提高处理各种问题的能力，将志愿服务的意愿转化为现实的行为能力。态度培训则是针对大学生社会角色不明、服务与责任意识不强、处理社会关系不恰当等问题，促进其"成熟化"和"完善化"，塑造其完善的人格和心智。另外，新志愿者和老志愿者的课程内容应有所区别。对于新招募的志愿者特别是第一次从事志愿服务的人来说，需要了解志愿服务的理念、所参加的志愿服务组织、志愿者的评估和激励方式、志愿者的保障、服务过程中可能出现的问题等，使他们能够更快地融入团队，扮演好志愿者的角色。而对老志愿者来说，除了工作技能、知识等方面的加强，更重要的是要保持工作的热情，延续志愿服务工作。

最后，增强大型赛会志愿者能力建设培训课程的人性化设计。以人为本不仅是我们大力提倡的，而且应该体现在社会的方方面面，大型赛会志愿者能力建设培训亦是如此。虽然大型赛会志愿者能力建设培训课程体系中也有体现人文关怀的课程，但相当有限。所以，各个培训组织都要重视这方面课程的培训与开发，使大型赛会志愿者能在培训过程中深切体会到党和国家的关怀，调整好自己的身心状态，从而更好地服务政府、服务社会。

第二，志愿者培训方式的采用。

志愿者培训所采用的方法，除了传统的讲授、专题研讨、案例分析之外，还可以借鉴其他组织培训的经验，创造、总结出一整套符合志愿者培训特点的方法。专题讲授系统学习志愿服务知识，特点是集中学习、信息量大，这是目前培训最常用，也是采用最多的一种培训方法。角色情景演练进入角色实施培训，身临其境，为志愿者提供一种真实的情景，可亲身体验所处角色的特点，加深学习印象，提高培训主动性。案例培训通过讲解、分析典型的志愿服务案例，增强志愿者分析问题、解决问题的能力，以及系统思考的能力。

首先，创新培训方式。目前我国大型赛会志愿者能力建设培训中应用最多的就是课堂讲授法，这种传统的培训方法，虽然信息传递量大，但受训大型赛会志愿者的兴趣并不高。而且试验显示：传统的讲授式培训方式，只让学员看和听教师一人在课堂上讲，学员对培训内容的吸收率仅为30%，而研讨式和体验式培训方式能让学员对培训内容的吸收率提高到70%和90%。但基于课堂讲授法对知识性内容传播的优势，我们不能完全摒弃这种培训方式，最好的办法就是改革和创新。在这一方面我们可以借鉴美国的做法，教师在讲授的过程中要更加侧重于教与学的双向互动，教师要鼓励学员积极提问，并且欢迎学员随时提问，课堂互动不受时间、环境的限制。

其次，引进、开发新的培训方式，并稳步推广。随着培训水平的提高，培训方式也不断变化、更新，出现了许多或者高科技含量、或者高人性化的培训方式。我国内地的大型赛会志愿者能力建设培训实践中也运用了其中的许多方式，比如行动学习法、案例法、基于计算机网络的培训法等。但令人遗憾的是，这些方式都没有得到普遍性、持续性的运用，只是被某些部门在某一培训阶段所使用，似乎只是为了求新。这方面我们要向我国香港地区学习，要根据本部门的实际需要形成富有特色的大型赛会志愿者能力建设培训方式，并在实践中持续不断地应用并改进，真正让培训方式发挥其作用，提高大型赛会志愿者能力建设培训效果。

峰会志愿服务专门向各招募高校推送了相关培训资料及电子课件。其中专门为志愿者培训设计的志愿者远程培训测试技术系统主要是针对通用培训、专业培训、场馆培训、岗位培训而设计。该系统运用网络化远程教育手段和新颖的多媒体技术向赛会志愿者、赛会志愿者申请人及志愿者管理机构提供在线培训、在线考试测评、信息发布、互联互通及相应的志愿者管理功能。志愿者可以访问网站，通过平台可以得到奥组委关于志愿者培训、考试、召集等各种公共信息的通知、志愿者活动新闻，可以在线观看文档类和视频类课件内容并针对学习内容进行在线自我测试，整个培训自测过程将得到翔实记录，为志愿者的高效管理提供有力支撑。

再次，注重培训方法的组合。培训方法各有长短，适用于不同的情况，其应用受多种因素制约，必须从实际情况出发，取长补短，综合运用，优化组合。培训对象不同，选择的方法也应有所不同，比如对于社区工作者的培训应避免使用单纯的课堂讲授方法，采用案例法、小组讨论法、情景模拟法等学员参与度高的方法效果会更好；培训内容和条件等因素也制约着培训方法的选择，所以在实际培训过程中要综合运用各种方法，形成组合优势。组合式培训方法形式多样，讲究实效，志愿者的接受程度高，效果也相对明显。

最后，大型赛会志愿者能力建设培训方式的开发要体现志愿者的主体性。在大型赛会志愿者能力建设培训过程中，教师不是主体，相关部门也不是主体，受训的大型赛会志愿者才是培训的主体，整个培训流程都是为他们服务，培训方式也是如此。所以在选择培训方式时，首先要考虑受训大型赛会志愿者的需求，根据他们的特点进行选择，尽量能让受训大型赛会志愿者充分参与到培训当中来，从而达到良好的培训效果。

其实，任何一种培训方法都有其优点和局限性，有其适用的对象、范围等具体环境与条件，因此只有最适合的方法，没有最差的方法。培训方法的选择要根据志愿者培训目标和内容、对象、资源、培训者的水平和特点而定。此外，培训规模和培训场地也是选择培训方法时必须考虑的因素，如在小规模的志愿者培训班上采用研讨、游戏、角色扮演等方法。

（六）做好志愿者能力培训的制度保障

志愿者能力建设属于人力资源能力建设，与国家的发展战略紧密相连，志愿者能力的提高，是促进国家公共事业与志愿服务事业持续发展的关键因素，是促进社会和民族和谐的重要力量。在志愿者能力建设系统中，国家的主要作用是宏观方面的政策调控，通过政策引导，为志愿者能力建设提供完善的法律和制度保障，保证志愿服务活动的顺利进行。伴随着志愿服务活动的影响力日益加深以及志愿者队伍的逐渐壮大，志愿者立法明显跟不上脚步，处于滞后状态。我国尚无国家层面的权威统一的志愿者服务法律，即便是行政法规也并没有统一的规定。在各地方性法律以及政府的规章制度，甚至更低级别的法律规范性文件中才能见到有关志愿者立法的法律法规。因此，目前的志愿者立法的现状可以称为"级别不高，遍地开花"，这种现状极其容易导致志愿者服务工作陷入困境。

第一，改变现有的立法方式。

志愿者服务立法应该有一个循序渐进的过程，首先应该由国家层面统一立法，制定行政法规；其次通过实践和调研，等时机成熟时向全国人大提出申请，制定统一的《中华人民共和国志愿服务法》。这样，志愿活动有法可依，志愿服务则更有组织、有秩序、有效率、有保障。在立法过程中，要根据立法的法律依据严格法律规范，明确遵守我国宪法中对于"国家提倡公民从事义务劳动"的要求，以此作为我国志愿服务的最高法律依据。志愿者法律法规的制定，要在结构上保持科学严谨，遵循立法规范，可以按照立法依据、志愿者服务范围、权利义务、法律责任、表彰办法等逻辑结构的顺序进行逐次的章节论述。此外，由于我国幅员广阔，省份众多，各地区间的经济、文化、社会条件等差异各不相同，因此除国家层面的统一立法外，各地方上应因地制宜，制定统一的地方性法律文件来规范和保障志愿者的权利。

第二，保障志愿者的人身及财产安全。

权利和义务是对等的，志愿者立法既要规定志愿者的义务，更要保障志愿者的权利。根据权利和义务相平衡的原则，既然志愿者履行了更多的义务，立法就更应明确地保障他们的各项权利。在参加志愿活动中，国家有必要从法律角度保障志愿者获得学习和培训的权利，然而就目前的志愿者权利保障制度来看并没有做到这一点，所有的规定都大而化之。以表彰奖励权为例，目前《中国注册志愿者管理办法》规定了星级认证、奖章授予、授予志愿者荣誉称号等制度，然而对志愿者的奖励还不够，更应该提升到国家的高度，这样不但体现了国家对志愿事业的重视，更可以鼓励更多的人参与志愿服务。此外，志愿者权利保护制度有待完善，例如，志愿者在参与志愿活动中会遇到意外状况，却面临其救治无法可依的局面，严重挫伤了志愿者的积极性。因此，通过立法和制度保护志愿者的人身及财产安全可谓是志愿服务事业的重中之重。

峰会志愿者将统一按照岗位需求和个人综合情况分派相应工作。在志愿者待遇方面，峰会筹备办的官方文件指出志愿者的权益保障和待遇遵循统一、公平的原则。根据历届大型赛会志愿者工作惯例，结合峰会工作实际，峰会卫志部为赛会志愿者制发身份注册卡，提供工作制服，提供工作期间的餐饮，提供工作期间的人身意外伤害保险。此外，为了感谢志愿者提供的优质服务，峰会卫志部还为志愿者颁发了证书、证章、纪念品等。

总之，坚持专业引领是做好大型赛会志愿者能力培训的根本要求，专业化是志愿服务的生命线。做好大型赛会志愿者能力培训，离不开科学适用、协调配套、执行顺畅的志愿者专业服务标准、政策制度和运行机制；离不开一批数量充足、结构合理、治理科学、服务能力强的相关志愿者机构；离不开大量通晓志愿服务知识、懂运营管理、善项目策划实施的专业管理人才；离不开大量有强烈专业使命感和社会责任感，能灵活运用志愿服务理念、知识、方法和技术的专业服务人才；离不开大量熟练掌握志愿服务方法与技术、具备丰富实务经验、善于解决复杂个性问题的专业服务人才；离不开高校相关专业力量的参与和支持。

第四章　大型赛会志愿者现场指挥调度机制

指挥调度是指对系统内部各相互联系的部分进行安排、调配，使系统得以良性运行。一个完整的调度系统包括人员调度、物力调度、信息调度等，通过组织内部自上而下的调配使得系统内各部分在运作过程中相互配合、协调。大型赛会作为一个整体，在其运行过程中由各种系统共同作用在一起使其发挥最大效能，而志愿者作为大型赛会开展的重要组成部分，其在大型赛会中的志愿活动对赛会的有序进行起到了关键性作用。然而在以往的大型活动中，志愿者的活动开展面临着各种各样的问题。最普遍的是大型活动开展中对志愿者的监督不力导致志愿者工作效率低下，还有出现如志愿者之间、志愿者与正式工作人员之间发生冲突以及志愿者应对突发事件应急处理的能力较弱等现象。究其原因，一部分源于管理部门对志愿者的现场管理不善，缺乏规范的志愿者管理体系。因此，建构完善的志愿者现场指挥调度体系是保证志愿者志愿服务有效开展的前提条件。只有充分协调大型赛会开展过程中的各机制之间的关系，才能保证大型赛会的有序进行。凡事预则立，不预则废。这一点在 G20 杭州峰会中有很好的体现，在会议举办之前，各部门充分考虑到了志愿者现场指挥调度过程中可能出现的各种问题并采取措施积极预防，很大程度上消除了会议开展过程中的困难，使得赛会开展得以顺利有序地进行。

当前，志愿服务以其强大的社会效力得到越来越多国家和政府的关注。就中国而言，21 世纪以来，受"汶川大地震""2008 年北京奥运会""2010 年上海世博会"等重大事件的影响，我国志愿服务得到了空前的发展。2016 年 9 月 4—5 日，G20 杭州峰会在杭州正式召开，这是继奥运会、APEC 等重大赛会后的另一具有国际影响力的大型赛会。作为大型赛会成功举办必不可少的一部分，志愿者及其服务可以说起到了举足轻重的作用。对志愿者的管理包括多个系统，招募、培训、激励等，而与大型赛会志愿者活动开展紧密挂钩的当属现场指挥调度系统了。该系统所涉及的方面囊括了赛会进行开展的横向层面（包括现场监督、人员调度等方面）和纵向层面（即时间）。

尽管大型赛会志愿者的现场指挥调度机制有着研究的必要性，但是目前，国内关于这方面的研究较少，大多数研究仅停留在问题表面，且缺乏站在系统的角度来研究机制的构建。近年来，我国举办的大型赛会越来越多，国内外对大型赛会志愿服务的关注度也逐渐提高。在这种背景下，学习先进的志愿服务现场指挥调度机制，借鉴国内外大型活动中优秀的志愿服务现场指挥模式并将之运用到我国的现实活动中，是促进我国志愿服务体系的重大课题。

米尔斯在其《社会学的想象力》一书中提出经典社会分析学家主要研究三类问题，其中之一就是社会整体的组成部分有哪些，这些部分是通过什么纽带相互联系在一起的。将这一问题引入大型赛会志愿者管理中，可以把大型赛会志愿者队伍看作一个整体，如何使这一整体在其工作过程中发挥最大效用是志愿者现场管理的重大使命。

大型赛会完善的志愿者现场指挥调度体系的建构应以机制作为基本要素，建构的内容与要点在于如何实现机制内部的良性运行及各机制之间的协调。由于机制的管理对象是志愿者，在机制建构过程中，应充分考虑到大型赛会志愿者的特点，基于以人为本的思想来进行机制的构建。同时，考虑到大型赛会较其他大型活动的特殊性，在机制建构过程中可以部分参考大型活动开展的共性，但同时要基于其自身的特点进行特殊性构建。在宏观、中观、微观三个层面机制的建构中，要充分考虑到各部分机制的基本内涵、层级特征、能动效用及与其他机制的互动状况，构建以大型赛会举办主管单位为指挥，整齐统一、步调一致的机制。其中的中层机制即志愿者管理部门应积极配合、执行上级单位的指挥，及时完成任务，同时协调、管理志愿者工作。作为微观层面的志愿者，虽处在最低的阶段，但志愿者是开展服务行动与执行指挥命令的直接行动者，其所开展的行动直接关系到了大型赛会开展顺利与否，因此，志愿者应积极配合志愿者管理部门的工作，及时有效地完成工作，接受管理部门的监督，针对现场情况进行及时的反馈，才能保证志愿活动的有效性，才能真正意义上体现志愿服务的价值。

总之，本章的研究主要是为大型赛会志愿者现场指挥调度机制的建构提出建言。事实上，越来越多的学者开始关注到包括奥运会在内的大型活动的管理，并提出了很多宝贵的意见与看法，但是就大型赛会这一方面而言，人们关注得比较少。大型赛会的顺利开展需要一定的理论基础和体系架构作为支撑。因此，对大型赛会志愿者现场指挥调度的研究对大型赛会的顺利开展具有强大的现实意义。

一、大型赛会志愿者现场指挥调度研究成果评述

（一）国内外志愿者管理的研究综述

其一，国外志愿者管理研究。

大多数欧洲发达国家的志愿者起步较早，发展较迅速，到目前为止，许多国家的志愿者管理机制已经步入成熟化、规范化和组织化的行列，配套的相关理论研究也比较成熟。Steve 和 Rick 阐述了志愿服务工作的重要内容，包括计划、组织、招募、管理等。此外，在微观层

面，他还讨论了对于志愿者与正式员工之间矛盾与冲突的关系以及在志愿服务活动过程中志愿者容易忽略和不知所措的地方。Delores Druilhet Morton 从实际角度出发，具体讲述了志愿者招募、计划、保留以及激励的方法，有效帮助志愿者进步。Joan E. Pynes 则着重研究公共和非营利组织中的志愿者管理体系，对志愿者管理的工作流程包括从招募到管理做出了详细的解说。

其二，国内志愿者管理研究。

中国的志愿者起步较晚，且由于各种因素的存在，现存对志愿者现场指挥管理体系的研究为数不多。现有的研究资料大多侧重于对体育赛事志愿者管理方面的研究。在《奥运会志愿者管理研究》一文中，宋玉芳从奥运会志愿者的特征及对志愿者管理的意义出发，结合中国志愿者的现状，分析奥运会志愿者管理中存在的优势与不足，并提出了自己的建议。值得关注的是，在《奥运会志愿者管理研究》中，宋玉芳在最后一部分建议中指出，将奥运会志愿者管理中劣势转换为优势的关键之一在于协调好奥运会志愿者与正式员工的关系，这一点与 Steve 和 Rick 所提出的观点不谋而合。张瑾在《奥运会志愿者与人力资源管理》中论述了奥运会志愿者的演变历程及作用以及奥运会过程中的人力资源管理。杨杰以亚运会和亚残运会志愿服务为例，具体分析了我国志愿者管理的内容及运行机制，并通过比较国内外志愿者管理运行机制，对我国志愿者管理机制进行了深入的分析。

(二) 大型赛会志愿者管理的相关理论研究成果

其一，激励理论。

激励理论旨在概括和总结工作动机的激发机制。目前学界形成的激励理论模型较多，与大型赛会志愿者管理较为相关的是传统的激励理论。该理论认为，对志愿者的管理实质上就是对人的管理，通过对志愿者进行有效的激励可以使之在最大限度上发挥潜能，高效完成工作。

其二，利他主义理论。

根据助人者助人时的情绪及其助人的动机，利他主义可以分为两类，即自我利他主义和纯利他主义。自我利他主义者的情绪是苦恼、烦躁、痛苦的，他想通过帮助他人来减少自己的苦恼，因此，他可能会有利他的行为产生。而纯利他主义是对他人的生活处境和目前的状况有一种移情，对他人产生同情和怜悯，希望通过自己的能力来帮助他人减少痛苦。

利他主义一直是志愿者秉承的一种理念。大多数学者在对志愿者这个概念进行界定时也都将利他性作为其基本特性。但若认为志愿者是一种纯粹的利他主义，那么这又是一个片面的定位。许多志愿者坦言他们不求回报，但他们得到的回报不仅是物质上的获得，还包括精神上的满足和愉悦。因而，志愿者在帮助他人的同时也是在帮助自己，志愿者行动并不是一个纯粹意义上的利他主义。

其三，社会认知理论。

从文化角度来解释，认知也可以称为认识，是指人认识外界事物的过程，或者说是对作用于人的感觉器官的外界事物进行信息加工的过程。它主要包括感觉、知觉、记忆、思维、想象、言语。在心理学领域里，认知是指通过形成概念、知觉、判断或想象等心理活动来获取知识的过程。班杜拉是社会认知理论的代表人物，他的相互决定论认为，"人的行动是由个人主体的认知能力、环境、交互作用形成的，这三个变量相互影响、相互制约。但这三个因素在人的行动中的作用不是均等的，个人主体的认知能力是对所处环境和自己的行为进行调解和控制的能力"。[①] 因此，按照班杜拉所说的心理学观点，志愿者的志愿活动或服务就是志愿者群体的认知能力、服务环境、服务行为之间的相互影响及其相互制约的过程。通过这个相互作用的过程，志愿者可以积累经

① 杨玉宇、段建、李云矫：《从社会认知理论的角度看成人学习》，《中国成人教育》2009 年第 3 期。

验，提高认知能力和自我调节能力，进而提高自身各方面的素质。

二、大型赛会志愿者现场指挥调度系统及协作

（一）大型赛会志愿者现场协作系统

大型赛会的规模庞大性与流程复杂性对志愿者的现场协作系统提出了很高的要求。在大型赛会中，志愿者的服务范围很广，从基本的人员接待、人员服务、后勤、安全保障、交通保障、翻译到公关、行政和新闻发布等，这些方面无不需要志愿者的参与协助。正如时任杭州市副市长、国际峰会卫志部部长陈红英在 G20 杭州峰会志愿服务岗位磋商赛会上的讲话所提到的，"岗位确定历来是大型赛会志愿服务工作中的难点、痛点，也是衡量赛会成功与否的重要指标"。管理部门通过对志愿者工作的分析，结合志愿者本身的兴趣、特长、性格等因素，依据"便于志愿者参与，便于志愿者开展服务"的原则进行岗位配置与志愿者使用，包括岗位、时间、工作量等。这一过程的首要任务就是保证志愿服务的独立性与联系性。独立是指各项工作之间无摩擦，无重复劳动；相互联系要求志愿者在工作过程中相互协调与配合，所有的工作构成了一个无缺口的整体。

到目前为止，国内外举办过林林总总的赛事、赛会，其中协作系统得到较好运用的代表之一是盐湖城冬奥会志愿者现场协作系统。盐湖城冬奥会被后来的学者称为"人文奥运"，主要体现在其志愿者的使用机制和协作机制方面。特别是在志愿者的现场协作方面，是一个非常成功的案例，给大型赛会的志愿者使用与管理带来了很多宝贵的借鉴价值。其借鉴价值主要包括以下三点：第一，盐湖城冬奥会最大亮点在于所有的志愿者身着不同颜色的衣服来表示他们不同类型的志愿岗位。红色代

表突发事件应急负责的志愿者，黄色代表包括警务人员在内的负责交通疏导以及安全管理的志愿者，绿色则是后勤服务志愿者，蓝色是提供信息咨询服务的志愿者。[①] 在这种协作和使用机制中，我们可以看到志愿者之间的岗位职责是相互独立且明确的，通过衣服颜色的分类不仅使志愿者本身明确自己的工作任务，同时对于包括参赛人员与社会大众在内的服务对象，也使他们能清楚地辨别各种类型的志愿者，以及时寻求有效的帮助，使得志愿服务效率最大化。第二，提供全方位的服务。在盐湖城冬奥会的举办场地内，不仅有大型的游客服务中心，而且在各个街头都设置小型岗亭，身着蓝色制服的志愿者在岗亭内为前来寻求帮助的游客提供信息服务并发放各种手册和地图。全方位地设立服务点对于志愿服务来说是非常重要的，一方面，将同一类型的志愿者分配到不同的地方，大大提高了志愿者的使用效率；另一方面，在赛场的各个角落设点可以在最大限度上利用赛场的空间位置，简化了服务对象寻求帮助的过程，提高了服务的效率。

　　盐湖城冬奥会志愿者协作系统的成功案例给我国大型赛会志愿者现场协作系统的建设提供了很多宝贵的经验。基于此，结合我国大型赛会志愿者现场管理现状我们可以建设并完善具有中国特色的大型赛会志愿者现场指挥协作系统。协作系统的建立，首先，应遵循以人为本的原则。坚持以人为本的原则要求对志愿者的管理更加重视人文关怀，即充分考虑到志愿者的状况，根据他们自身的状况来管理、协调，包括志愿者现场的岗位安排、突发事件应急响应中志愿者现场的人员调动以及发生冲突时志愿者的关系处理等。在 G20 杭州峰会期间，以人为本的原则得到了充分的运用。以"志愿者之家"为例，"志愿者之家"是志愿者休息交流、团队激励、存放物品、更换衣服的场地，这项具有 G20 特色的服务为志愿者提供了良好的后勤保障，使其充分地感受到了来自上级部门的人文关怀。其次，应遵循平等对待志愿者与正式工作人员的

---

① 孙刚：《我国大型体育赛事志愿者管理研究》，四川大学博士学位论文，2007 年 4 月。

原则。大型赛会的开展，是由来自不同单位、不同背景的志愿者与正式工作人员共同协作完成的。因此，管理部门在处理志愿者与正式工作人员的关系时，应平等对待双方，不能偏向于任何一方。再次，应遵循信息交流畅通的原则。大型赛会的开展势必有大量的信息需要通过志愿者进行传递，包括志愿者与管理主体、志愿者与服务对象、志愿者与正式工作人员以及志愿者之间。相对于大型赛会而言，大型赛事的信息传递机制显得更为重要，其最主要的要求就是及时、快速。大型赛事，如世界杯、奥运会等，需要在赛事开展过程中快速、及时、准确地进行信息的传递，这里所指的信息包括赛况、成绩、实时更新的数据以及一些突发状况。这些数据的及时性，不仅是组委会、有关部门的需求，很大程度上更是观众、媒体等社会各界的焦点所指。因此，对于大型赛事而言数据的及时更新显得尤为重要。而大型赛会重点要求信息传递的有效性，这里所指的有效包含了多个方面，以信息传递的准确性、完整性、及时性为主。因为大型赛会中传递的信息主要包括志愿者的工作进展、工作心得、精彩故事、图片信息等，对于这些信息的传递应更加侧重于保留信息的完整性。当然这里所指的有效也包括及时针对志愿者的工作进展以及现场突发状况，只有保障信息传递的及时性才能使得相关部门做出及时的决策调整，才能从根本上提高志愿者的工作效率。

第四，应遵循构建弹性组织结构的原则。协作系统的弹性组织结构包括两个方面：一是志愿者的工作具有弹性，指的是大型赛会现场志愿者的调配应根据志愿工作的完成情况来调整相应的工作，以实时需求基准充分调动志愿者在各个部门的积极性，这就要求志愿者管理部门在志愿者培训过程中多培训一些具有综合性技能的人才。因为在大型赛会举办的过程中，难免会遇到志愿者岗位空缺的情况，此种情况下就需要充分调动这类通才使其发挥最大效用。二是结构部门设置应具有弹性。部门设置的目的是达到一定的目标，当目标达成后，部门也应做出相应调整。

（二）大型赛会志愿者现场指挥管理系统

当前，我国的大型赛会和城市的重大活动日趋频繁，对举办活动的要求也越来越高。志愿服务的现场管理已成为大型赛会管理和服务体系中的一个重要组成部分，对大型赛会的成功举办承担着举足轻重的作用。志愿者管理的对象是志愿者群体，是由独立的个体组成。对于志愿者的管理必须把个体作为对象，以人为本，对个体的行为进行管理以及正确的引导，加强人性化管理，从而使之与志愿者群体及志愿者组织的目标和行为协调一致，促进更为有序、高效、有质量的志愿者管理的形成。在管理志愿者活动的期间，应树立一种观念，即以志愿者为重心和基础的观念，同时还需要采取一定的强有力的措施，努力调动志愿者的工作热情并且尽量做到长久的保持。在进行志愿服务管理的同时，首先要满足的是志愿者的个人需求，以此来提高他们对志愿服务的热情和积极性，在此基础之上增强志愿者的服务意识，建立起志愿者与服务对象之间的良好交流，以此来实现个性化服务，满足个性化需求。

科学的组织管理体系是大型赛会现场管理系统建立的有力保障。科学的组织管理模式应当是矩阵式结构，科学的大型赛会志愿者组织管理模式应是以活动为中心，以会场管理为主、以项目职能化为辅的矩阵式的协作体系。[1] 同时，建立志愿者的指挥调度中心，为志愿者管理部门更全面地控制赛会现场以及及时有效地应对突发事件提供基础。有力的协作保障机制可保证大型赛会志愿者工作的效率，在开展志愿活动的过程中，本着"以活动为中心，以会场为基础，以原生单位为保障"的原则建立志愿者协作管理体系。[2] 以活动为中心要求在开展志愿服务过程中志愿者管理主体应明确分工；以会场为基础指的是志愿服务过程中，

---

[1]　林龙圳:《大型活动中志愿者项目管理模式研究》，北京林业大学硕士学位论文，2010 年 6 月，第 38 页。

[2]　林龙圳:《大型活动中志愿者项目管理模式研究》，北京林业大学硕士学位论文，2010 年 6 月，第 39 页。

会场的志愿者管理部门对志愿者进行配置、使用、管理与监督；而以原生单位为保障则要求志愿者的原生单位为志愿者在其开展志愿服务期间提供良好的后勤保障，以免除志愿者在工作中的后顾之忧，提高其服务效率。

国内较为成熟的案例是杭州大型活动的志愿者管理，主要采用了金字塔形和矩阵式相结合的组织机构模式。[①] 首先是金字塔形，从纵向的角度来分析，杭州市志愿服务工作组织分为多个层次，主要分志愿服务工作委员会、志愿者工作指导中心、杭州市志愿者协会、志愿服务总队、各志愿服务队。这样的金字塔形的层级制有利于高层级在需要和现场有紧急状况的情况下灵活、迅速地调动下层级的志愿者资源。另外，可以在现场进行统一调度和协调安排。这种金字塔形模式在大型活动当中可以较大地发挥其应有的作用。其次是矩阵式，从横向的角度来分析，每一次大型活动均设立专门的志愿者工作部门，工作部门一般分为以下几种：管理组、联络组、活动组、宣传组等。近几年来，因为工作的现状和工作的实际需要，又增设了培训组和后勤组。各工作部门分工下的工作组有明确的分工，各自有明确的工作职责。其中的管理组、联络组、活动组、宣传组均属于传统意义上的职能部门，起到一个支持和服务活动的作用，它们可以为项目组或活动组提供相关的管理、联络、宣传和后勤方面的服务工作。活动组负责的是服务的主体工作，运作独立，由活动的负责人承担具体的职责，并且对项目的结果负有责任。这种矩阵式的组织架构有利于任务的明确分配。由活动组来完整地承担一个活动并且组织各个部门小组来共同完成活动，这对整个志愿者群体里的每一个成员的积极性和自主性起到了促进作用。同时，这种模式也促使一个大支持系统的形成，因而成员间的合作变得有速度、有效率，使得整个活动的运作更加顺畅、管理更为高效。

---

① 李忠誉：《大型活动的志愿者管理问题研究——以杭州市为例》，上海交通大学硕士学位论文，2010年。

作为志愿服务的成功案例，G20 杭州峰会在志愿者组织管理体系的构建方面具有一定的特色和代表性。以下将结合 G20 杭州峰会志愿组织架构（见图 4-1）来具体展开志愿组织管理体系的构建。从 G20 志愿者组织架构体系中我们可以看到志愿服务的职责分工是十分明确且严谨的。首先处于最高层级的是峰会志愿服务总指挥部，在该指挥部设总指挥 4 名，由省教育厅、团省委、团市委、市教育局相关领导担任。在 G20 杭州峰会期间，总指挥部负责峰会志愿服务整体工作，研究决定峰会志愿服务工作中重要事项，安排部署各项工作任务，监督考核整体工作的进度和质量，协调与其他部门关系以及定期向卫志部通报工作进展情况等一系列工作。在总指挥部下设峰会志愿服务联络中心，联络中心作为总指挥部的综合协调单位，确保信息上传下达。联络中心内部设现场总指挥一名，由团省委副书记担任；主任一名，由团市委副书记担任；副主任三名，由省教育厅、团市委、市志愿者工作指导中心相关负责同志担任。内设综合组、保障组、宣传组、督察组。联络中心的主要职责是负责峰会志愿服务内部的管理事务、大队以上工作赛会的组织工作、与其他部门的协调联络工作、研

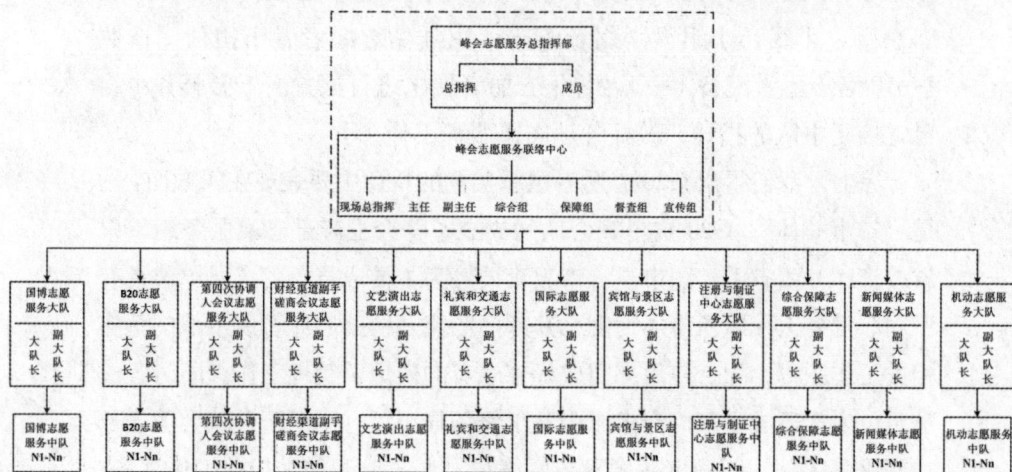

图 4-1　杭州 G20 峰会志愿者组织架构体系

究大队各项重大事务并上报总指挥部、现场指挥系统的运用与维护，以及协调各部门做好峰会志愿者的保障工作和督导落实各项工作。在联络中心下的 12 支志愿服务大队（包括国博志愿服务大队、B20 志愿服务大队、第四次协调人赛会志愿服务大队、财经渠道副手磋商赛会志愿服务大队、文艺演出志愿服务大队、礼宾和交通服务志愿服务大队、国际志愿服务大队、宾馆与景区志愿服务大队、注册与制证中心志愿服务大队、综合保障志愿服务大队、新闻媒体志愿服务大队和激动志愿服务大队）作为保障区块志愿服务大队，采用的是"1+2+X"的管理模式。各大队设大队长 1 名，由团市委机关干部担任，副大队长 2 名，由高校团干部和市志愿者工作指导中心干部（含挂职干部）担任；X 为信息员、保障员、督察员等。各大队负责大队志愿服务工作的调度协调工作、服务期间与使用部门的联络工作、信息的上传与下达工作以及督导各中队的任务落实工作。在大队下设保障区块志愿服务中队，设中队长若干，由高校教师领队担任，原则上按照 50 名志愿者配备 1 名教师领队的要求进行配置。其主要职责是负责落实大队、志愿者使用部门的各项任务，负责中队建设、志愿者各项日常事务管理以及重大事项的上报大队工作。中队下设最基层的是保障区块志愿服务小组，小组设小组长若干，由学生志愿者骨干担任，按照 7—10 名志愿者配备 1—2 名骨干志愿者要求进行配置。志愿服务小组自觉接受中队的指导，做好各项志愿服务工作。

综上，我们得出 G20 志愿者组织架构的特色主要表现在四方面：一是"省市一体"。G20 杭州峰会期间成立了峰会卫志部志愿服务组，以省教育厅、团省委、团市委、市教育局等为主要成员。各成员单位具有不同职责分工，以团市委为例，其部门职能是协助志愿者使用部门落实相关工作职责，配合使用部门做好志愿者的使用、管理工作。同时各成员单位内部还成立了峰会志愿服务工作领导小组，主动配合峰会卫志部志愿服务工作，明确责任领导与联络员，参与协调处理相关工作事务。二是馆校对接。根据各场馆、会务工作设置、岗位需求及各高校专业、人数情况，成立了 12 支志愿服务大队作为保障区块志愿服务大队。三是团学结合。为便于管理，组建"团干部 + 专职志愿者工作人员 + 高校学生辅导员"团学结合的管理保障队伍。各大队设大队长 1 名，由团市委机关干部担任，副大队长 2 名，由高校团干部和市志愿者工作指导中心干部（含挂职干部）担任，并设信息员、保障员、督察员等。四是原则性与灵活性相结合。在注重分层管理的同时，还建立扁平化响应机制，联络中心对各个大队实行平行管理，各项工作协同推进，便于各大队之间沟通协调、问题处理及经验分享。同时注重工作灵活性，配备了一定的预备服务力量。

　　基于 G20 杭州峰会志愿者管理的宏观和微观的组织架构，可以对我国大型赛会志愿者现场管理系统进行构建，包括管理的对接、职能部门的责任及志愿者的任务。部分功能区域是由该区域的负责人负责管理，志愿者部门的设立和职能的划分是与不同的功能区域相对应的。每一个功能区域都有其所在区域的至少一个职能部门负责人，在该功能区域的每一位志愿者需要听从其所在场所职能部门负责人的指挥，同时向志愿者所在的工作小组的组长报告工作。各个志愿者部门在人事部的指导下，协助各职能部门或各功能区域做好工作，安排各志愿者队伍及各个工作组的指定人员与各职能部门或各功能区域指定的工作人员，告诉他们自己的职能与任务。如此看来，管理层次和管理范围的合理划分显得尤为重要。职能方面要划分合理，职权方面要做到平衡制约，保证直线职权和参谋职权。若是无法做到，会影响组织管理的效果，甚至制约志愿者的管理。杭州大型赛会志愿者管理的两种模式是一种外部的组织管理模式，但是它们同样可以借鉴并且运用于大型赛会的现场管理之中。在大型赛会中，对于整个志愿者群体需要进行职能的划分和任务的分配，从而形成多个性质和职能不同的小组。不同的职能小组大致可以分为这几个：信息组、工作组、联络组、后勤组、反馈组。每一个职能小组都需要选出一个组长，组长就是这个组的负责人，承担责任并且对该组的成员负责。其中最重要的是每一个小组都需要有一个总的管理者，行使组织管理的职能，可以统一调配各个功能小组。如此，在大型赛会的现场可以快速并且高效地协调各小组的工作，包括时间、地点和志愿者的数量。同时，这样对于现场志愿者的管理会更为灵活，方便及时调整和修改。大型赛会中如遇突发状况，小组长需要根据判断总结情况并及时向总管理者汇报。若是总管理者也无法解决的问题，需再由总负责人及时向大型赛会的志愿者工作总部汇报，必要时再上报组织和管理此次大型赛会的部门或是相关负责人。

（三）大型赛会志愿者现场反馈系统

志愿者在大型赛会中扮演着极其重要的角色。大型赛会的志愿服务工作的顺利开展离不开有关部门、活动场馆和志愿者之间有效的信息传递和交流的过程，即信息的沟通。信息沟通在大型赛会志愿者的组织管理和现场管理中起到的是一种桥梁和纽带的作用，同时，信息的沟通也是实现赛会目标的基本和有效保障。因此，适时并且有效的信息沟通可以在很大程度上调动志愿者在现场进行服务工作的积极性和热情，这会使得志愿服务的开展更加顺利有序。

在大型赛会开展的现场进行志愿者反馈是极其重要的，主要目的有两个。一是做到双向沟通，确保管理人员向下发出的命令和指令被志愿者准确地理解和正确地执行，从而保证管理决策实施的准确性和高效性。二是在大型赛会现场，志愿者全程参与其中，可以说是最了解现场实际情况的人。在遇到突发状况或是紧急情况时，可以及时向直属管理人员或有关部门进行反馈，使得管理人员可以准确把握现场情况，快速做出反应，高效解决问题。这有利于大型赛会现场秩序的有效维护，提高现场管理人员处理事情的速度和效率。此外，这种反馈还包括向有关部门如新闻媒体部、公关部传递赛会现场的一手资讯等。

想要收集志愿者对志愿者管理的反馈，目前主要有两种方式，即正式反馈和非正式反馈。[①] 正式反馈是指在大型赛会期间定期地向志愿者征求工作意见和建议。例如，对志愿者进行定期问卷调查、定期召开会议等。目的是通过这些方法来了解志愿者近期的工作情况、心理的变化和对近期工作的建议和意见。非正式反馈是指在非正式的时间，志愿者向管理人员提出对工作的意见和建议或者是管理人员向志愿者征求意见和建议，例如个别谈话。以下就是志愿者反馈系统运行的几种主要方式。具体包括以下四方面：（1）直接反映。在赛会进行的同时，会有许多意料之外的状况突然发生，影响赛会的进程。此时就需要志愿者的及时介入，快速了解情况和反映情况，并且对紧急问题做出正确反应。（2）个别谈话。个别谈话是志愿者与管理人员之间的双向交流，也是面对面的直接沟通。这种沟通反馈方式可以避免很多不必要的麻烦，几乎不会出现理解偏差甚至错误的情况。志愿者可以主动找管理人员进行面对面的交流，提出自己在进行志愿服务时出现的问题和心中的困惑，管理人员也能够快速地了解志愿者存在的问题和心理情况，给予及时的指导和鼓励。（3）问卷调查。问卷调查是指定期向志愿者发放问卷，调查和了解志愿者对近期工作的意见和建议。问卷调查是最全面的了解情况、收集信息的反馈方法。问卷可以采取匿名形式，这促使志愿者更加真实地提出服务工作的意见和建议，有利于收集更为有价值的信息和可行的建议。（4）召开例会。让志愿者小组、部门定期召开例会，对志愿者提出的问题或管理人员发现的问题进行讨论。在赛会上，管理人员应及时回应志愿者提出的问题和建议，并且将其内容进行汇总和归档。

作为志愿服务的成功案例，G20 杭州峰会在工作动态与舆情收集制度方面是严格把关的。大队宣传员负责做好志愿服务情况收集、志愿者

[①]　刘伟：《北京公共图书馆志愿者管理长效机制构建与对策研究》，西南大学硕士学位论文，2010 年 4 月。

优秀典型挖掘、舆情信息监控以及及时做好上传下达工作。在工作动态上报制度方面，上报内容主要为每日统计信息报告、重大事项及处理情况汇报以及动态信息报告。具体而言，每日统计信息报告包括志愿者到岗情况、工作进展情况、服务过程中存在的问题和反映的情况，重大事项及处理情况汇报包括上报大队、上报时间、负责人、发生地点、事项简述、拟办意见、领导批示、处理结果，而动态信息报告则包括工作进展情况简述、志愿服务感人事迹、领导慰问情况、志愿者工作心得以及志愿服务花絮等。此外舆情的收集也占了信息反馈的较大比重，收集的内容包括志愿者对后勤保障、服务岗位和工作安排的意见和建议、志愿者对突发事件的言论、不合时宜的志愿者言论，其中重点监测的关键词有"志愿者""无岗状态""疲劳""突发事件""差别对待"等。针对相应的舆情，大队对重大、敏感舆情的发展态势进行预测、分析，并及时提出舆情处置的意见建议。如出现重大舆情突发事件，大队应第一时间上报总队，在总队的指挥下开展相应处置工作。此外，G20 杭州峰会严密的赛会制度也构成了其反馈机制中的重要组成部分。该赛会制度包括两部分内容：中队例会和志愿者管理团队例会。中队例会原则上每天两次，第一次为上岗前，召开当天工作布置会及开展岗前培训；第二次为志愿者离岗后的总结会。赛会内容主要包括告知队员工作内容、时间安排及相关注意事项，做好工作动员，总结工作中的经验和做法，讨论研究工作中存在的问题以便及时提出建议和对策。中队长于每天志愿服务结束后，填写每日情况汇报表报大队长。志愿管理团例会原则上每天一次，由大队长召集，中队长参加。各中队一次总结汇报当日工作，讨论研究工作中所遇到的困难和问题。相关问题，由大队向志愿者使用部门做出反馈，并向大队进行汇报。

（四）大型赛会志愿者现场监督系统

监督定义为察看并加以管理，即对现场或某一特定环节、过程进行监视、督促和管理，使其结果能达到预定的目标。^① 监督系统是指由不同类型、不同方式、不同内容及不同效力的监督所构成的相对独立的有机统一的监督体系。引用到大型赛会志愿者中，即为确保大型赛会的顺利开展，对志愿者工作的现场监视管理的各个相互联系部门的整体。在众多对监督系统的研究中，评估系统常常作为其内涵被提及。评估是指通过对特定的人或事做出主观判断的过程，是人力资源的重要环节，对志愿者的评估贯彻大型赛会会前、会中和会后。这里所指的大型赛会志愿者评估体系即为大型赛会中，志愿者管理主体对志愿者现场活动做出的主观判断。从某种程度上说，评估是监督的一个环节，是监督的继续，对于保持志愿者志愿服务的积极性具有重要价值。

监督系统的建立是大型赛会有序开展的有力保证，对大型赛会志愿者现场指挥调度起到了重要保障作用。目前，较多学者将监督系统直接归类到管理系统中，研究内容倾向于贯穿整个活动或者项目的监督系统建构，包括事前、事中和事后。由于本文所做的是大型赛会志愿者现场指挥调度的研究，侧重于"现场"，即事中。虽然只是监督系统中的一部分，但是从上述监督系统的概述中我们不难发现大型赛会志愿者的现场监督系统在整个大型赛会的开展中扮演着十分重要的角色，起到了强大的保障作用。其保障效力作用于三个方面：志愿者本身、志愿者工作进程和社会影响。对于志愿者本身而言，监督系统的建立对志愿者队伍整体素质的提高起到了推动作用。监督的实质就是发现和解决问题，管理主体通过监督、评价将志愿者工作过程中出现的问题加以反映，以此为依据，对问题进行进一步的总结分析并提出相应的解决措施，进而提升大型赛会志愿者队伍的整体素质。监督评估对志愿者激励、素质开发以及与其他

---

① 监督定义，见 http://baike.sogou.com/v64462031.htm?fromTitle=% E7% 9B% 91% E7% 9D% A3。

人员的沟通起到了促进作用，具体表现为通过绩效评估所呈现的结果可以较充分地了解志愿者在工作过程中的不足，如岗位知识与素质的欠缺问题等，针对这些问题对志愿者开展培训可以提高志愿者的服务绩效水平，进而开发志愿者的服务工作素质。此外，通过持续的评估可以获得每个志愿者的评估资料，并据此对每个志愿者开展有效的指导。① 大型赛会志愿者现场监督系统对志愿者工作进程的作用一方面表现在通过评估机制加强对志愿者的管理，保证志愿工作有序开展；另一方面可以基于评估所反馈的信息完善后续的志愿管理工作计划。事实上，大型赛会志愿者的监督评估过程是这样的：评估—反馈—改进—再评估，通过这种良性循环不断完善与规范志愿者工作。就其广泛的社会意义而言，监督系统的建立可以通过不断的总结，为今后的大型活动志愿者管理提供宝贵的经验。此外，对于社会公众来说，高效的监督机制有利于促进社会大众对志愿工作的进一步了解，这里所指的社会大众包括普通大众、国内外新闻媒体等。志愿者管理主体根据评估结果向社会大众及时发布志愿者工作的实时动态，包括正面和负面的报道。同其他类型活动相比，大型赛会志愿者因活动涉及范围较广，事件较为重大而存在特殊性，因此社会各界对志愿者的正、负面报道较为关注，尤其是负面报道，易引起社会各界较为强烈的反应，所以建立完善的监督机制对于形成良好的公众印象具有明显的正向效应。

那么，如何建立完善的监督系统，使之在大型赛会现场指挥调度中扮演重要角色？依据现有研究，发现在众多的监督系统运用中，企业中的运用发展较为成熟，因此借鉴企业中监督系统的建立来构建大型赛会志愿者现场指挥调度中的监督系统。激烈的市场竞争使得企业的执行力对企业的发展起到了关键性作用，而科学系统的监督管理体系是企业执行力的基本保障，因此，企业要建立健全监督

———————
① 王景英：《教育评价理论与实践》，东北师范大学出版社 2002 年版，第 54—55 页。

系统，提升企业执行力。同理，大型赛会志愿者队伍可被视为一个管理对象，监督系统的建立亦可参照企业的建立方式。以下，将通过简述企业的监督系统来类比构建大型赛会志愿者现场指挥调度中的监督系统。

第一，建立健全志愿者督察制度。

督察制度建立的目的在于跟踪监督督察的对象，实时掌握督察对象的动态，使各部门明确工作职责，进而增强工作人员对相应规章的执行效力。在大型赛会中，志愿者管理主体可根据志愿者的人员数量及志愿团队的结构特征来设立适宜的督察部门。具体来说，对于普通会场志愿者的监督，可以由各职能部门主管在本部门内设置相应的志愿者监督队伍，这一队伍可由部门主管指定正式工作人员或志愿者来组成，亦可由志愿者内部自发组织形成监督分队，监督本部门志愿者在服务过程中的工作状况。研究中发现在有的大型赛会中，监督主体与对象的设立是在部门之间相互交错的，即不同部门之间分别设立监督分队来进行相互监督。相比较而言，这种运作方式给予志愿者一定的权利，能在一定程度上提高志愿者的工作激情，但也存在一定的局限性，由于部分志愿工作的专业性较高，当监督内容涉及专业领域时，其他志愿者的监督工作较难展开。同时志愿者自身的监督效率较低，监管力度不够，使得监督系统运作不力。因此，认为大型赛会志愿者现场监督系统应通过纵向的监督结构来实行，即在部门内部设立专门的监管部门来开展监督工作，同时成立专门的志愿者现场检察组对整个志愿者团队的现场管理建设、体系的执行力监督和评估等方面负责。考勤工作是监督体系中不可或缺的一部分，G20杭州峰会的志愿者考勤体系就是在纵向的结构基础上建立起来的。志愿者的签到管理流程如图4-2所示。

```
┌──────────────────────────┐
│      中队带领志愿者       │
│     于志愿者之家          │
│   进行签到，签退工作      │
└──────────────────────────┘
```

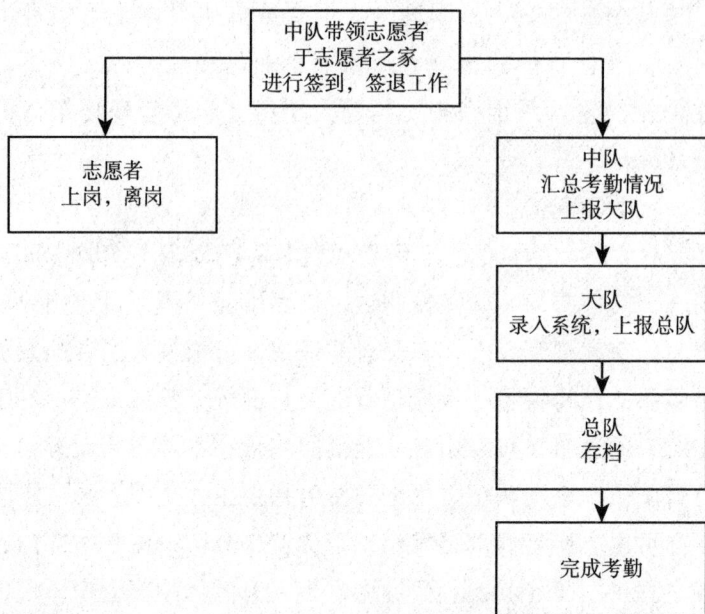

图 4-2　志愿者签到管理流程[①]

　　志愿者每天进行集中签到，工作完成、签退后方可离岗。各中队汇总志愿者考勤情况后及时报送场馆志愿服务大队，由场馆志愿服务大队将下属各中队的志愿者考勤情况录入系统并上报峰会志愿服务总队（联络指挥部），总队将其存档。

　　第二，实施无为问责制度和过错追究制度。

　　"无为行为"指的是不履行或未按规定按时、有效完成任务或因主观不努力、能力达不到工作要求导致工作延迟、效率低下以及质量不高的情况。在大型赛会中，由于种种原因，志愿者难免会出现参与积极性不高、工作态度消极、行为超出工作范围或不符合志愿服务规范等无为行为，此时就要求监管部门及时采取必要的措施，这就是所谓的无为问责制度。实际操作中，可按志愿者无为行为的程度及该无为行为对整个

––––––––––––––––––

① G20 杭州峰会系列文件之《国际峰会志愿服务工作实施方案》，2016 年。

赛会活动开展的影响度来分级划分问责制度。过错追究制度的关键在于建立层层递进的责任追究制，对不同岗位和不同层级的志愿者做出相应的责罚机制，让犯错的志愿者为他们的行为负责。从轻，如取消评奖资格、诫勉谈话或口头警告等；如果情况严重，可要求相关志愿者做书面检讨、劝其引咎辞职等。通过建立严格的无为问责制度和过错追究制度，对志愿者建立起明确的职责规范，并以惩戒的形式警示志愿者以提高他们的工作效率。

第三，加强评估体制建设。

评估是志愿者项目管理的重要组成部分，表现在它可为志愿者管理主体和会议管理者提供志愿活动的基本内容和重要相关结果，这种及时的反馈对志愿活动过程中出现的问题的改正起到了关键性作用。评估体系中包含了较多不同的系统，其中大型赛会现场指挥调度主要包括两方面——志愿者项目评估和志愿者管理绩效评估。项目评估主要包括目标评估、过程评估、结果评估等，由于志愿者项目的特殊性，这些评估的结果难以用准确的数据进行量化，只能采用描述性评估，评估的内容主要在于对大型赛会的价值和志愿者的影响方面。而大型赛会志愿者管理绩效评估指的是对大型赛会中志愿者工作表现的评估过程，具体来讲，就是与志愿者有关的，如其在工作过程中的表现及对结果等信息的收集、分析、评价和传递过程。

在以往的研究中，评价指标的选择有不同的角度，第一种是绩效评估，分为主观法和客观法。客观评估考核绩效是指员工经过考评的过程和结果。客观法所用的指标是可以度量的，可以用明确的数据来测量得出结果。需要说明的是，客观法注重的是结果而非过程。这种可量化的机制，可以增加志愿者管理主体的便利性，同时可以使数据更有说服力。相对于客观法，主观法更多是一种定性的考评方法，它通过分析员工创造绩效所必需的各种重要工作行为，从不同的角度进行考评。在大型赛会中，志愿者的许多工作都难以用客观的方法来度量。事实上，对于两种方法的使用，并不是绝对的，它们自身都存在着局限性。将两者优势互补相互结合，对建立完善的评价指标体系具有重要的价值。本文认为大型赛会志愿者的监督评估体系应该以主观评估为主，通过描述性的结果展示来达到监督评估的目的。同时，针对部分可以实实在在度量的工作可以采用客观法。在实践中客观法表现为对志愿服务建立"小时机制"来评估志愿者活动，即将志愿者的服务具体落实到他们的志愿服务工作时间上，通过签到、打卡等形式来对志愿者的出勤率进行考评。主观方面，可以结合第二种方法，即因素分解法。其基本原理是将评估的对象通过一层层地逐步分解为可度量的指标体系。其操作如下：首先对评估对象即志愿者的工作绩效进行分解，分解出其结构要素，将其化为具体的指标，形成一级指标；其次根据指标内涵继续分解一级指标，形成具有纵向联系的二级指标，同样也将其转化为具体的指标，通过这样层层的分解最终形成具体的、可量化的指标。具体评估系统架构如下：

如图4-3所示，整体的志愿者工作绩效分为三个方面，成果绩效、工作态度绩效以及能力绩效，分别将这三方面的绩效设立为不同的指标，构成一级指标。成果指标在企业中又称为业绩指标，旨在测量志愿

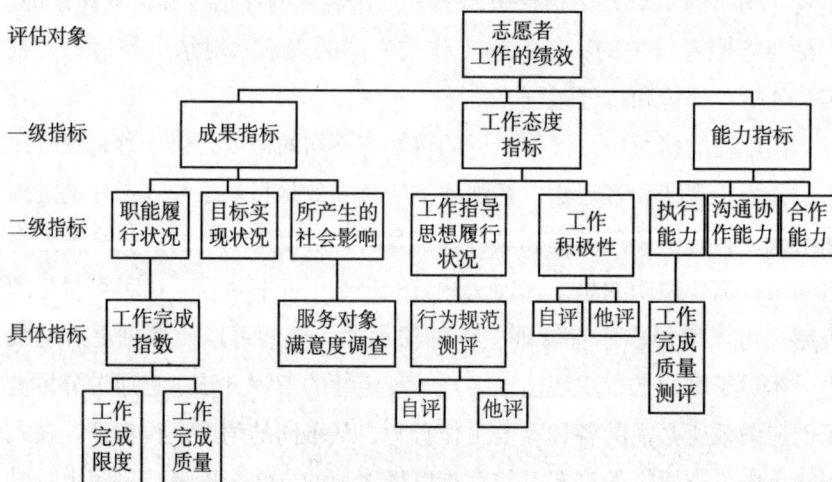

图4-3 志愿者工作绩效指标设定

者履行职能的效力、志愿活动产生的结果包括社会影响。职能的履行状况这一宏观的指标可以用工作完成指数来测量，具体来说，指数测量包括两个方面，即数量与质量，分别用工作完成限度与工作完成质量进行结果表示。相对来说，工作完成质量这一指标也较为主观，可以采用自评与他评的形式来测量。从图4-3中，我们不难发现，在评估系统中多处用到自评与他评，这里的他评包括其他志愿者、同部门工作人员以及职能部门主管人员的评估。这一评估方式的好处在于可以结合志愿者与他人多方面的视角，增强评估结果的客观性。此外，对志愿服务所产生的社会影响，可以进行一定范围的服务对象满意度调查，通过调查结果来测定其社会效力。在工作态度指标下设工作指导思想履行状况与工作积极性测评，其中工作指导思想主要指的是志愿者在工作过程中是否遵循相应的行为规范。

（五）大型赛会志愿者现场突发事件应急响应系统

突发事件应急现场指挥系统是指应对突发事件所采取的集指挥、控制、协调与整合各应急部门于一体的现场调度方式，其目的在于更有效地处理突发事件。[①]大型赛会进程中，虽有上述志愿者反馈、监督和管理的指挥调度协作机制和安保系统加以保障，但难免会发生一些突发事件。突发事件对应急管理者的应对能力提出了较高的要求。在很多活动中，由于突发事件应急指挥调度部门在发生之前没有做好充分的应对措施方案，应对过程中缺乏系统的应急指挥模式，致使突发事件应急处理工作不能有效开展，进而对活动的开展产生了重大影响。目前，在社会突发事件处理层面的应急预案有了一定的发展，初步形成了突发事件应急处理指挥机制并在生活中得以运用。在大型赛会突发事件应急处理方面，学术界对此研究甚少，相关部分也尚未建立起完善的应急指挥系

---

① 马奔、王郅强：《突发事件应急现场指挥系统研究》，《山东社会科学》2011年第5期。

统，相对而言，在这一方面做得较好的是 G20 杭州峰会，峰会期间具有特色的分级联动方案为突发事件志愿者现场应急指挥系统的构建提供了良好的指导思想和模板。大型赛会志愿者现场指挥系统应充分考虑突发事件的应急处理机制，在突发事件发生时，快速、有效应对，最大限度地减少其带来的人员和财产损失，将负面影响降到最低，保障赛会的有序开展。目前大型活动针对突发事件应急指挥系统急需解决和完善的问题是建立一个系统化、规范化的突发事件现场应急指挥机制。[①] 这不仅对大型活动的有序开展有意义，从更高的层次来说，同时也对国家政府突发事件应急处理能力的提高和社会安全水平提升有强大的现实意义。下文将基于复杂系统理论的视角，结合 G20 杭州峰会志愿服务分级联动方案来构建大型赛会志愿者现场突发事件应急响应系统。

所谓大型赛会志愿者突发事件，在我国，根据 2007 年 11 月 1 日起施行的《中华人民共和国突发事件应对法》的规定，突发事件是指突然发生，造成或者可能造成严重社会危害，需要采取应急处置措施予以应对的自然灾害、事故灾难、公共卫生事件和社会安全事件。[②] 大型赛会突发事件即指大型赛会中所发生的突发事件。

所谓应急指挥系统是随着我国应急预案框架体系 2006 年 1 月 8 日国务院发布的《国家突发公共事件总体应急预案》（以下简称《预案》）出台初步形成的。《预案》指出，应急指挥系统是指政府及其他公共机构在突发事件的事前预防、事发应对、事中处置和善后管理过程中建立的必要的应对机制系统。[③] 在这一过程中，政府及其他公共机构通过建立必要的应对系统，保障社会成员生命财产安全，进而保证相关活动的有序开展。

其一，大型赛会志愿者现场突发事件应急指挥的原则。

---

① 陆金华：《城市突发事件现场应急指挥通用模式研究》，首都经济贸易大学硕士学位论文，2009 年 3 月，第 1 页。

② http：//baike.sogou.com/v64554947.htm?fromTitle= 突发事件。

③ http：//baike.so.com/doc/6916461-7138335.html。

　　志愿者作为大型赛会开展的重要组成部分，在突发事件的应急处理过程中扮演着十分重要的角色。因此，及时、有效地应对大型赛会突发事件对志愿者活动提出了原则要求，志愿者只有在遵守原则的前提下，才能做好突发事件应急过程中的志愿工作，促进赛会的有序进行。第一是以人为本。以人为本，这一原则要求志愿者在任何情况下都要确保自己与他人的生命安全，在大型赛会中主要指的是参会人员和工作人员。在突发事件发生时，切忌慌乱，志愿者应听从上级指挥，将现场人员有序疏散到安全地带。需要注意的是，志愿者虽进行的是无偿志愿活动，但是应在保证自己生命安全的前提下开展工作，因为只有保证自己的生命安全才能做好应急响应工作。以人为本的原则同时也对应急管理部门做出了要求，它要求在制订与选择应急方案时应充分考虑到人身安全问题，在保证人身安全的前提下实施应急救援。第二是快速响应。指突发事件一旦发生，志愿者必须在极短的时间做出应急反应，在造成严重的后果之前及时做好疏散和救援工作。实践证明，在早期对突发事件进行控制，能够很大程度上减轻它所带来的危害，特别是在人身安全方面。同时，如果在敏感期没有做好妥善的处理工作，事件很可能会扩散和激变。因此，对于突发事件，以预防为主，应急做到坚决果断，同时做好在场人员的思想工作，以防激变，坚持正面的舆论导向，协助稳定他们的心情。具有借鉴意义的是在欧美很多国家和日本，志愿者团队被建立起来作为快速响应的核心力量。第三是统一指挥，资源共享。统一的指挥才能充分协调不同应急救援单位志愿者的活动，使各类志愿者在发挥自身作用的同时做到相互配合，提升整体功能。资源共享要求在应急响应过程中各部门互联、互通和互助，加快突发事件应急管理决策速度，提高应急效率。建立扁平化的应急管理体系，强化各应急单位的自主应急能力，将应急系统决策权力下放到各直系部门，对提高应急效率起着重要作用。

　　其二，事故指挥体系组织结构框架下的大型赛会突发事件志愿者指挥组织系统架构。

突发事件的突发性和难预见性要求相关部门在事件发生之前充分考虑各种不利因素，做好全面预防工作，建立完善的应急指挥救援系统。现阶段较为完善的突发事件应急指挥系统是美国建立的事故指挥体系（Incident Command System, ICS）。目前，ICS 已被美国认证可有效地用于 12 种类型的灾害，涉及多区域或多权责单位的事件和紧急事故处理。ICS 已然成为美国国家政府机构间的事故处理系统的重要部分。[①]虽然中美两国在事故处理机制上有所不同，但不可否认的是，这套相对完善的事故处理系统对我国突发事件的应急指挥系统架构具有强大的借鉴意义。

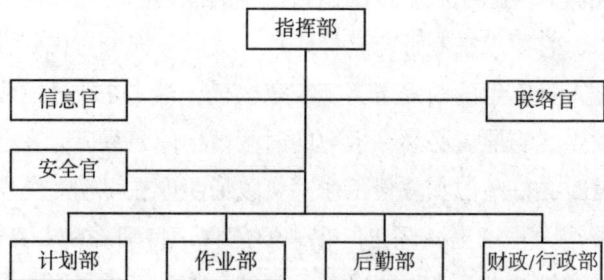

图 4-4　事故指挥体系基本组织结构图

美国目前所采取的 ICS 系统，其基本组织及作业编组中包括指挥幕僚和一般幕僚。[②] 相对来说，小型事故中指挥幕僚和一般幕僚可能由同一个人担任，而在大型事故中，由于事故涉及的因素较多，所以需要指挥幕僚与一般幕僚协同合作。图 4-4 即为 ICS 基本组织结构图，其中指挥幕僚包括信息官、安全官和联络官，而一般幕僚指的就是图中的基层人员，包括计划部、作业部、后勤部和财政 / 行政部。

指挥部的控制工作由救灾指挥官全权负责；信息官负责信息发布事项及媒体公关；安全官负责监督现场的救援活动及监控事态的危险程

---

① 郑双忠：《美国事故指挥体系（一）》，《国际》2006 年第 58 期，第 55 页。
② 郑双忠：《美国事故指挥体系（一）》，《国际》2006 年第 58 期，第 56 页。

度，负责组织防护工作以保证救援工作者的安全；计划部的主要职责是收集、评估事件的发展和利用可用资源以协调主导计划部门的运作，此外计划部还负责紧急计划的制订；作业部顾名思义就是执行作业，其首要任务是协调各部门、各应急单位的工作，执行事故紧急方案拟订的应变行动；后勤部则是为各部门在应急响应过程中为各部门提供所需资源和服务，包括服务组合支援组，分别设立了通信部门、医疗部门和食品部门以及供应、设施、交通支援等部门，以保障应急响应的有序开展。

　　虽然 ICS 的组织结构框架是在美国突发事故应急处理基础上建立起来的，但不论从其组织框架还是其结构特征，对我国的突发事件现场应急指挥都具有指导意义和实践价值。ICS 系统中，首先最突出的特点是组织系统层级化，即在突发事件发生时，由先到达的指挥官自上而下任命、组织各部门，如作业部等。代表应急管理主体决策的指挥官需要及时到达现场对不同应急响应部门进行指挥控制。与 ICS 不同的是，在大型赛会突发事件应急响应中，各级应急救援部门需要在会前明确责任。这需要应急响应主体在会前将权力下放到各职能部门，使各部门在应急响应过程中能够各司其职，保证响应效能最大化。此外，在上述的 ICS 系统框架中，各部门在一定程度上都需要志愿者的协助，大型赛会现场志愿者应急响应亦是如此。应急救援过程中，志愿者应以培训时所习得的原则为基础，根据现场突发事件的实际情况，服从现场应急指挥调度人员的安排，灵活地开展救援活动。与 ICS 组织系统类似，志愿者可依据不同的职能分为协助者、信息传递者、执行者、后勤服务者等。协助者，顾名思义，主要任务是协调与帮助相关部门之间的应变行动，使之更有效地开展，因其价值通用性，协助者贯穿于各应急响应部门；信息传递者负责信息的传递包括现场的状况及相关信息的传递，及时准确的信息传递对有效的应急响应起到了关键性作用，只有掌握关于现场应急响应的一手信息，指挥管理主体才能有效决策并执行应急方案，信息传递者主要服务于信息官、联络官以及安全官；执行者则是开展相关权利主体的行动计划，在大型赛会突发事件应急指挥现场，志愿者应服从上级指挥，在此基础上，通过对现场状况的判断有变通地执行行动计划；后勤服务者是应急响应行动展开的重要支柱，应急响应中，各紧急救援部门需要多方面的物资、服务等，此时，后勤服务者起到了保障应急救援有效开展的作用。

其三，2016 年 G20 杭州峰会志愿服务分级联动方案。

G20 杭州峰会志愿服务分级联动方案的特殊性之一表现在该应急方案是根据事件的严重性、可控性、所需动用的资源以及影响范围等因素，分级设定和启动相应预案，设三级响应机制。其中，1 级情况是紧急情况，涉及生命财产安全问题、影响志愿服务部门正常运作、有损志愿者整体形象以及跨场馆和团队需解决的问题。2 级情况是一般情况，涉及在场馆内与其他部门协调的情况及场馆志愿服务大队能解决等事项。3 级情况是日常情况，涉及日常志愿服务工作及场馆志愿服务中队能解决的事项。

在该方案中，突发事件应急处理的原则有三点。一是预防为主，强化监督。这一原则突出舆情监控，由各场馆志愿服务大队督察部门工作人员担任信息员，填写《每日情况汇报表》提交至联络指挥中心，坚持信息上报和反馈制度。定期进行督察指导，及时发现问题以有效防止突发事件发生。二是条块结合，属地管理。1 级事件由联络指挥中心进行应急统一指挥和协调，2 级事件由各场馆志愿服务大队进行应急统一指挥和协调，3 级事件原则上由各场馆志愿服务中队管理协调，内部解决。三是统一领导，分级负责。在联络指挥中心统一指挥下，建立各场馆志愿服务大队相应应急工作小组，开展前期应急培训、中期应急处理、后期情况跟进等工作。根据突发事件的严重性、可控性、所需动用的资源以及影响范围等因素，分级设定和启动相应预案。各活动及保障团队应形成汇报体系，落实岗位职责，明确责任人及其指挥权限。图4-5 分别为不同级别事件应急响应的流程：

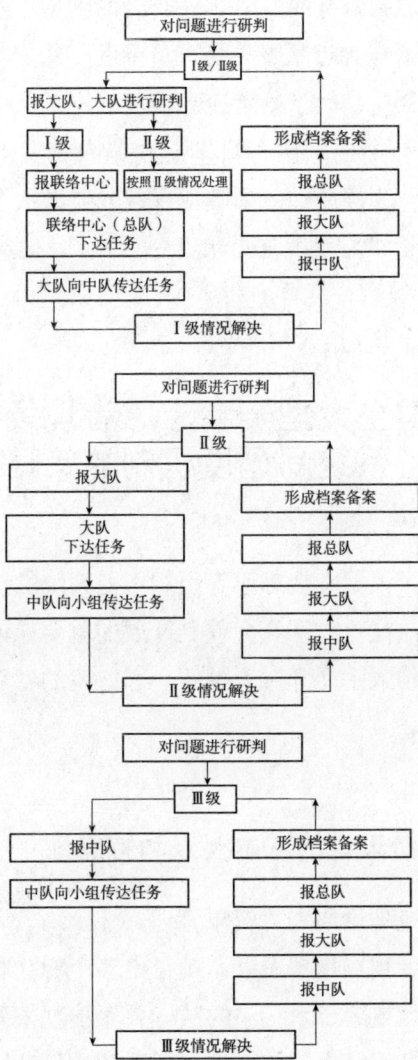

图 4-5　分级联动应急响应流程[①]

　　除了设立完善的分级应急响应流程外，有关部门还提前进行了预案制作以及案例分析，通过详细地描述应急预案和预防措施来实现其预防

_____

① G20 杭州峰会系列文件之《国际峰会志愿服务工作实施方案》。

为主、强化监督的原则目标。此外，还具有高度借鉴价值的是此次 G20 杭州峰会专门设立了峰会志愿服务组人员调度应急响应程序、医疗外事突发事件应急响应程序、舆情处置应急响应程序以及境外媒体负面报道应急响应程序。每一个程序作为 G20 杭州峰会突发事件志愿者应急响应系统中的一部分，为峰会的应急响应以及开展做出了系统的规划，进而保障 G20 杭州峰会的顺利有序开展。

三、健全大型赛会志愿者现场指挥
各系统间调度机制的策略

以上本书分析了大型赛会志愿者组织中各系统的建构，充分协调各系统使其发挥最大效能是大型赛会顺利开展的重要保证，以下本书将从复杂系统理论的视角入手展开对大型赛会志愿者的各系统之间的调度机制健全。

(一) 复杂系统理论的基本要点和特点

其一，复杂系统理论与人力资源管理。

大型赛会志愿者现场指挥调度系统是由多个相互联系的子系统构成的，任何一个子系统或者子系统中的某一要素出现偏差都会影响整个系统的运行，这与复杂系统理论的关注点即系统的复杂性和非线性关系相契合。同时以上本书多次提到"以人为本"的基本原则，在此处该原则同样适用。大型赛会志愿者现场指挥调度系统重点在于对志愿者的调度，因此对志愿者的人力资源管理是第一要义。大型赛会志愿者现场指挥调度系统具有高度的复杂性和综合性，对相配套的人力资源管理系统的要求较高。在调度过程中，只有保证志愿者得到合理的使用和科学的管理才能使得系统发挥最大效用。综上，大型赛会志愿者现场指挥调度各系统间的协调应以复杂系统理论为基础，以人力资源管理为重点来进行构建。

其二，以人力资源管理为重点的大型赛会志愿者现场指挥调度系统的特点。

（1）层级性。如上所述大型赛会志愿者现场指挥调度系统是由包括协作系统、管理系统、监督系统、反馈系统和突发事件应急系统在内的多个子系统构成的。这里的层级性主要指子系统内部人力资源管理的分层，同时也包括整个调度系统中志愿者管理的分级。通过对系统和子系统进行层级划分能够清晰地展现系统内部人力资源的结构，这种划分不仅明确了志愿者的工作职责，而且在一定程度上起到监督的作用，有效地提高了志愿者的工作效率。同时对管理者而言这种划分有利于充分了解系统内部的人力资源状况并使其快速有效决策。此外，清晰的分层结构能够有针对性地解决系统中出现的部分失范现象，高效应对突发事件。通过分层模型化方法将大型赛会志愿者现场指挥调度系统分为三个层次：战略、战术、行动。[①]战略层的功能是制定系统运作的基本路线、方针和政策，该层主要由系统内高层管理者构成；战术层由系统相关负责人主管，旨在制订具体的行动计划、应急措施和资源调度；而行动层中的大部分就是志愿者团体，他们负责行动计划的开展工作。需要注意的是，这三个层次并非要求全部参与，不同的系统以及同一系统的不同时间需要根据具体的状况来选择合适的方案。例如在突发事件应急处理系统中，现场的应急响应只需要用到战术层和行动层。

（2）非线性。在大型赛会志愿者现场指挥调度系统这个错综复杂的大系统中，各子系统间相互独立，而各层级间又是相互联系、相互影响。同时，多个子系统和多层级的存在使得系统的影响因素也随之

---

① 窦良坦、贾传亮：《应急处置人力资源调度系统构建与对策研究——基于复杂系统理论视角》，《中国人力资源开发》2012 年第 12 期。

增加。

（3）动态性。系统运行过程中，系统内部各子系统间以及系统与外部环境相互作用，系统内各子系统在相互作用的过程中不断适应与调整，使整个系统在发展的过程中达到最优化状态，这就是系统运行表现出来的动态性。由于大型赛会志愿者现场指挥调度系统涉及范围广、影响力大，所以外界环境的刺激相较于其他大型活动会更多，在这种条件下，该系统的动态性表现得较为明显。只有通过不断地与外界环境接触，通过相互作用调整系统内部使其适应内外部的环境，才能使系统达到预先设定的目标，发挥其功能。

（二）大型赛会志愿者现场指挥调度系统的建构策略

第一，"以人为本"的理念及其策略构建。

"以人为本"是大型赛会开展的核心理念，它所体现的人文思想是大型赛会开展追求文明向善的表现。我国的大型赛会要体现具有中国特色的志愿服务，体现"以人为本"的切实追求，就需要通过志愿者做实践文明的先锋。大型赛会志愿者在开展服务时应以人文思想为指导，体现"以人为本"的基本内涵，以此来为大型赛会的开展提供有价值的服务。[1]

"以人为本"的基本原则应贯穿各机制并将其紧密联系在一起。具体而言，在大型赛会现场，通过志愿者管理部门对志愿者的各个方面的管理将不同岗位的志愿者、志愿者与正式工作人员以及志愿者与管理部门通过工作间的交流与互动联系在一起，构成了协作机制。通过协作机制将各部门紧密联系在一起，并且针对大型赛会中的突发事件，协作机制起到了关键性作用。通过协作机制将各部门联系在一起，将各资源充

---

[1] 郑小九：《人文奥运理念与奥运志愿精神》，《西安体育学院学报》2007年第4期，第36页。

分调动使其形成的合力大于分力的总和。在大型赛会开展期间，通过志愿者的现场状况反馈使得志愿者管理主体对实时状况进行及时的了解并做出有效的决策，同时根据状况所反映的问题对志愿者进行一定程度的监督以及针对不足之处对志愿者工作的指导，这一连续的良性循环同时又构成了志愿者的管理体系，使得志愿活动开展达到最佳效果。

第二，"明确分工，相互配合"的目标及其策略构建。

"明确分工，相互配合"的理论实质就是分工协作。在大型赛会进行的整个过程中，志愿者在现场的具体职责需要正确并且恰当地分配，使得志愿者分为多个能够发挥不同功能的部门，而各部门的人员之间既要明确各自不同的分工，又要互相合作、互相配合，在遇到突发状况时，可以互相支持与帮助。

"明确分工，相互配合"的目标应贯彻在大型赛会现场指挥调度的各个方面。整个志愿者群体需要进行职能的划分和任务的分配，从而形成多个性质和职能不同的小组。职能小组大致可以分为后勤组、作业组、联络组、信息组等。每个组设立相应的职能部门主管，便于大型赛会现场情况的汇总和汇报。同时，这样对于现场志愿者的管理会更为灵活，方便及时调整和修改。

在大型赛会现场，通过志愿者管理部门对志愿者的各个方面的管理将不同岗位的志愿者、志愿者与管理部门通过工作间的交流与互动联系在一起。如此一来，"明确分工，相互配合"也就构成了一种协作机制。通过协作机制将各部门紧密联系在一起，尤其针对大型赛会中的突发事件，协作机制起到了关键性作用，通过协作机制将各部门联系在一起，使得各资源充分调动而形成的合力大于志愿者单独分力的总和。

在赛会现场，各工作领域和职能之间定会出现交叉联系，这就需要志愿者互相配合、互相帮助，来共同合作完成同一件事情，有利于赛会的顺利进行。若在大型赛会现场遇到突发状况，志愿者需要及时介入了解情况，不同功能的志愿者要了解各自职能内的有效信息并且汇总给该组负责人，然后不同职责的负责人再共同协商解决方案，做到及时、快速和高效地解决问题。这体现出一种志愿者之间的相互配合与协作精神。

第三，"充足准备与动态调整相结合"的原则及其策略构建。

大型赛会的志愿者管理是处于不断的发展变化之中的，尤其是大型赛事开展的过程中，赛事流程复杂多样的性质决定了其志愿者指挥调度系统在建立过程中必须做好充分准备和计划。不同的阶段性目标导致志愿者的工作内容不同，使得志愿者的具体工作内容也在不断地变化。因此大型活动志愿者的管理应该按照"充足准备与动态调整相结合"的原则进行实际的工作开展。在大型赛会的整个进行过程中，对志愿者的管理必须按照详尽的计划。这里所说的详尽包括应考虑到影响赛会举办的各种因素，包括有利条件和风险。例如，对于大型赛会来说，志愿者队伍良好的素质和广泛的社会认同有利于会议的进行，而安全问题和负面的舆论导向是潜在的主要风险。"充足准备与动态调整相结合"的原则要求战术层充分利用有利条件，尽量排除危险性因素，规避风险。同时还要有具体而细致的工作规章制度，以此来确保志愿者管理的有序性和高效性。在此基础之上，若志愿者在进行实际的工作过程中遇到问题和特殊情况，再根据大型赛会的实际情况进行合理的调整。

在大型赛会的实际进行过程中，动态调整可以分为两大块，即志愿者岗位配置弹性化和大型赛会志愿者工作运作过程的调整。对于大型赛会志愿者的岗位安排，要适当地留有一定的弹性空间，可以进行一定程度的调整。志愿者在赛会中进行志愿服务时，对于计划的执行要严密，还需要具有良好的应变能力，要做到灵活，懂得变通，将赛会现场不可控因素带来的损失降到最小限度。

大型赛会的开展一定存在波动性，任何微小或偶然的因素都可能影响到赛会的进行。因此，必须对志愿者进行分类培训，储备一个充足的志愿者数据库，进而可以及时和快速地对志愿者的管理做出动态调整和及时的回应。

综上所述，管理层级即人员必须及时、有效地把握大型赛会内外环境相关因素的动态变化和志愿者的动态变化。凭借所得到的有效信息，来调整管理系统中的关键环节，及时调整志愿者的工作内容及时间，从而最大化地实现志愿者的能力，发挥其功能。

第四，"应急联动系统与非应急联动"的模式及其策略构建。

大型赛会的开展进程中难免会遇到一些突发事件，上述本文针对大型赛会突发事件应急响应机制展开了具体的讨论，在这里不多做说明。应急联动系统与非应急联动系统协作是针对大型赛会开展整体而言的需求，只有在保证两者之间充分协作时，才能对大型赛会突发事件的潜在可能进行预防以及对事件的发生做到有效应对。

"应急联动系统"指的是在大型赛会中，通过统一的形式将现场出现的问题与状况加以反映，相应的应急响应部门通过连接整合多方救援力量及资源进行应急响应救援活动开展，形成多层次、多单位的统一指挥，联合行动的应急指挥响应系统。应急单位主要包括公安部、消防部、救援部等单位。而"非应急联动"是指将应急联动系统中的"统一指挥、分工协调、联合行动"的指挥理念运用到非应急联动系统中，使各非应急联动部门在应对非应急事件时以之为依据有效开展应对措施。具体而言就是各志愿者管理部门之间通过联合办公、共同介入、统一应对的模式，以信息资源共享、监督反馈等方式开展的，旨在实现非应急响应以及高效解决非应急事件的沟通、协作与配合。[①]

在实际工作中，对于具有潜在风险的非突发事件，志愿者自身或将其反馈给主管部门，通过及时应对与处理将其所带来的危害控制在最小范围。在应急联动与非应急联动协作的基础上，通过资源整合以及统一的指挥建立相应的工作流程，能够有效地提高突发事件应急处理的效率。第一个接触突发事件的工作人员或志愿者立刻将情况反馈给相应的部门，通过该部门向其他有关部门发起联合救援，展开全方面的应急响

---

① 杨以仁：《城市应急与非应急一体化联动系统解决方案》，《中国信息界》2006 年第
8 期。具体见 www.cit.org.cn。

应，降低突发事件所带来的损失，提高突发事件的应急处理效率。对志愿服务而言，志愿者在应急响应期间扮演着信息传递者、反馈者、应急响应者等重要角色，一套完善的应急联动系统与非应急联动系统协作机制离不开志愿者的参与。通过志愿者及时的信息反馈，志愿者管理部门可以掌握突发事件的实时状况，有利于有效解决措施的提出。通过志愿者在应急响应过程中对救援部门的协助，有利于保障应急响应的顺利开展。另外，在救援部门的参与下，志愿服务的效率会有所提高。

作为大型赛会的一个重要的组成部分，志愿者扮演着十分关键的角色，对志愿者的管理特别是对志愿者的现场指挥直接影响着大型赛会举办的顺利与否。无论是奥运会、G20杭州峰会还是其他大型赛会，都有大量的志愿者参与，并且为了满足大型赛会中较多的需求，对志愿者会有不同的分类。同时，由于大型赛会是一个综合性的社会活动，在进行时，会面临错综复杂的问题，因此，在大型赛会中对志愿者的现场指挥调度亦越发显得重要，志愿者管理制度的形成和发展也刻不容缓。

大型赛会志愿者的协作指的是协调大型赛会志愿者管理主体与志愿者、志愿者与正式员工以及志愿者之间的关系，使得形成的合力效果大于各部分分力的总和，以达到为大型赛会的参与者提供全面优质服务的最终目的。

志愿服务的现场管理已成为大型赛会管理和服务体系中的一个重要组成部分，对大型赛会的成功举办发挥着举足轻重的作用。"以人为本"的志愿者管理原则在大型赛会现场显得尤为重要。在管理志愿者的期间，应树立一种观念，即以志愿者为中心和基础的观念，同时需要采取一定有力的措施，努力调动志愿者的工作热情并尽量做到长久地保持。在管理的同时，要首先满足志愿者的个人需求，提高他们对志愿服务的热情和积极性，在此基础之上增强志愿者的服务意识，从而加强志愿者与服务对象之间的良好交流，以此来实现个性化服务，满足个性化需求。

志愿者的反馈机制是大型赛会现场指挥调度的关键环节。若信息沟通反馈机制不够完善，会使志愿者反馈的信息受到阻碍。因此，志愿者反馈机制的建立对于大型活动志愿者的现场管理和指挥调度有着十分重要的意义与作用。反馈机制的建立不仅可以使志愿者的信息及时和准确地由下逐级向上反馈，大大增强反馈的时效性，更好地达到了双向沟通的效果。同时，志愿者反馈的建议和意见不但有利于管理人员对志愿者群体更好地管理，而且可以促进赛会的高质量和高效率的开展和进行。

监督机制（Oversight Mechanisms）指的就是为达到预定的目标，对工作系统进行监视管理的组织与部分之间相互作用的过程和方式。引用到大型赛会志愿者中，即为确保大型赛会的顺利开展，对志愿者工作的现场监视管理的各个相互联系部门的整体。监督机制的建立是大型赛会有序开展的有力保证，同时评估机制作为监督机制的重要组成部分，监督、评估机制的建立对大型赛会志愿者现场指挥调度起到了重要保障作用。

突发事件应急现场指挥系统是指应对突发事件所采取的集指挥、控制、协调与整合各应急部门于一体的现场调度方式，其目的在于更有效地处理突发事件。因此，大型赛会志愿者现场指挥系统应充分考虑突发事件的应急处理机制，在突发事件发生时，快速、有效应对，最大限度地减少其带来的人员和财产损失，将负面影响降到最低，保障赛会的有序开展。目前大型赛会针对突发事件应急指挥系统急需解决和完善的问题是建立一个系统化、规范化的突发事件现场应急指挥机制。这不仅对大型赛会的有序开展有意义，从更高的层次来说，也对国家政府突发事件应急处理能力的提高和社会治安水平的提升有强大的现实意义。

以上对大型赛会志愿者现场指挥调度各系统展开了详细的描述，在各系统协作过程中，遵循"以人为本"的理念，持有"充分计划与动态调整相结合"的原则，采取"应急联动系统与非应急联动系统协作"的模式，实现"明确分工，相互配合"的目标，以保证大型赛会的顺利开展。

第五章　大型赛会志愿者激励保障机制

　　激励保障体系是指从既定目标和人的行为规律出发，通过各种方式或手段激发志愿者（包括潜在志愿者）的动力，使其迸发出积极性、主动性和创造性，并规范志愿者的行为，使其朝着所期望的目标前进的一套理性化制度保障体系。以此体系有效地发挥志愿服务中各个要素的作用和功能，通过对各个要素的合理搭配与使用，给志愿者以饱满的热情参与服务创造一系列有利的条件。

　　近年来，我国对外开放的不断深入以及志愿服务事业的蓬勃发展，使得越来越多的国际会议、体育赛事等大型赛会开始引入志愿者参与具体的管理、服务运行工作的模式。在北京奥运会、国庆60周年庆典、上海世博会、广州亚运会、深圳大运会等一系列大型活动的筹备以及举办过程中，志愿者都作为不可或缺的一部分融入其中。由此可以看到志愿者已成为大型活动正常运行的重要保障之一。[1]志愿者们践行着奉献、服务、团结等美好的社会价值观，怀着"共同使这个世界变得更加美好"的信念，投身于志愿服务，产生了不菲的社会价值。为更好地让志愿者们在大型赛会中提供志愿服务，采取适当的激励机制是非常重要并且有

---

① 任炜、岳德钰：《大型活动志愿服务激励机制的创新研究》，《管理观察》2014年第34期。

效的手段，所以激励被认为是"最伟大的管理原理"①。然而，从目前的实际情况来看，我国在志愿服务活动取得优异成绩的同时，还存在着亟待提高之处，其中之一就是针对志愿者的激励保障体系。可以说，我国还尚未形成完善的志愿服务者激励保障体系。

随着中国的国际影响力进一步增强，在中国举办的重大国际会议以及赛事的数量也在逐渐增多。可见，针对大型赛会的完备的志愿者激励保障体系的需求将会日益增加。此外，纵观我国志愿者的发展历程，具有起步晚、各种制度不完善的特点，同西方发达国家之间还存在较大差距，其中，缺乏完备的志愿者激励保障体系正是最为明显的差距之一。从现实情况来看，我国正需要大力发展志愿服务事业，使其成为助推经济社会发展的强大动力。

因此，本书将从我国国内大型赛会志愿者激励现状实际出发，从建立大型赛会志愿者激励保障体系重要性的角度，以及大型赛会志愿者特点的角度出发，对如何建立以及完善大型赛会志愿者激励保障体系进行多元化的探讨，从多个方面展开针对大型赛会的志愿者激励保障体系的研究。一方面以此来调动志愿者的服务热情和积极性，促进志愿服务事业的持续良性发展；另一方面为我国志愿服务事业的实践理论化以及理论实践化做尝试。

研究大型赛会志愿者激励保障机制的理论意义在于探索建立以及完善大型赛会志愿者激励保障体系，从而有助于形成符合我国实际情况的志愿者管理体系。在我国社会各方面发展不断深化的大背景下，志愿者对大型赛会的推动作用越来越明显。志愿服务类型的不断多元化，使得志愿服务在大型赛会中不可替代的作用日益突出，这也是我国社会全方位协调稳步发展的必然。因此，对于大型赛会志愿者激励保障体系的研究，可以拓宽我国的志愿服务者理论研究领域，完善我国的志愿服务理

---

① 任炜、岳德钰：《大型活动志愿服务激励机制的创新研究》，《管理观察》2014 年第 34 期。

论研究。

其现实意义在于探索建立以及完善大型赛会志愿者激励保障体系，有助于为社会发展营造和谐稳定的环境。随着志愿者在大型赛会服务领域的不断拓宽，其所承担的责任也相应加重，也造成了社会对其依赖程度不断加深的局面。综合来看，就更需要保证志愿者总体的稳定性，减少其流动性。而针对大型赛会志愿者激励保障体系的建立以及完善，是保持并增加志愿者数量、稳定提高志愿服务质量的有效也是必要的途径之一，进而营造一种和谐健康的社会氛围，促进社会发展。

一、学界对志愿者激励保障机制相关研究及启迪

学者们发现，我国的志愿事业在兴盛发展的同时，瓶颈问题也开始显现，其中之一就是关于志愿者激励保障体系的建立和完善问题。许多学者都针对这一问题进行了研究，并取得了一定的成果。

蒋新红认为，为加强我国志愿者激励机制建设，必须健全志愿者组织自身的激励机制，完善政府激励机制，培育社会激励机制。蒋新红提出在健全志愿者组织自身的激励机制方面：明确组织使命，确立志愿服务文化；以人为本，尊重志愿者的动机需求；科学运用激励的方法、手段和技巧。在完善政府激励机制方面：构建激励志愿事业发展的政府管理模式；构建激励志愿事业发展的法律制度体系；构建激励志愿事业发展的培训资源体系。在培育社会激励机制方面：培育社会协同机制；完善社会回报机制。[1]

任炜、岳德钰提出了将"愿动力"能量理论作为研究志愿者激励工作的理化的思路，将这一思路针对构建高水平的志愿者投入志愿服务提

---

[1] 蒋新红：《我国志愿激励机制存在的问题及对策思考》，《前沿》2011年第14期。

供了切入点，结合志愿者的需求与动机，提出建立一个包括组织认可激励、团队授权激励、情感激励和考评激励在内的多元的志愿者激励体系。① 此外，任炜、岳德钰还从宏观角度出发，提出整合志愿者激励机制的几项基本原则：体现志愿文化；满足合理需要；要素主次有序；注重整体优化；措施灵活有效；保持相对稳定。②

胡蓉从我国政府的政策和法规支持、公民文化的培育以及非营利组织自身的管理三个方面探讨了我国志愿者的激励机制。她提出：加强政府对志愿者在社会政策、法律环境方面的支持；培育公民文化素养，提高公民的参与意识，增强公民对志愿者的认同感；完善非营利组织对志愿者的管理机制。③

李晓军经过调查研究，对完善大学生志愿服务激励机制提出了几点建议：加大对志愿服务理念的宣传，营造良好的舆论氛围；建立社会认可机制，提升大学生的参与意愿；物质激励与精神激励相结合，激发大学生参与的热情；加强志愿者权益保障，增强志愿服务的凝聚力。④

林敬平根据志愿服务动机，分别针对不同的服务动机，建立了志愿者激励机制。他提出，可以将志愿服务动机分为责任奉献导向型、发展奉献导向型、快乐奉献导向型，而与此对应的激励机制分别为责任荣誉型激励机制、自我发展型激励机制、自我愉悦型激励机制。⑤

可以发现，不同的学者分别从不同的角度出发，对志愿者激励保障体系提出了各自的看法，为本研究提供了宝贵的参考。值得注意的是，这其中一些观点是从全体志愿者出发，而一些观点则是针对某一群体的

---

① 任炜、岳德钰：《大型活动志愿服务激励机制的创新研究》，《管理观察》2014 年第 34 期。
② 蒋新红：《整合志愿者激励机制的基本原则》，《河南科技》2014 年第 2 期。
③ 胡蓉：《我国志愿者的激励机制探讨》，《成都教育学院学报》2006 年第 1 期。
④ 李晓军：《大学生志愿服务激励机制研究》，《改革与开发》2013 年第 11 期。
⑤ 林敬平：《志愿者服务动机调查与激励机制设计》，《广东青年干部学院学报》2008 年第 2 期。

志愿者——如大学生，较少关注针对大型赛会的志愿者激励保障体系研究且多是从较为宏观的层面出发，提出了一些原则性的看法以及观点，对于实际操作的微观层面的研究较少。而本文的重点在于，以宏观层面为指导，聚焦于微观操作层面，从而探讨如何建立以及完善针对大型赛会志愿者的激励保障体系。

二、大型赛会志愿者的特点

目前的志愿者活动主要包括：在社会生活中普遍开展的群众性志愿服务；在社区、机关和企事业单位中相对固定的帮困结对志愿服务；社会成员自发参与的个体性志愿服务；有明确目标导向的大型活动志愿服务。作为其中的组成部分，大型赛会志愿服务是在志愿服务领域不断拓展以及服务范围不断深化的基础上发展而来的，与其他志愿服务相比较，具有显著的差异。

从发展背景角度出发，大型赛会志愿服务可以说是在我国走向国际化、现代化过程中兴起的志愿服务类型。因此，其包含了独特的时代元素。从服务对象以及服务内涵角度出发，大型赛会志愿服务可以说是根据某方面或某领域的重大活动所开展的；而其他志愿服务则是面向整个社会的常态化、普遍化的志愿活动。从志愿服务特征角度出发，大型赛会志愿服务专业化要求较高、组织纪律性较强、肩负的责任较重，并且具有标志性、展示性、辐射性、带动性等显著特征；而其他志愿服务通常不具备这些特征。从活动机制角度出发，大型赛会志愿服务有一套完整的工作程序，包括动员、招募、培训、调度、管理、激励等。

从上述对大型赛会志愿服务特点的描述中可以发现，大型赛会志愿者较其他志愿者而言，具有以下明显特征：

（一）个人能力专业化程度要求高

一般而言，大型赛会都具有一定的国际性，很多情况下，避免不了需要使用到外语进行交流的情况，这就要求志愿者具有一定的外语能力。例如，2014 年在北京举行的亚太经合组织领导人会议在招募志愿者时，其中一项基本要求为具备流利的英语交流能力；2016 年 G20 杭州峰会，招募志愿者时的一项基本要求为具备基本的外语交流能力（至少应具备大学英语四级水平）。并且，特别注重语言能力，优先选拔德语、法语、西班牙语、阿拉伯语、印度尼西亚语等各小语种专业的志愿者。此外，对于不同的服务岗位还有相应的能力要求，例如 2016 年 G20 杭州峰会，志愿者招募条件中就明确规定：具备志愿服务岗位必需的专业知识和技能。其首轮面试，共选拔预招募志愿者 5969 名。其中，有学生干部经验的共 5509 名，英语及相关英语专业人数 807 名，通过英语四级的 3600 名，通过英语六级的 2693 名，小语种专业人数 108 名，可见对于志愿者个人能力以及专业化程度的要求之高。招募机构还组织预招募志愿者参与了线上知识测试、心理素质测试和英语托业测试，作为服务配岗重要依据。其中托业测试作为国际工作英语能力的权威测评，3963 名参与测试的志愿者中 600 分以上（优秀）占 54.82%，400分以上（良好）占 93.56%。

（二）必须具有一定的志愿服务经历和经验

大型赛会是对外交流的一个重要窗口，而志愿者不仅是大型赛会重要的服务者，更是对外展示我国各方面的重要名片。因此，招募机构十分看重志愿者是否具有志愿服务经验。例如，参加 2014 年亚太经合组织领导人会议周的志愿者全部具有大型赛会志愿服务经验，重点岗位志愿者骨干参加过三次高官会和财长会服务。而 2016 年 G20 杭州峰会在招募志愿者时明确规定：志愿者要具备相关志愿服务经历。

（三）对个人品格和思想政治面貌有特殊需求

志愿者作为一张活名片，在进行志愿服务的同时，也能传达出当代中国人的思想政治状况。因此，要求志愿者的思想要积极向上。2014年亚太经合组织领导人会议周的志愿者中，党员占三分之一，共计750人，团员一共1530人。而2016年G20杭州峰会的志愿者招募条件之一就是要求志愿者的政治面貌为共青团员或中共党员。峰会志愿者中中共党员1012名，其余均是共青团员。例如，浙江传媒学院在招募G20杭州峰会志愿者时，为确保预招募志愿者政治立场坚定，学校制定了具体政审程序和要求，由校学工部、保卫处牵头，报名的学生须经辅导员签字、二级学院、保卫处和学校党委盖章四步把关审查，对全部预招募志愿者进行了严格的政治审查。浙江大学在G20杭州峰会的志愿者招募和选拔中，以政治素养为首要条件，强化志愿者的背景审查工作，严格落实"两核实、两审查"制度，进行辅导员、学院两层核实，第一轮、第二轮保卫处两次审查。浙江工商大学严把校内政审关，为预招募的每位志愿者建立政审档案，执行"辅导员—学院党委—学工部—保卫处—学校党委"五层把关，严格审查候选人身份，摸排所有细节，确保政治合格。

（四）选拔程序严格

大型赛会的志愿者选拔，有一套系统、科学、严谨的选拔体系。通常，要成为大型赛会的志愿者，需要经过多轮面试。如2014年APEC领导人会议周期间，有2280名青年志愿者上岗服务，志愿者是从8323名候选人中经两轮面试产生。而2016年G20杭州峰会的志愿者选拔流程为：报名筛选→学校审核、产生初选名单→通用培训→学校二审、产生二选名单→集中测试、产生终选名单→身份确认→封闭式培训→确定岗位→签署协议→发放录取通知书→岗位演练→上岗服务。

因此，经过如此严苛选拔而上岗的志愿者，其综合能力适合于大型赛会且处于较高水平。

（五）志愿者成员多为青年且以大学生居多

从我国志愿事业发展的历程看来，中国志愿服务事业大规模起源于1993年共青团中央发起的实施中国青年志愿者行动。而大学生是我国青年志愿者的主力军，他们在参与志愿服务活动的过程中，奉献爱心、服务社会，同时提升自己，加快社会化进程。[①]

2014年APEC领导人会议周期间的志愿者来自北京大学、清华大学、中国人民大学、北京师范大学等23所高校。2016年G20杭州峰会，重点在大二、大三、研究生和博士生群体中选拔志愿者，确保选拔、组建符合要求的高素质志愿者队伍。浙江大学、杭州师范大学、浙江工业大学、浙江师范大学、浙江理工大学等15所高校被确定为峰会志愿者定点招募高校。G20杭州峰会志愿者招募期间，召开了峰会志愿服务工作高校动员部署会，启动了峰会志愿者招募工作，各相关高校全力以赴。总报名人数达到了26266人。例如，峰会工作筹备期间，浙江科技学院有957人报名参加志愿者，其中党员78名，英语四级以上789人。

（六）单位性激励占主导地位

大型赛会志愿者需要付出超长的时间和精力，一般而言，赛会组织者在赛会后会对志愿者给予一定的物资或精神奖励。但由于中国志愿者的单位属性，各组织单位为了鼓励志愿者积极参与和认真负责，在单位内部都会提供相应的激励措施。以2016年G20杭州峰会的大学志愿者为例：

---

① 李晓军：《大学生志愿服务激励机制研究》，《改革与开发》2013年第11期。

浙江大学，由学校主要领导牵头协调并专项发文成立 G20 杭州峰会浙江大学志愿服务领导小组，由校内 16 个部门共同建立了统一、立体、联动的指挥体系。自 2015 年 12 月以来，学校共组织召开峰会志愿者专项工作会议 8 次，与用人单位和志愿服务大队举行对接工作会 15 次。学校还专门为 G20 杭州峰会志愿服务举行了动员大会、出征仪式和总结表彰大会，学校主要领导多次就峰会志愿服务工作做出指示，并直接参与现场指导，亲切慰问和勉励峰会志愿者。提供的保障有：学校每天 5 点为早班岗的同学准备免费早餐，给志愿者过集体生日，并给每一位志愿者发放 400 元就餐补贴，总计发放补贴 20 余万元。学校也积极联系创业校友企业捐赠了 100 辆总价值近 30 万元的志愿者定制款云马智行车，作为浙江大学 G20 志愿者的工作用车。

浙江工业大学为志愿服务工作提供有力的物质保障和人文关怀，学校领导多次亲切慰问志愿者，专门开辟场地建设"G20 志愿者之家"，举办温馨的志愿者集体生日会；成立 G20 志愿服务团队临时党支部，打造志愿服务工作的"红色引擎"；细致做好教师领队和学生志愿者的心理及情绪干预，为志愿服务工作的顺利开展营造了良好环境与和谐氛围。

浙江传媒学院把学生参与志愿服务纳入必修学分，也就是说在传媒学院，如果不参加一定数量、一定时间的志愿服务，是完成不了学分、无法正常毕业的。

浙江外国语学院在通用培训的基础上，制订了《浙江外国语学院 G20 志愿者自主培训方案》，设计了 30 余场不同类型的培训。采取多层次、模块化的培训方式，对志愿服务涉及的方方面面进行专业化培训。在确定岗位后，学校在卫志部安排的培训外还特别制订了培训方案，总计安排了 20 余场峰会专业知识培训和相关主题活动。培训涉及外语、旅游、礼仪、化妆、会务、媒体宣传等内容。

浙江理工大学邀请专家为志愿者开展 G20 相关知识、杭州历史与文化、志愿者礼仪、形象管理和医疗急救常识等内容的培训。

杭州师范大学为确保志愿服务专业得体，会同有关部门对志愿者开设各类培训共计 7 次 30 余项课程，内容涉及各国文化历史、礼仪规范、国家安全与保密教育等，努力提升志愿者的外形气质和内在素质。此外，学校统筹积极协调，在课程安排、考试备考、实习见习等方面给予志愿者个性化安排，还在住宿、餐饮等方面给予充分的保障。峰会结束后，学校及时落实学分认定、星级评定、评优表彰、补助发放等方面的措施，给予志愿者必要的鼓励。

当然，其他高校都有各自的激励性政策和举措。这种单位性激励切合中国的特殊国情，有利于更精准化地完成大型赛会的志愿服务任务。

三、建立健全大型赛会志愿者 激励保障机制的重要性和必要性

大型赛会往往对于一个国家、一个地区的经济社会等各方面发展都有着巨大的推动作用。它能够从某种程度上展现一个国家、一个地区的形象；可以增进不同国家、地区之间、不同领域之间的交流；更能在一定意义上提升国家之间、不同地区的综合实力。大型赛会可以说是一项有目的、有计划、有步骤的组织众多人参与的社会协调活动，往往需要消耗很多资源，包括人力、物力和财力。在这当中，志愿者就是构成大型赛会人力资源的关键组成部分。

在我国经济迅速发展的同时，志愿者事业也在蓬勃发展，志愿服务得到了社会的广泛认同，并且在国家和社会建设中所起到的重要作用也日益凸显。随着志愿服务的形式日益丰富、广泛，越来越多的社会事务正在被志愿者组织和志愿者所承担，大型赛会的志愿服务工作就是其中之一。

然而，在志愿者忙碌的身影背后，却存在着许多亟须解决的问题，

最为重要的问题之一就是志愿者的激励保障体系的建立及完善。就大型赛会而言，完备的激励保障体系，可以将志愿者的个人需要、会展需要和社会需要联系在一起，使其处于一种互动状态。在这种状态下所付出的努力不仅可以满足志愿者的个人需要，同时也可以满足大型赛会的需要并实现大型赛会的总体目标。建立完备的大型赛会志愿者激励保障体系，其重要性及必要性主要集中在以下几个方面：

（一）我国举办的大型赛会逐渐增多，对于志愿者的需求也日益增多

国际大会及会议协会（简称 ICCA）① 公布的《2012 年度国际会议市场年度报告》显示，中国接待的国际会议数量为 311 个，在全球排第 10 位。2013 年全球会议排名显示，全球十大最佳会议国家排名依序为美国、德国、西班牙、英国、法国、意大利、巴西、日本、荷兰及中国。在亚太及中东地区，日本、中国、澳大利亚、韩国、印度为五大会议国家。《2014 年度国际会议市场年度报告》显示，中国 2014 年共举办 332 场国际会议，在亚太排名第二，在全球排名由 2013 年的第 10 名上升至第 8 名。内地入围的城市一共有 12 个，依次为北京、上海、杭州、成都、西安、南京、广州、武汉、天津、厦门、长沙及苏州。在 ICCA 发布的 2015 年度全球会议目的地城市排行榜中，杭州凭借 27 个国际会议，位列城市排名全国第 3 名，亚洲第 24 名，全球第 100 名，这是杭州首次跻身全球 100 强国际会议目的地城市。

① 国际大会及会议协会（简称 ICCA），创建于 1963 年，总部在荷兰阿姆斯特丹，目前拥有 80 个成员国家，每年都会对全球品牌国际会议的举办情况进行统计，并据此发布全球会议目的地城市排行榜。此榜单是衡量各国际城市会议产业发展的"风向标"，也是各国际会议组织者选择会议目的地的重要参考。

我国举办国际会议的次数不断增多的原因是多种多样的。从广义上来说，主要是由于我国综合国力的不断提高，中国成为举办大型国际会议的优选。2000 年以来，中国举办了数次重要的多边国际性会议，如第一届中非合作论坛部长级会议、上海合作组织成员国元首理事会第一次会议、上海合作组织成员国总理第二次会议、第六届中欧工商峰会、第八届中欧工商峰会、上海合作组织成员国元首理事会第六次会议、中国—东盟建立对话关系 15 周年纪念峰会、第三届中非合作论坛部长级会议、第十届中欧工商峰会、第七届亚欧会议、中日韩领导人会议、上海合作组织成员国第八次总理会议、金砖国家领导人第三次会晤、第五次中日韩领导人会议、上海合作组织成员国元首理事会第十二次会议、第五届中非合作论坛部长级会议、亚洲相互协作与信任措施会议第四次峰会、亚太经合组织（APEC）第二十二次领导人非正式会议、中国—拉美和加勒比国家共同体论坛首届部长级会议、第四次中国—中东欧领导人会晤、上海合作组织成员国政府首脑理事会，2016 年 9 月在杭州举行的 G20 杭州峰会以及 2022 年杭州亚运会。

而另一方面，是因为代表我国加入国际组织的机构多是社团组织，随着我国的国际地位不断提高，它们代表我国申办的国际组织的系列性会议也越来越多。此外，由于我国学科领域的研究水平越来越高，吸引了许多国外同行来我国参加相关学术会议。这些国际学术会议主要集中于人文与社会科学领域、医药科学领域以及工程与技术科学领域，而这些恰恰是对人类社会的进步和发展产生巨大推动作用的领域。可见，举办大型赛会，不仅是经济实力的集中体现，更有助于经济的协同发展、学术文化的深入交流。

可以预见的是，中国将举办越来越多的大型赛会。大型赛会的成功举办，离不开人力资源的配给充足，势必需要众多的志愿者参与其中，负责不同的工作。但是，志愿者在参与到大型赛会志愿服务的过程中，会逐渐地出现服务热情降低、不同程度的动力不足、志愿行动连续性不够等情况，这些情况的出现，不仅会对大型赛会的成功举办造成影响，也会影响志愿者对于志愿服务的认同度以及其自我认同感。从另一方面来说，志愿服务出现的一些问题，也会使人们对于志愿服务活动的认知产生一定的误解。结合以上两方面综合考虑，志愿者数量日益增加以及工作内容不断多样化的情况，将会相应地提高针对志愿者的激励保障体系的要求。

美国知名智库彼得森国际经济研究所客座研究员、曾担任奥巴马总统国际经济事务特别助理的罗里·麦克法夸尔在 2016 年 6 月接受新华社记者专访时表示，中国已具备举办大型国际会议的能力。而在举办大型赛会能力提高的同时，需要越发重视对于志愿者的激励保障体系的建立以及完善，以提高志愿者的参与度与积极性。或者，从另一个角度来说，志愿者作为大型赛会的重要组成部分，对于志愿者方面的激励情况，也是举办大型赛会能力的重要体现部分。

完备的激励保障体系是对志愿者的一种赞赏，体现了社会对志愿服务活动的支持和肯定。建立科学、合理、有效的激励保障体系，一方面可以促进志愿服务活动的开展，使志愿服务活动充满生机和活力；另一方面，可以减少志愿者的流动性并增加志愿者的数量，满足不同类型的大型赛会的要求。因此，我们亟须建立完善大型赛会志愿者激励保障体系。

（二）大型赛会对志愿者的要求在不断提高

虽然我国的志愿服务事业处于蓬勃发展的黄金时期，志愿者的数量以及规模每年都有大幅度的增长，其服务内容也在不断地多元化。在其服务内容不断多元化的同时，对其要求也相应地在提高。如果将志愿服务的类型分为一般化志愿服务与专业化志愿服务两种类型，那么一般化志愿服务要求志愿者实施的是一些辅助性工作，其工作内容对其掌握的专业化知识要求并不高，主要是对细心、耐心以及责任心方面的要求比较高。专业化志愿服务要求志愿者实施的是较高专业化程度的志愿服务，对志愿者细心、耐心以及责任心具有一定要求的同时，还要求其具备扎实的专业知识，而一些具备专业知识的志愿者正是志愿服务所急需的人才。例如大型赛会，大部分情况下都具有一定的国际性质，需要进行国际间的交流，而完成顺畅交流的媒介就是翻译人员，这就需要大量的掌握至少一门外语的志愿者投入到志愿服务中。

不难发现，完善的志愿者激励措施，是维持志愿者数量稳定以及吸引更多志愿者必不可少的重要内容。更深入地看，要想维持专业化程度较高且能够发挥重要作用的志愿者的数量，并且吸引更多此类志愿者参与到志愿服务中，为会议的成功举办提供强大的动力支持，需要依赖的是志愿者激励措施，更离不开志愿者激励保障体系。

(三) 我国尚未形成系统化、科学化的志愿者激励服务保障体系

经过一直以来的不懈努力，我国志愿事业总体在探索中稳步推进，在实践中蓬勃发展。但是，在迅速发展的过程中也遇到了许多的瓶颈。其中，表现得最为显著的一点就是我国的志愿者激励措施有待完善。激励保障体系的缺乏或者说是有待完备，使得志愿者参与志愿服务的持久性不长，缺乏稳定性，造成大型赛会志愿者"留不住，引不来"的困境，这在很大程度上制约着志愿者自身甚至是我国志愿服务事业的发展。从另一个角度来说，这也使得社会上产生了一些对于志愿服务的负面声音和评价，例如一些人认为志愿者被当作廉价劳动力、志愿服务质量不佳等，这无疑会极大地阻碍志愿服务事业的发展，进而阻碍我国经济社会的发展。

值得注意的是，志愿服务活动最早起源于西方发达国家，距今已有百年历史。西方国家在志愿者行为、志愿活动、志愿组织建设、机制管理等各个有关志愿者活动的发展方面都取得了丰硕的研究成果，

而这些研究成果为西方志愿者的组织、发展与高效的社会服务实践提供了丰富的理论指导，促进了志愿活动的普及与蓬勃发展。相较于西方发达国家而言，我国志愿活动始于20世纪80年代后期，大规模志愿服务的开展始于1993年底，是由共青团中央所发起实施的中国青年志愿者行动。因此，相较于西方发达国家，我国的志愿服务事业的起步确实较晚，并且在很多方面的研究还达不到西方成熟与丰富的水平。

我国的志愿服务发展到今日，与西方差距最为突出之处就是在志愿者激励措施以及激励措施保障体系方面，这也是我国志愿服务事业发展至今所面临的最大的问题之一，是亟须解决的困难。

首先，建立和完善志愿者激励保障体系，能极大地激发参与热情与积极性，不断推动志愿服务的壮大与发展。其次，能使志愿者在精神方面得到满足，这也是众多志愿者追求自我价值认可和行为认同的需要，从而使其建立对志愿服务的认同感和满足感，增强工作的积极性，更好地实现志愿服务利益和个人发展的有机结合。再次，建立和完善志愿者激励保障体系是尊重其创造巨大物质财富成果的表现。而志愿者的服务在很大程度上节约了社会成本，为社会直接或间接地创造出价值与效益。最后，建立和完善志愿者激励保障体系，是志愿者永续发展的不竭动力。单一的志愿者激励容易导致志愿者精力和热情过早消耗，建立系统化、科学化的志愿者激励保障体系是可持续发展的保证。

因此，若不能建立和完善志愿者激励保障体系，以上几个方面的实现与发展都无从谈起。而从另一方面来看，对正在发展中的我国的志愿服务事业来说，学习西方优秀成果和经验，将其与我国志愿服务事业相结合，进行本土化的探索，得出能在我国生根发芽的研究成果，我们就极有可能突破在发展中所遇到的瓶颈，消除探索式发展过程中的障碍。

四、建立健全大型赛会志愿者
激励保障机制的策略

目前，我国已经成功举办了各类大型赛会，志愿者在其中发挥了举足轻重的作用。而对于志愿者激励保障体系方面也进行了一些探索和尝试，积累了一定的经验，对于构建完善大型赛会志愿者激励保障体系具有极为宝贵的借鉴意义。

建立健全大型赛会志愿者激励保障体系，需要结合大型赛会志愿服务的特点，从具体化的激励措施出发，借鉴我国已有的各类大型赛会的志愿者激励保障体系的探索，进而形成科学化、系统化的大型赛会志愿者激励保障体系。然后，在此基础上对大型赛会志愿服务激励保障体系进行完善，使其发挥推动我国志愿服务事业的巨大作用，成为我国经济、社会、文化发展的强大动力。

结合我国实际，志愿服务的领导者一般为政府、组织或者是两者的结合。因此，对于大型赛会而言，政府以及组织往往是志愿者激励措施的主要提出者以及实施者。而具体到如何对激励措施进行保障，以建立完备的激励保障体系，根据我国举办的大型赛会尤其是根据 G20 杭州峰会的经验，本书认为应主要从以下几个方面出发：

（一）建立健全志愿服务法律法规以及维权保障机制

政府在推进大型赛会志愿者激励保障体系的建立健全过程中，发挥着不可或缺的作用。早在 1999 年，我国第一部有关志愿服务的地方立法——《广东省青年志愿服务条例》就已诞生。据不完全统计，至今已有包括广东、山东等 20 个省份和 20 个拥有地方立法权的地级市制定了志愿服务地方性法规。但志愿服务缺乏国家层面的法律，一直是众多志愿者心中的一件憾事，也是有识之士一直以来呼吁解决的问题。2017年6月7日，国务院第175次常务会议通过并公布了《志愿服务条例》，填补了我国在志愿服务领域国家层面的立法空白。

目前，虽然国家和各地都出台了一些关于志愿者的政策和法规，但对于一些具体问题的界定以及具体方面的规定还有待完善，这使得在大型赛会的志愿服务开展过程中出现了许多问题。而有些问题是难以预料的，甚至在某些特殊情况下会影响到志愿者的安全，使得志愿者的人身安全等基本权利得不到保障。这些问题在很大程度上影响了志愿者的参与度。此外，《志愿服务条例》的规定还存在模糊之处。志愿服务的一项基本原则是"不以获取物质报酬为目的"，但是志愿服务"服务无偿，成本有偿"。由于管理、交通、保险等成本的存在，志愿者在参与大型赛会的志愿服务过程中，有时还需自己出钱购买参加服务过程中的午餐、饮用水等。但《志愿服务条例》采用的"无偿"原则，规定不得向志愿服务对象收取报酬。当然，《条例》也规定了"合理安排志愿服务所需资金"，但财政预算的经费是远远不够的。那么，诸如志愿者在服务过程中因志愿活动产生的费用，如何处理呢？此类情况是否可以归为"向志愿服务对象收取报酬"？而且，此类规定容易造成社会对志愿服务认识的混乱，认为志愿服务组织根本就不需要经费。因此，可以考虑将以上合理的物质保障纳入规范的志愿者权利体系之中。

况且，接受过较为良好的教育、拥有较高服务水平的大型赛会志愿者，往往对于自身的维权意识较强，且对制度性的规定较为敏感。若他们因这方面的问题，使得遇到困难难以解决，将会极大地影响其参与志愿服务的热情以及积极性，并且由此而形成的负面影响会逐步蔓延加深。

此外，目前我们还缺乏对志愿者活动统一的认可和保障制度。在公益活动和志愿者学习、工作发生时间上的冲突时，缺乏为学校、单位和个人协调时间提供参考依据的规章制度。缺乏对参与者或单位的认可政策，使志愿者行动积极性未得到有效的调动，志愿者的公益热情逐渐丧失，因而不能有效地激励全社会的参与。

我国不仅缺乏健全的志愿者法律法规，也缺乏合理畅通的志愿者维权渠道。当志愿者意识到自身的权益受到了损害时，无法找到合适的途径进行维权。

总体而言，我国缺乏规范系统完善的针对志愿者的政策和法规，这使得志愿者的法律地位得不到完全确认，基本权益得不到充分保障。而志愿者的权益保障可以免除志愿者参与志愿服务活动的后顾之忧，激励志愿者安心、快乐、积极、热情地进行服务。因此，要加快相关法律和政策的出台和完善，最有效的方法就是法制化途径。通过立法强化法律对志愿者合法权益的保障。如明确规定，为每一名志愿者购买保险等，确保在发生纠纷或者损害的情况下，志愿者在志愿服务过程中的自身权益能够得到法律的有效保障。通过系统的综合性的法律法规来对志愿服务进行规范管理，建立完善的志愿者维权制度，开通便捷的维权渠道，减少志愿者对从事志愿服务活动的担忧和顾虑，能够全身心地投入到志愿服务当中，更好地做出贡献。

鉴于志愿者维权渠道建立的急迫性，我们可以借鉴北京奥运会的志愿者维权制度——北京奥组委开设了专门的志愿者维权热线、心理热线、志愿者论坛和志愿者博客，让志愿者有抒发自己情绪的途径，切实维护志愿者合法权益。此外，G20杭州峰会期间，杭州市就要求卫志部负责协调相关部门给志愿者提供统一保险，负责收集参保人员名单和身份证号等信息，当出现志愿者意外伤害需要理赔时，要求志愿者使用部门和相关高校配合做好理赔等工作，以此来全面落实志愿者的保险政策。

(二) 建立健全合理的志愿者考评办法和反哺机制

要让志愿服务能够获得社会回报，最佳途径之一就是实施合理的考评办法，建立反哺机制，进而为志愿者提供发展机会。对志愿者参与志愿服务活动的成绩、服务效果等进行考核与评估是有效激励志愿者的前提和依据，采取合理的评价与激励措施，可以维持志愿者参与志愿服务的积极性。科学的绩效考评机制应该制定合理的考评标准，并尽可能地将考核的标准进行量化，严格将志愿者的考核结果与奖励惩罚的机制挂钩，同时设置科学的考评方法，定期对志愿者的服务效果进行检查。①而反哺的形式可以是多种多样的，大型赛会志愿者多为青年大学生，不少志愿者表示，他们可以不要分文补贴，但是一定要有一张证书来肯定他们的成绩。根据其特点，可颁发志愿者纪念证书；根据服务时间和贡献，颁发志愿者纪念证书和进行优秀志愿者表彰，授予志愿者志愿服务勋章；设立志愿服务基金，对遇到特殊困难的志愿者进行救助；采取将大学生的奖学金等在校荣誉与志愿服务时间、质量进行有机结合等反哺措施。

因此，大型赛会志愿者工作部应设法提升证书的含金量。例如在2005 年第 48 届世界乒乓球锦标赛中，志愿者证书由上海市市长韩正和国际乒联主席阿扎姆·沙拉拉共同签名；北京奥运会中，志愿者证书由北京奥组委主席刘淇和国际奥委会主席罗格共同签名；上海世博会中，志愿者证书由组委会主任俞正声和国际展览局秘书长洛塞泰斯共同签名。

北京奥运会成功地开发了以"微笑圈"为代表的奥运志愿者激励特许产品，"红、蓝、黄、黑、绿"五色"微笑圈"分别被赋予乐于助人、学习进取、文明礼仪、诚实守信、保护环境五种象征，前后共开发了15 个版本。在北京奥运会期间，志愿者的志愿服务时间和绩效将由北京奥组委志愿者部予以记录，在奥运会移交至北京志愿者协会，记录其个人志愿服务生涯发展档案。另外，鼓励北京残奥会优先使用在奥运会中有出色表现的志愿者。北京奥运会足球比赛上海赛区工作结束后，上

---

① 任炜、岳德钰：《大型活动志愿服务激励机制的创新研究》，《管理观察》2014 年第34 期。

海即研究出台《上海市志愿服务条例》，鼓励在公务员录用选拔中优先考虑具有志愿服务经历的人员。

深圳大运会在其结束后评选"日服务之星""站点优秀志愿者""大运优秀志愿者"。由基层志愿服务中心推荐，大运会志愿者指挥部评定，评选星级服务站：大运会期间开展星级服务站评选活动，评选5%的五星级服务站、10%的四星级服务站和15%的三星级服务站，对获评的服务站给予经费激励，并颁发星级牌匾。评选特色项目：大运会开幕前开展服务站特色项目评选工作，并根据实际情况给予一定数额的经费激励，支持服务站的志愿服务工作。为参加大运会服务的志愿者颁发"八景"纪念章、服务证书、荣誉徽章等以作留念。志愿者身影留念：长春藤义工摄影组对各站点志愿者进行跟拍，制作精美模板，将志愿服务中最美的瞬间永恒保存并赠送给志愿者留念。先进事迹报道：开展"见微知著"系列宣传活动，通过长春藤杂志、深圳卫视大运频道及各报纸媒体对大运会志愿者、优秀团队的服务故事、感人事迹进行报道。

鉴于参与大型赛会志愿服务的志愿者都具有一定的志愿服务经验，也就是说，有一定的志愿服务时长与质量积累，其服务时间具有连续性以及持续性，且志愿者多为青年大学生等特点出发，可以考虑建立一个具有科学性、持久性且刚需性较强的志愿者反哺机制。

其中，杭州市就在这一方面做出了一个十分值得借鉴的创新之举。2013年，为了保障和激励志愿者，杭州团市委、市志愿者工作指导中心设计推出了"杭州志愿服务管理平台"，市民卡为杭州市统一的志愿服务卡，可记录志愿者的服务时数和服务信息，服务时数可兑换成"公益积分"，享受到公共政策优待、公共资源优待和社会回馈。例如，在杭州市个人诚信系统中，根据志愿服务时间获得相应信用加分，信用分值越高，在求职和申请车贷、房贷方面会越有优势，这对于大型赛会志愿者具有极大的吸引力。因为大型赛会志愿服务者多为青年，他们在今后势必会经历购房买车等，而"公益积分"的办法无疑会为他们处理此类事件提供便利。可以说，这是志愿者在为自己的未来做铺垫。

之后，杭州成功研发了浙江省首个线上智慧公益平台——"志愿汇"，并被团中央认可，向全国推广。在杭州，志愿者可通过"志愿汇"PC端或手机APP等报名或发起志愿服务活动，服务时数将按照一定比例自动折算为公益积分（益币），并累计在个人账户中，积累的益币可通过线上"益币商城"、线下"公益慈善商店"兑换商品，也可享有公共政策、公共资源优惠，构建了志愿者线上互联、线下互动的O2O服务体系。"志愿汇"平台由志愿服务管理系统、公益积分系统、志愿者社交系统"三系统"，志愿者大数据库，互联网（杭州志愿服务网）、掌上（志愿汇APP、"支付宝"城市服务记录功能和微信公众号）、云端(杭州志愿服务公益地图) 等多终端应用组成，主要有三方面功能。在实际操作中，杭州团市委通过"志愿汇"平台数据化、科学化分析，直观反映各地志愿服务工作。在此基础上，构建科学的评价标准与指标、政府政策资源共享平台、社会资源汇聚平台和商业社会支持平台，在浙江省率先依托市公共信用平台，将志愿服务信息作为加分信息，应用到了志愿者的生活、学习、工作等方面，让志愿者可享受积分落户、入学、就业、创业、养老等公共政策；同时在线下开展公益峰会、公益沙龙、公益创投对接会等扶持项目，进一步凝聚有社会责任和社会资源的企业，为志愿服务提供长期、稳定的社会支持，打造了一个综合的"永不落幕"资源对接平台。截至2016年1月，"志愿汇"平台已获得资金480余万元，开展培训193余次，对接项目373项。

G20杭州峰会筹备期间，根据峰会筹备工作"大比武、大评比、大考核"的要求，杭州团市委全面启动"赛积分，比贡献"活动，旨在全面发动共青团组织、志愿服务组织汇聚社会力量，广泛开展保障服务峰会系列活动，通过信息化科学展现服务的贡献力和效率，激发各级组织和志愿者在峰会服务保障上建功立业。该活动就运用"志愿汇"公益平台，在"志愿杭州"网、"志愿汇"APP和微信公众号发布城市志愿服务活动信息，并通过"志愿服务管理信息系统"对志愿服务时间、服务

地点、服务对象、服务内容进行实时动态管理和数据统计，对参与活动的志愿者、志愿服务组织进行峰会贡献值排名，在全市志愿服务组织、志愿者中形成比学赶超的良好氛围。

"赛积分，比贡献"的激励机制结合"志愿汇"公益平台，使得峰会的志愿服务质量又提高了一个层次。

G20 杭州峰会筹备期间，为激励高校志愿者，杭州市决定在参与志愿服务的高校和工作人员中开展先进评选活动并出台了客观、公平、公正的《2016 年二十国集团中国峰会志愿服务工作先进评选办法》以及极为详细的《峰会志愿服务工作集体奖项评选细则》。这些都是实施合理的志愿者考评办法和反哺机制的重要基石。

此外，在志愿者圆满完成 G20 杭州峰会的志愿服务任务后，团中央明确以中国青年志愿者协会的名义专项表彰峰会优秀团队和志愿者，设突出贡献奖 2 个，优秀团队 50 个，优秀个人 300 名。同时，在 2016 年第十一届中国青年志愿者优秀组织、优秀个人评选中，为 G20 杭州峰会志愿服务单设 4 个优秀组织奖，4 个优秀个人奖的专项名额。这无疑是对志愿者一个极为重要的肯定，也是极为振奋人心的激励。

(三) 建立健全志愿者长短期结合的双线培训机制

志愿者提供志愿服务不仅是为了帮助别人，而且也是自我教育、自我发展的途径。通过培训，志愿者在相互交流人生经历中学习成长经验，从团体素质拓展活动中获得生活理念，从志愿服务活动与社会的交往中拓展和丰富人生。组织应该针对志愿者心理特点、知识结构设计长期素质培训和短期技能培训，激发志愿者的潜能，促进志愿者与组织一起成长。从大型赛会志愿者的特点可以看出这些志愿者都是经过严格选拔而来的优秀人才，这些多元化的丰富培训将会进一步提高其综合能力，这对于他们而言是极具吸引力的。

通常，大型赛会志愿者在投入服务之前，都会接受一定的培训，以帮助其更好地开展服务。但是，目前对志愿者的培训大都是侧重于针对性非常强的项目培训，缺乏相对应的志愿者常规培训。并且，对于志愿者的培训主要还是以短期的技能培训为主。在西方国家，志愿者组织的目标首先是"成员的发展"，因而"成员发展空间提供者"就成为西方志愿者组织的定位。因此，西方国家的志愿者组织实行短期和长期相结合的双线培训模式，这一培训模式值得我国志愿者组织借鉴。对于志愿者而言，不仅应该有热情好客的服务态度和从事某项具体工作的技能，还应具备广泛的适应本岗位要求的其他基础技能，如交流沟通的技能、组织技能、礼仪知识、专业知识等。通过上述的双线培训，志愿者在相互交流人生经历中学习成长经验，从团体素质拓展活动中获得生活理念，从志愿服务活动与社会的交往中拓展和丰富人生。实际上，往往是由于志愿者活动缺乏常规的技能培训，弱化了志愿服务的成效，导致部分优秀志愿者人才的流失，丧失了有效宣传志愿者精神、争取社会的认可和支持的机会。

同时，在对大型赛会志愿者进行培训的过程中，组织者应根据志愿者的才华和能力安排合适的职务，并通过各种渠道让志愿者更多参与组织的决策过程，增强志愿者的主人翁意识，培养志愿者参与的积极性，提高志愿者参与的持续性。

G20杭州峰会对于志愿服务的培训工作重点之一就是加强对志愿者在基础理念、礼仪与形象管理、杭州历史文化、G20相关知识、医疗急救知识等方面的培训。承担教学任务的有国际关系的专家、志愿服务工作者、礼仪文化的讲师、金牌导游、医疗工作人员、志愿者骨干等，他们都做了认真的准备。此外，峰会志愿者培训还注重抓好校内培训。各个学校提前谋划和精心准备通用培训后的校内自主培训工作，有计划、有步骤地提升志愿服务在服务中的礼仪、外语、会话、应急处理等方面能力的持续培训，通过教师授课、情景模拟、互学互比等多种形式，提升了学生志愿者的参与度、激发了学生志愿者做好服务的内生动力。

(四) 建立健全志愿者生活待遇保障机制

大型赛会志愿服务虽然是公益性质的，不以营利为前提，但其服务活动的开展，势必需要一定的政策、资金的支持。此外，在高强度的工作环境下，如果志愿者得不到充足的物质保障，必然会对工作成效有所影响。从依托政府资助的角度出发，应将大型赛会志愿服务纳入公共财政预算之中，建立起大型赛会志愿服务专项基金，保证大型赛会志愿服务活动的资金顺畅周转。此外，还需拓宽筹资渠道，政府要鼓励和号召教育、企业、卫生、文化等单位对大型赛会志愿服务给予支持和资助。同时表彰有突出贡献的单位，为志愿服务提供充裕的服务资金。以政府和组织为主体，逐步建立和完善大型赛会志愿服务的待遇保障体制，形成全民支持大型赛会志愿服务的良好环境。

例如在上海世博会中，世博局园区志愿者部为每位志愿者每天发放 22 元的吃饭补贴及高温天气下的冷饮券，设置专门的休息室、安置储物柜，可以保证每两名志愿者有一个储物柜。休息室配备桌椅和饮用水，各个高校为志愿者准备早餐、夜宵和甜点水果，高校后勤保障部门在志愿者洗澡、住宿等方面给志愿者便利。上海 F1 大奖赛中，组委会志愿者工作部为志愿者购置海绵耳塞，以确保志愿者在高分贝的工作环境下保持身心健康和愉悦。北京奥运会足球比赛上海赛区，赛区志愿者部为每个志愿者发放由阿迪达斯公司定制的价值 1700 元的志愿者全套装备，使得志愿者服装齐整、精神抖擞。上海网球大师杯赛中，组委会志愿者工作部为每名志愿者申请了两张观摩门票，以供其亲友前来观看比赛，同时也关注其志愿服务工作，从而提升志愿者自身的工作服务质量。

此外，G20 杭州峰会对志愿者的交通、餐饮、"志愿者之家"以及住宿等实施了完善的待遇保障。

在交通方面：志愿者使用部门负责解决岗位培训、演练、会议期间的车辆需求。如需调用高校车辆，由志愿者使用部门负责解决车辆的通行证件、泊位等问题。卫志部负责解决招募选拔、通用培训期间的车辆需求。在岗位培训、演练、会议期间，配合志愿者使用部门做好车辆调度及应急处置，各高校配合做好志愿者车辆保障工作。

在餐饮方面：在岗位培训、演练、会议期间，为志愿者解决用餐用水等问题。要求志愿者 8 时前到岗的，需要提供早餐；服务至 17 时后的，提供晚餐；服务至 21 时后的，提供点心。同时还指出，各志愿者使用部门可根据实际情况，自行确定志愿者就餐时间。对于因工作原因不能按时就餐或统一就餐的志愿者，志愿者使用部门提供应急误餐保障或相应的误餐补贴。要求卫志部配合做好志愿者用餐用水保障和应急处置工作。要求各高校负责解决招募选拔、通用培训期间的用餐用水需求，配合做好岗位培训、演练、会议期间各餐次用餐需求数量的统计工作。

在"志愿者之家"保障方面："志愿者之家"是志愿者休息交流、团队激励、存放物品、更换衣服的场所。要求有条件的地方要设置独立的"志愿者之家"。志愿者使用部门负责落实"志愿者之家"场地设置、设施配置等。不能单独设置"志愿者之家"的场馆、酒店，要在工作人员休息区域安排志愿者休息场地。户外志愿者可以通过使用大巴车、临时岗亭等设置"流动志愿者之家"。卫志部负责"志愿者之家"的布置，开展运行管理、应急处置、激励活动、文化宣传等工作。各高校配合做好"志愿者之家"内人员管理、秩序维护等工作。同时，各志愿者使用部门在宾馆住地、会议场所、机场车站因地制宜设定志愿者休息场地。

在住宿方面：会议期间，志愿者一般情况下都住学校宿舍。但志愿服务开始时间在 7 时前或结束时间在 21 时后的，安排住宿。志愿者使用部门根据工作时间和交通安排实际情况，负责给志愿者安排住宿，并将住宿情况报给卫志部。

以上都为志愿者能够安心、舒心进行志愿服务做出了待遇上的保障，也为逐步建立和完善大型赛会志愿服务待遇保障体制做出了一个值得借鉴的范式。

（五）建立健全志愿服务新闻宣传机制

志愿者很多时候，是大型赛会所有机构中人员组织最为庞大、涉及范围最广、管理最为复杂的大组织，可以说是大型赛会的主力军之一。

北京奥运会从志愿者招募启动开始，就对志愿者工作进行广泛的宣传和报道，对志愿者的优秀个人事迹在奥组委官网志愿者频道上进行广泛播出，从而激发群众参与志愿者的热情。

浙江传媒学院在招募 G20 杭州峰会志愿者时，专门召开动员大会，明确峰会志愿服务工作的重要性，号召广大学子积极参与志愿服务工作。"浙江传媒学院""浙江传媒学院团委""浙江传媒学院学生会"等官方微信平台和学校网站进行线上宣传动员，并利用新媒体平台开通 G20 杭州峰会志愿者网络注册系统"V 招募"；各校级团学组织、二级学院结合 G20 杭州峰会和学科专业特色开展了"服务 G20"文明修身大讨论、"喜迎 G20，争做文明学生，共建文明校园"主题演讲赛、"青春助力 G20"专题座谈会、"护航 G20，我们一定行"手绘活动、校园文明劝导等系列主题活动，营造了良好的志愿服务氛围。在此带动下，全校学子参与热情高涨，展现出了强烈的服务热情和责任担当。

政府、组织应对志愿者进行大力宣传，将志愿者身上的正能量广泛传递，树立志愿者积极向上的品牌形象，进而提高社会对于志愿者的认知，从某种程度上使志愿者自身获得满足感，更有动力进行志愿服务。同时，以此方式形成的志愿者文化，可以营造人人服务社会的良好社会氛围，吸引更多的优秀志愿者参与到大型赛会的志愿服务中来。加强媒体联动，一方面用报纸、期刊、广播、电视台等向社会传递志愿服务的正能量。例如，通过报纸对优秀志愿者事迹进行报道；通过电视对优秀志愿者事迹进行报道宣传，播放志愿者宣传片。另一方面要加强自媒体作用发挥，通过各自微博、微信、QQ 群等进行宣传。例如，在网络上播放志愿者宣传片，并开通网民反馈平台给予大众与志愿者的互动机会；开通微博、微信公众号，进行一系列志愿者宣传以及参与志愿服务咨询，实时推送消息。表达的形式要多元化、提高趣味性，如通过漫画动画等形式。同一声音通过多种渠道广泛发出，立体化地对外宣传志愿服务活动，形成志愿服务文化。从某种程度上来说，这也是鼓励志愿者行动持续开展的重要环节。

G20 杭州峰会筹备期间，杭州市着力塑造志愿服务文化，加强宣传造势，将"志愿汇"平台推广到全国。目前，"志愿汇"正作为全国青年信用体系建设的主要应用平台。截至 2016 年底，累计注册志愿者450 多万名，注册组织 27000 多个，服务时数达 3400 余万小时，每天开展的志愿服务活动超过 500 个，新注册人数近 4000 人。同时，杭州市还运用"青春杭州""杭州志愿者"等微信平台公布公益积分排行榜，并在新华社、中国青年报、浙江日报、浙江电视台等媒体开展报道。此外，结合峰会志愿服务出征仪式，杭州市在团中央支持协调下邀请中央电视台（新闻频道、国际频道）、新华社、人民日报、光明日报、中国青年报等国家级重要媒体报道峰会志愿服务筹备情况。同时，加强青春杭州等新媒体平台与团中央、中国青年志愿者微信、微博平台的对接，及时上报峰会信息。重点挖掘、大力选树、全面宣传峰会期间涌现出来的典型人物、典型事迹，让志愿服务精神充分涌流、竞相迸发。

（六）建立健全志愿者团队精神养成机制

在大型赛会志愿者激励保障体系的对象中，志愿者团队作为一个整体，是不可缺少的一块内容。志愿者团队是具有高度社会责任感、使命感以及志愿奉献精神的人们为着共同的目标而组成的特殊团队，更应加强其团队的有效建设，这样才能发挥出志愿者更大的潜能。所以，志愿服务组织应不断培养志愿者具有共同的信念和正确的价值观，培养志愿者强烈的组织归属感和主人翁责任感，鼓励志愿者提高自己的技能，发挥他们自己独特优势，积极、主动、创造性地为实现团队的共同目标而努力。在培养志愿者之间和谐的人际关系和相互信赖的人文气氛的同时，应重视志愿者之间的相互合作。通过这些方式，激发志愿者的团队精神，使志愿者能够感受到团队合作的力量，不断提高工作效率，也能让志愿者在工作过程中，彼此之间结成深厚的友谊，充分感受到志愿服务的快乐和满足。

而针对大型赛会志愿者多为青年大学生的特点，可借鉴上海世博会、2014年亚太经合组织领导人会议以及深圳大运会对于志愿者团队精神培养的方式：

在上海世博会中，针对园区志愿者多为"90后"的情况，世博局园区志愿者部借鉴成功网络游戏和先进企业人力资源管理办法的"经验值管理模式"，通过打造记录志愿者成长过程和沟通激励的时尚信息互动平台，既量化体现志愿者参与志愿服务的实际成效，又为志愿者沟通交流提供平台。

2014年亚太经合组织领导人会议周期间，国家会议中心、水立方等场馆建立了"志愿者之家"，为志愿者提供各种服务保障。志愿者之家设置照片墙，编发志愿者刊物《志愿派》，展示志愿服务风采。运行团队还组织志愿者过集体生日会，为大家送上生日祝福。这样既体现了对志愿者的人文关怀，又增加了志愿者之间的凝聚力，维持并提高了志愿者的积极性。

深圳大运会主办方为生日在大运期间的志愿者举行了一场集体生日派对；通过逐级开展团队活动的方式，增进志愿者之间的交流，提高志愿者团队凝聚力。

G20杭州峰会期间，杭州市协调了注册中心、B20峰会、新闻中心3个"志愿者之家"共300平方米的场地，落实了主场馆"志愿者之家"场地。"志愿者之家"通过多轮论证修改，进行了科学完善的场地布置和物品配备。志愿者们在"志愿者之家"休息的同时，加强了沟通，增强了志愿者团队凝聚力。同时，"志愿者之家"还为志愿者组织了很多团队活动，这些都为凝聚志愿者团队力量做出了显著贡献。

（七）建立健全志愿服务社会认同机制

志愿服务活动是一项伟大而崇高的社会事业，它以自愿、不图物质报酬的方式参与社会生活，促进社会进步，推动人类发展。在我国，由于志愿服务活动兴起较晚等因素，难以激发起全民的互助意识，往往低估了志愿服务活动的社会意义，而从事志愿活动的经历则往往被忽略。因此，社会应加强对志愿者组织和志愿者的关注，提高对志愿者的社会认可度，而认可是最大的激励。而对于大型赛会的志愿者来说，获得认同感是比较重要的一种价值体现。能够通过层层严格选拔，并且牺牲自己的业余时间参加相关培训，最终不辞辛苦参与到大型赛会的志愿服务中，这种行为本身就传递着服务大众、自我奉献、贡献社会的正能量。在对大学生志愿者的调查中发现，大部分的志愿者其实并不在乎补偿的多少，他们更需要的是得到社会的理解和支持。很多时候，一句简单的问候，一个会心的微笑，也许比任何补偿更加温暖人心。很小的认可，却让志愿者建立起了信心，让志愿者感受到服务的价值，产生服务的自豪感。通过多方面提高公众的参与意识，增强社会对志愿者的理解和认同，甚至是对志愿者的赞扬，以吸引更多的志愿者参与到志愿服务中。

深圳大运会志愿者指挥部印制了海报对志愿服务进行广泛宣传，倡导市民参与"芬芳"行动，为志愿者送花，使志愿者的奉献得到社会的关注和认同；"心语"行动，各 U 站自制"心语"箱，用于收集市民对志愿者的希望、祝福和建议，为志愿者加油、鼓劲。

G20 杭州峰会志愿服务期间，杭州市就开展了人文关怀激励。在峰会结束后，开展了总结表彰、经验分享会等活动，评选优秀志愿服务集体和个人，宣传先进事迹。杭州市还组建临时党团组织，指导开展党团活动，邀请相关领导慰问志愿者。收集整理志愿服务集体和个人先进事迹材料，做好相关总结表彰工作。各高校配合开展党团活动，参与志愿者日常考核，参与优秀志愿服务集体和个人的评选表彰，并负责开展校内表彰活动，发放峰会志愿者录取通知书、峰会志愿者纪念证书、峰会志愿者纪念品以及志愿者激励贴纸，以彰显公众对志愿者的认同。

参照历次大型赛会志愿服务，志愿者都被社会赋予了独特昵称作为青春名片，来彰显志愿者价值追求和担当精神。G20 杭州峰会筹备工作启动后，组织专家、学者、热心市民来共同打造有"志愿精神、西湖元素、杭州特色、江南韵味、中国气派元素的"志愿者文化形象。经多轮设计、磋商、评审，经筹备办同意，决定以"小青荷"作为峰会志愿者形象。"小青荷"引自"小荷才露尖尖角"，体现杭州别样韵味，又音同"亲和"，寓意志愿者微笑服务，展现最美亲和力。同步、配套设计生产了志愿者"小青荷"服装，融合了杭州湖光山色的元素，呈现出有独特韵味的自然之美。峰会期间，"小青荷"的形象受到广泛关注，让志愿者找到了归属感、认同感。

（八）建立健全志愿服务精神培育机制

志愿精神是能够推动志愿工作前进的动力，不为报酬和所得参与推动人类的发展和完善的社会工作，是一种积极的、可持续发展的服务与实现自我价值的统一。对志愿者的理解和认同直接关系着整个社会志愿者的文化氛围的营造，对志愿者的服务会起到更好的发展影响。因此，全社会都要弘扬、培育奉献友爱、互帮互助的理念精神，让志愿服务活动的理念深入更多人的心中，让越来越多的人奉献出属于自己的一份爱心，营造"人人参与奉献"的良好社会氛围。

对志愿者进行志愿精神以及志愿理念教育，培养志愿者的使命意识、奉献意识、协作意识和服务意识，需要依靠家庭、学校、团体等全社会的共同努力。要激励志愿者志愿精神的养成和传承，进而激发、吸引更多的志愿者参与到大型赛会志愿服务中来。

在培育志愿者精神方面，G20 杭州峰会为积极营造"当好东道主、志愿我先行"的良好氛围，深入实施了志愿平安、志愿文明、志愿生态、志愿关爱、志愿国际、志愿旅游、志愿文化等 G20 杭州峰会七大城市志愿服务行动。在全社会引发了良好的反响，吸引众多不同年龄段的志愿者参与其中。截至 2016 年 8 月，参与志愿服务组织达到 3402 个，志愿者达到 138.2 万人次。同期杭州市还拍摄了志愿者宣传片，创作传播杭州志愿者歌曲《有你有我有爱》。在培育志愿者精神方面取得了可喜的成绩，全面营造峰会城市志愿服务浓厚氛围。

在这一方面，我们还可以向美国学习。作为移民国家的美国，是先有社会后有国家，志愿精神早在其建国以前就植根于每个人心中了，这种精神源于最早的美国移民之间的互助精神，后来就逐渐成为美国人的一种传统。早在 1998 年，美国约有 1.09 亿成年人参与了志愿者活动；56%—62%的妇女每周奉献 3.4 个小时，49%的男性每周奉献 3.6 个小时从事志愿服务活动。[1] 从 1992 年开始，在每年 10 月的第四个星期日，美国都要举行全国志愿者活动，设立了"全国志愿者活动日"。而在 1997 年就有 130 万美国人参加了这一节日。[2] 在这一天，美国各个志愿者组织都会举行各项涉及多个领域的志愿服务活动。美国还有一个"全国志愿者活动周"，是在每年的 4 月份。在活动期间，会由美国总统及州长对一些表现突出的组织和个人给予表彰和奖励，同时在表彰大会上也能看到一些杰出的企业界精英和著名演员的身影。

因此，要想弘扬、培养志愿者精神，要设立我国特有的志愿者节日。目前最认可的是 12 月 5 日的国际志愿者日以及 3 月 5 日的学雷锋活动日。

---

① 冯英等:《外国的志愿者》，中国社会出版社 2007 年版。
② 杨恕、续建宜:《美国志愿者运动述评》，《国际论坛》2002 年第 5 期。

（九）建立健全志愿者自我激励保障机制

大型赛会志愿服务者激励保障体系的建立以及完善，不仅仅需要依靠政府、组织以及社会，还需要依靠志愿者个人。如果说，志愿者善于从自我激励的角度了解志愿服务价值，即使政府、组织激励以及社会激励存在欠缺之处，志愿者依然能够保持志愿服务的热情，投入到志愿服务中，为大型赛会的志愿服务做出贡献。有时候，外界的力量往往无法真正传递到志愿者内心，而志愿者通过自身内心发现和感受到力量，往往比外界提供的力量更强大。因此，从志愿者个人出发形成的个人激励保障体系，主要是以下几个方面：

第一，增进自我价值激励。

大型赛会志愿服务，提供了一次让志愿者在服务的过程中寻找到自己价值的机会。志愿者在参与志愿服务中，要善于发现自己的服务给别人带来的方便和快乐，发现自己给会议举办做出的贡献，找到自己志愿服务的价值，从而产生志愿服务的神圣感，激励自己再接再厉，提供更高水平的志愿服务。志愿者用热情、真诚的服务得到他人的肯定产生成就感，社会和志愿组织对志愿服务效果的认同，能使志愿者的成就感得到加强，使志愿者感受到自己的能力有了发挥的地方，自我价值得到了极大的肯定，就能在志愿者心中产生良好的自我激励作用。从另一方面来看，志愿者自身心理上的自我满足，可以使志愿者产生更大的成就感。自我价值的实现，能够激励长久持续地提供更高质量的志愿服务。

志愿者自身用心去发现、去感受在志愿服务过程中的一切，从积极乐观的角度去看待所遇到的事情，以此实现更大的自我价值。

第二，鼓励自我提升激励。

"志愿者"是一个积极向上、充满活力和朝气的代名词，参与志愿服务是一个提升精神境界、完善人格素质的有效途径。志愿服务为志愿者提供了在本职工作岗位之外的交往与实践的机会，使他们在参与的过程中提高社会互动能力、分析和解决问题的能力、锻炼组织领导能力等。同时，参与大型赛会的志愿服务，从事不同于自己之前的事情，也是志愿者重新发现和认识自己，从而提升自己的绝佳机会。

志愿者在进行志愿服务的过程中，注重对自身能力的提升，这包括心理承受能力、沟通能力以及一些专业知识。当志愿者发现自己能在不同的方面都有提高之后，会更有动力进行志愿服务。

总之，志愿者是良好社会风尚的倡导者，是服务经济发展、促进社会进步的实践者。志愿服务是实施民主民生战略、提升城市文明、促进全面建成小康社会、实现"中国梦"的有效途径和重要手段，是一项有益于社会、充满阳光的社会事业。随着我国国际化的不断深入，国际上对我国发展所取得的成就的肯定、对我国发展的巨大潜力的信任，我国将举办越来越多的大型赛会，这就对我国的大型赛会志愿服务事业提出了更高的要求。从长远来看，志愿事业的发展水平和成熟程度，将会日益成为考核国际竞争力的重要方面。而我国志愿服务发展仍处于大有可为的重要战略机遇期。要促进志愿者事业发展，其中最重要的就是要构建可持续发展的长效的大型赛会志愿者激励保障体系，以促使志愿者从加入、成长、奉献到精神传承具备一定的持续性和长效性，出色地完成志愿服务。打破"留不住、引不来"的僵局，形成良性循环持续发展的运行模式，以促进我国志愿服务事业持续健康发展。本文从政府与组织、社会以及个人三个维度出发，展开了对于建立完备大型赛会志愿服务者激励保障体系的研究，能够使志愿者的各种需求得到全面满足，为志愿者积极参与志愿活动提供源源不断的动力，促进我国社会的全方面多元化发展。

第六章　大型赛会志愿服务功能

　　志愿服务本身作为一种高尚的社会行为和一项重要的社会公益事业，在各种大型赛会中发挥着重要的作用。培养出一批高水平的志愿者队伍，对传播弘扬志愿精神具有很强的示范功效。志愿服务的存在也是大型赛会顺利举办的重要保证，同时它又在给这个时代传递一种积极向上的正能量，对整个国民素质的提升具有很大的引导作用，无论是对大型赛会还是志愿者，都是一种推动和促进。[1]

　　近年来，随着我国开放程度的不断提高，大型赛会志愿服务在我国也逐渐发展起来，志愿者在越来越多的大型国际赛事及会议的筹备和举办过程中参与了具体管理、服务工作，发挥着不可或缺的作用。在大型赛会志愿服务的平台之上，可以充分发挥志愿者的服务功能，在服务过程中培养和践行社会主义核心价值观，最终形成社会主义核心价值观与志愿服务的良性互动。

　　在国家开放程度不断提升、国际化速度不断加快的背景下，各种大型赛会志愿服务正不断兴起。大型赛会志愿服务是经济社会发展到一定阶段的产物，具有明显的时代特征。我国对外开放持续深入推进、经济社会发展的国际化程度日益提升，从而使得越来越多的国际峰会、文娱活动、体育赛事等都选择在中国举办。与此同时，许多城市都将筹办大

---

① 黄玉涛：《2009 年大冬会志愿者的管理研究》，《林区教学》2009 年第 2 期。

型活动及大型赛会作为推动城市经济社会发展的重要增长点，借此整合城市资源，加强基础设施投入和建设，推动旅游观光产业的发展。而志愿服务本身作为这其中的重要力量，其功能正日渐体现出来。

大型赛会对一个城市经济社会的发展具有很强的推动力，这也成为越来越多城市举办大型赛会、开展志愿服务的内在动力。由于志愿者服务是塑造城市名片、提高国民素质、提升城市国际形象的重要平台，以及志愿者工作在节约大型赛会运行成本、提高社会动员能力、凝聚民意人心等方面具有得天独厚的优势，志愿服务会吸引越来越多的人士投入其中。例如，在 2016 年 G20 杭州峰会的前期准备中，整个城市凝聚志愿者团队力量整顿城市风貌，同时志愿者本身又参加了各种系统的培训，可以说双方都在某种程度上受益。因此，一场大型赛会的筹办，是志愿服务功能提升与推动当地经济发展、国民素质提高的重要动力。

为了更有效地树立全社会对志愿服务活动的认同和激励更多的人将来投身于志愿服务活动，对目前大型赛会的志愿者服务功能进行讨论和研究是很有必要的。[①]

一、大型赛会志愿服务的志愿精神示范功能

我国自古以来就倡导乐于奉献、团结友爱、助人为乐、见义勇为、尊老爱幼、尊师重教等精神，而志愿精神从中得到了继承和光大。举办大型赛会，越来越多的青年学生、社会人士以更加积极主动的心态参与并投入其中。正是因为他们的这份热情才推动国内志愿服务向前发展，志愿服务越来越成熟，志愿者能力逐渐提升，职员培训机制不断完善。

与一般的志愿服务相比，大型赛会志愿服务更容易引起全方位的社

---

① 杨杰：《我国大型活动志愿者管理研究》，《华南理工大学学报》2012 年第 12 期。

会关注。任何一个大型赛会都承载着主办国和主办城市对外交流、扩大影响、传播文化的职能，这其中相当一部分的运行职能都要由志愿者来完成。作为大型赛会组织运行助手、文化传播使者，志愿者自然受到广泛的关注和尊重，其中不乏国际社会、国家党政领导的关注。[①]

　　大型赛会是弘扬志愿精神、探索志愿项目的实验室，开展志愿活动的演练场，其志愿服务具有重要的示范功能能够有效地宣传志愿服务理念，探索良好的志愿服务组织管理模式，培养一大批高水平的志愿者队伍。

　　2008 年 8 月，承载着中国百年梦想的奥运会在北京举办。奥运期间，12 万赛会志愿者、40 万城市志愿者、上百万社会志愿者、20 多万啦啦队志愿者共 170 万人尽职尽责、耐心细致地做好各自的工作，在不同的工作岗位上贡献力量。他们弘扬了"团结、友谊、和平"的奥林匹克精神，践行了"奉献、友爱、互助、进步"的志愿精神，演绎了"我参与、我奉献、我快乐"的志愿真谛。北京奥运会、残奥会志愿者艰辛的劳动、努力的付出、灿烂的微笑、专业的服务感动了国人，打动了世界，赢得了各方面的高度赞誉，志愿者的微笑成为北京最好的名片。

　　2010 年 5 月 1 日，上海世博会正式开幕，这也是历年来首次由中国举办的世界博览会。在上海世博会举行的 184 天里，有超过 200 万人次的志愿者用"世界在你眼前，我们在你身边"的感召在上海的各个角落提供志愿服务。本次世博会志愿者包括园区志愿者、城市志愿服务站点志愿者和城市文明志愿者。其中，"园区志愿者"主要服务于园区办会工作，服务于园区内参观者，规模 7 万余人；"城市志愿服务站点志愿者"是为参观者在园区外的生活出行等提供服务，规模大概 13 万人；"城市文明志愿者"大概 197 万人，更多由市民参与世博、奉献世博，提升上海的文明程度和市民文明素质。此外，世博会与腾讯公司联手发

---

① 　任炜、张晓红：《大型活动志愿服务的教育价值研究》，《边疆经济与文化》2015 年第 9 期。

起世博网络志愿者传递活动，号召广大网友参与到传播世博、传递世博精神的行列中，超过 6000 万网友成为世博网络志愿者。

2010 年 11 月 12 日，第十六届亚运会在广州开幕。亚运会期间，亚运会、亚残运会赛会志愿者 8.5 万人、亚运城市志愿者约 50 万人，共计约 59 万亚运志愿者活跃在赛场内外，奉献在广州每个角落，构成了广州市"亮丽的风景线"。广州亚运会又是一次志愿的盛宴，在总结、延续和深化北京奥运志愿服务的基础上，形成了独特的广州模式。不仅 59 万志愿者精心奉献，千万广州市民也积极响应"一起来、更精彩"的口号，掀起志愿风潮。①

2016 年 9 月 4 日至 5 日在中国杭州召开的 G20 杭州峰会，是由 20 国集团召开的国际经济合作论坛，被称为"全球最具决策力的首脑级峰会"。在 G20 杭州峰会筹备期间，整个杭州市都处于紧张且繁忙的状态。城市中到处贴满了"办好 G20，当好东道主"的标语，城市中无论是老人、小孩还是年轻人都在积极报名参加志愿服务。与此同时，整个城市面目焕然一新，志愿服务队伍日渐扩张。杭州市民整体风貌也在发生翻天覆地的变化，自愿花费时间、精力全身心投入 G20 的筹备工作中。峰会举办前，走在杭州，可以看到很多高校志愿者自愿成群结队在杭州市各个地段整理外文路标，这吸引了很多人的目光。志愿者积极宣传城市文明，不仅将 G20 杭州峰会志愿者精神传递给了市民，同时也为促进 G20 杭州峰会的完满举办奠定了良好的基石。

G20 杭州峰会作为一场国际性的大型赛会，加入其中的众多志愿者发挥了积极作用。他们一方面进一步宣扬了 G20 杭州峰会，另一方面也在逐渐引导杭州市民积极加入到志愿服务的队伍当中，同时为防控各种突发事件提供了人员保障，保证峰会的顺利举办。在会议还未开幕前，无论是对会议本身的宣传还是志愿者所表现出来的热情和专业精神，这些都能足够体现出大型赛会志愿者服务的功能。

---

① 上海世博会志愿者相关数据均来源于上海世博会志愿者网。

志愿服务及其倡导的"奉献、友爱、互助、进步"的志愿精神，体现了人与人之间互相关爱、人与社会之间相互融合、人与自然之间和谐共处。和谐社会包括人与人和谐相处、人与社会和谐相处、人与自然和谐相处。两者的本质要求具有高度的一致性。志愿精神所倡导的正是建设和谐社会所需的，是国家富强、民族振兴、人民幸福的重要保证。志愿精神是一种促进社会和谐的精神力量，以关爱、互助为思想内核，体现了和谐社会的核心价值观，与和谐社会提倡的团结互助、追求平等友爱、注重共建共享相吻合。随着实践活动不断深入，大学生志愿服务活动的德育功能逐渐显现，这种新载体符合中央文明委《关于深入开展志愿服务活动的意见》中提出的"把志愿精神纳入高校德育教育"的要求，也满足了大学生回馈社会、奉献爱心的需要。大学生通过深入社会、了解社会、服务社会，接触到社会现实，使命感、社会责任感和公民意识不断加强。

二、大型赛会志愿服务的价值引导功能

志愿服务是社会发展到一定阶段的产物，是社会文明程度、公民素质高低的重要衡量指标之一。而诸如北京奥运会、上海世博会、G20 杭州峰会等大型赛会，在国际社会享有广泛的影响力，凝聚了海内外的高度关注，往往成为城市展示自我形象的重要窗口。因此，大型赛会志愿服务承担着展示市民文明素质，塑造良好城市形象的重要使命。在各种大型赛会中，由广大市民组成的志愿者群体结合城市独特的魅力，积极主动地开展志愿文化创建活动，打造独具特色的志愿文化品牌，并通过志愿服务活动传播给其他市民、外地游客以及国际友人，不仅能够提高和展示市民的文明素质，还能够给外地游客以及国际友人留下美好的印

象，从整体上提高城市形象。①2016 年，杭州市民全身心投入到 G20 杭州峰会的准备工作中，城市里到处贴满宣传峰会的标语，多数市民自愿加入到峰会的志愿服务中，为峰会的成功举办贡献自己的一份力量。同时，峰会的举办也让杭州这个城市成为世界关注的焦点，让更多的国际友人能够认识并了解杭州这个城市。由此可见，一场大型的国际赛会的举办，会对一个城市的国际形象产生极大的提升作用。作为参与社会生活的重要形式，大学生志愿服务是充满阳光、充满希望的社会事业，是促进和谐社会建设的重要力量。在推进国家治理体系和治理能力现代化大背景下，志愿服务在引领社会风尚、促进社会整合、维护社会稳定与团结、提升国家软实力等方面，发挥着不可替代的作用。

（一）引领良好的社会风尚

志愿服务是一项在实践中教育人、培养人的事业，其作为实践育人的有效载体获得了公众的高度认同。②志愿服务既是对中华传统美德的继承和发扬，同时也体现了社会主义思想道德的基本要求，符合社会主义先进文化发展的方向和要求。作为文明传递、爱心接力的有效载体，高校大学生志愿服务宣传志愿精神，将志愿服务的高尚文化融入日常生活之中，营造了一种"我为人人，人人为我"的和谐友爱氛围，倡导新的时代风气和社会风尚，并提升公众参与社会的自觉性和主动性，改善了社会风气，弘扬了人间正气，起到了陶冶情操、提升境界的作用。历来人们用"奉献、友爱、互助、进步"八个字来概括"志愿精神"。但要概括 G20 杭州峰会志愿服务工作启动以来百万名杭州志愿者所展现的精神，至少还要再加上两个字——"责任"。"责任"来自"主人翁"

---

① 张晓红：《大型活动志愿文化的创建与传播策略》，《华南师范大学学报》2010 年第 6 期。
② 李良进：《高校志愿服务的社会文化功能及其实现》，《教育现代化》2015 年第 14 期。

意识，来自"人人都是东道主"的担当。"责任"来自对这座城市的热爱，爱惜她的荣誉，珍视她的未来。"责任"来自"我为峰会，峰会为我"，我们每个人既是"杭州故事"的讲述者，也是"杭州故事"的书写者，志愿者的善尽责任，贡献美好，书写出了一篇"最新最美的文字"。

2016年G20杭州峰会期间，杭州市民用文明风尚展现中华礼仪之邦的厚重底蕴。市民的文明素养，看似个人行为，实则反映了中华文明礼仪，是一个关系中国形象的大问题。要在短时间内让广大市民的文明素质有一个大的提升，找到问题的突破口非常关键。浙江省杭州市一起认真总结近年来实施文明素质工程的经验做法，以开车、排队、过马路等人们日常行为为切入口，以人人都会遇到的常见问题为突破口，广泛开展"迎接G20人人讲文明——做文明有礼浙江人"活动。采取公交车和出租车先行带动、样板路辐射带动、党员干部示范带动等举措，大力倡导机动车"礼让斑马线"，让出了一份和谐，让出了一份安全，"礼让斑马线"成为杭州文明交通的一道亮丽风景线。采取重要路口重点突破、重点问题重点管控、重要节点重点查处等举措，对行人和非机动车倡导"文明过马路"，有效规范了行人和非机动车的过马路行为，过出了一份自觉，过出了一份涵养，使车辆与行人各行其道，各显文明。采取设置排队引导设施、"遵德守礼"提示牌和进行文明劝导等举措，着力推行排队上下车、排队进电梯、排队办事情、排队游景点、排队上厕所，促进市民养成排队等候的良好习惯，排出了一份耐心，排出了一份优雅，使有序排队成为城市街头的一种常态。采取优化服务环境、改善服务态度、提升服务水平等举措，倡导热情好客、彬彬有礼的待客之道，待出了一份热情，待出了一份友善，各行各业对标一流、追求卓越，以饱满的热情、周到细致的服务，展现了杭州人民的礼仪之美，给各国宾客留下了美好印象。活动的开展受到干部群众的一致好评。基层单位感到，倡导"礼让斑马线、文明过马路、排队守秩序、礼仪待宾客"文明风尚，切口小、影响大，载体实、便于抓。广大市民认为，这些都是大家身边事、日常事，活动贴得紧、感受深、效果好。峰会期间，杭州市民展现的文明礼仪、文明素养受到各国嘉宾的一致称赞。

（二）融合凝聚了积极社会性情感

当前我国正处于社会转型的重要时期，在社会政治、经济、道德、法律、文化以及社会观念领域，存在着大量的失范现象，表现尤为突出的是阶层严重分化、社会道德水平滑坡、社会凝聚力下降。面对这些社会问题，志愿活动为净化社会风气、消除转型时期社会的各种失范现象做出了不可忽视的重要贡献。志愿者尽己所能，不计报酬，帮助他人，服务社会，客观上增进了人与人之间的关怀、接触和理解，减轻、消除了人们之间的疏离感，培植了团结互助、平等友爱的积极社会性情感。这在一定程度上缓和了社会矛盾，融洽了人际关系，减少了社会转型所带来的负面效应，起到了一种"社会安全阀"和润滑剂的作用。在人际关系越来越功利化和世俗化的今天，志愿者活动作为一个强有力的纽带，有助于加强不同社会群体阶层之间的沟通和了解，促进人与人之间的融合，客观上起到了一种社会整合功能，促进了社会的和谐。①

2008 年北京奥运会期间，在城市志愿者工作中，建立了"市—区（县）—街道（乡镇）—站点"四级联动指挥管理体系，网络畅通，指挥高效，运转良好；制定了各级城市志愿者工作管理制度，建立信息咨询、语言翻译、应急服务等各类志愿者的行为规范和工作规章，符合公众需求、适合大众参与的志愿服务公益实践项目被不断发掘出来，实现了志愿者与志愿服务项目的有效对接，为进一步规范和完善各区县志愿服务的长效机制，稳步推进志愿服务的日常化和制度化建设打下了坚实的基础；在社会志愿者工作中，协调各相关职能部门、区县、各类社会组织，形成了重点服务领域、基础性服务领域和一般性服务领域的全覆盖；坚持使用、组织、管理、保障相一致的机制，建立项目对接机制，

---

① 安国启：《志愿行动在中国》，中央文献出版社 2002 年版，第 178 页。

明确项目实施标准；文明观众啦啦队志愿者，针对引导员志愿者、骨干啦啦队以及残奥会文明观众等不同群体的工作任务及特点，使工作小组、组织单位和场馆团队切实明确了自身职责，并进行了通用、重点和岗位培训。工作中，通过将场馆与区县、高校和相关单位对接，组织社区居民、企业职工、大学生、中小学生全面参与，营造了良好的赛场氛围。啦啦队工作小组下设了6个工作组，分别负责综合协调、赛事组织、宣传报道、培训活动、对外联络和后勤安保工作。赛会期间，形成了以组织落实各场馆文明观众、啦啦队为中心任务的指挥体系，每个场馆设一名联络员，上对工作小组，下对各个场馆，营造并保证了赛事的文明氛围。

2016年杭州峰会筹备前期，杭州市率先提出"办好G20，志愿我先行"口号，现已成为各志愿服务组织、各基层团组织参与城市志愿服务最响亮、最有影响的行动符号和标志。实施了志愿生态、志愿关爱、志愿国际、志愿旅游、志愿文化等"美丽杭州"行动，联合开展各级人大代表"服务G20、当好志愿者"活动，涌现出"武林大妈""石桥大伯""天水义工""文晖和事佬""上城黄哨子""米市小红帽"等典型人物。依托全市946个社区志愿服务站、1000多个公交站点、70多个"微笑亭"、280多个公共自行车亭、150多个文明路口，全面实施省市G20志愿服务"赛积分，比贡献"活动。根据"志愿汇"公益平台统计，累计参与峰会城市志愿服务组织13100个，志愿者185.2万人次。

杭州市民用愿景目标激发爱国情怀、弘扬奉献精神。如广泛开展"迎接G20，当好东道主""畅想G20""世界眼中的杭州""天下浙商话峰会"等活动，大力宣传习近平总书记的重要指示和要求，从多角度、多层面激发杭州人民的爱国热情，不断提振党心、民心和民族自豪感、自信心，把党中央对杭州的充分信任，转化为爱国情感、奉献精神、自觉行动；用优秀传统文化强化价值自信、激发精神动力。挖掘整理杭州优秀传统文化，从"历史文化名城""创新活力之城""东方品质之城"三个维度，编写《杭州简史》《杭州印象》等书籍，用讲故事的方式全面展示杭州精致和谐、大气开放的城市精神，把优秀的文化基因根植在人们的头脑中，催人奋进，引人前行，用杭州潮起潮涌的时代赞歌涵养社会主义核心价值观；用"最美"人物树立精神标杆、鼓舞工作干劲。开展"最美建设者"等系列"最美"典型评选活动，宣传推介爱岗敬业、开拓创新、服务群众、传递爱心的各类"最美"人物，以他们的先进事迹和崇高精神，讲述"最美"故事、传播核心价值，形成了争做"最美"杭州人、争当"最美"主人翁的良好社会风尚，为G20杭州峰会的精彩召开提供了强大的精神动力。

整个峰会期间，浙江省尤其是杭州市人民顾大局、识大体、讲奉献，以高度的主人翁意识当好东道主，在全世界面前充分展现了中华儿女勇于牺牲、甘于奉献、顾全大局、爱国敬业的优秀品质和包容大气、事必尽善、文明重礼、热情好客的传统美德。全省上下各条战线守土负责、守土尽责、心往一处想、劲往一处使，形成了峰会服务保障没有旁观者、没有局外人的良好状态，谱写了许许多多可歌可泣、感人肺腑的动人故事。

(三) 增强了文化软实力

在当代，作为一种文化软实力，志愿精神体现着国家、社会的文明高度，它是一种体现奉献精神、利他精神和文明内涵的崇高文化，既传承了中华民族扶贫帮困、助人为乐的传统美德，又反映了社会发展进步的时代要求，在社会的精神文明建设中占据了重要的位置，是社会主义核心价值观的生动体现。前联合国秘书长安南在2001国际志愿者年启动仪式上的讲话中指出，志愿精神的核心是服务、团结的理想和共同使这个世界变得更加美好的信念，从这个意义上说，志愿精神是联合国精神的最终体现，是人文精神的最高级表现形式，具有永恒的精神价值。志愿精神对当代中国，具有凝聚功能、人文教育功能和示范功能，为构建社会主义核心价值体系提供了社会公众支持、精神支持和动力支持。① 实践证明，志愿服务和志愿者的良好素质和形象在对外国际交往中发挥着独特的作用和影响。

自 2006 年以来，北京志愿者协会推出"微笑北京"的活动，倡导广大市民和志愿者每天多一些微笑，养成微笑的习惯，以自己的微笑表达真心关怀，在给他人和社会带来快乐和温暖的同时，提高自身的文明素养。自觉争当微笑的使者，播撒微笑的种子，倡导团结平等、互帮互助的良好风气，形成友爱温馨、亲切和善的人际关系，创造和谐融洽、文明健康的社会生活环境。活动自开展以来，取得良好的效果，志愿者的微笑逐渐成为城市的名片，对于提升北京文明古都的形象也产生了积极的作用。112 万志愿者用自己的实际行动弘扬了志愿精神，赢得了国际社会的广泛赞誉和高度评价。

中国 2010 年上海世界博览会（EXPO 2010）是第 41 届世界博览会。2010 年 5 月 1 日至 10 月 31 日在中国上海市举行。此次世博会也是由中国举办的首届世界博览会。7 万名园区青年志愿者、10 万名城市站点志愿者，共同书写着这座城市热情好客的一面。在试运营、开幕式与开园的那些天里，青年志愿者们每天从早上 8 点工作到晚上 8 点，且 12 个小时基本都是站立着的。但他们始终面带微笑地为游客提供咨询、引导服务，除此以外，还会经常提供诸如"帮游客修鞋，为婴儿冲奶粉"之类的"额外"服务。面对烦琐细致和千奇百怪的提问，他们随时都能做到事无巨细地耐心解答。因而在短短几天里，他们就以自己的实际行动博得了游客们的信任和一致好评。青年不仅是志愿者的主体，也是世博会期间举办各类活动的重要主体之一。位于园区内的"世博青年林"就在五四青年节这一天揭幕。此外，在 2010 年 7 月上旬，"世博青年周"活动也在园区上演。在临近世博会闭幕时，世博青年高峰论坛还与来自全球的青年代表一起，发表《上海世博会青年倡议》。总之，青年的脉动牵连着上海城市的心跳，城市与青年之间是气脉相通、联动并进的。

---

① 丁元竹等：《中国志愿服务研究》，北京大学出版社 2007 年版，第 15—17 页。

2010 年世博会的成功举办，青年志愿者服务所发挥出来的作用和功能举足轻重。通过志愿服务传播正面的城市文化，让世界更快更好地认识和了解中国。

在有些志愿行动项目中，大学生志愿者并非是服务的最佳人选，社会上还有很大一部分有着志愿意识的人群没有调动起来。然而青年大学生作为特殊的志愿群体，有着活跃的思维、丰富的知识、对人热情、做事积极等诸多特点，对弘扬志愿精神有着重要作用。作为志愿服务的主力军，大学生要充分发挥好自身的带动作用，激发群众的热情，志愿服务不仅仅是输血给服务对象，更要让他们学会造血。在服务过程中，时刻谨记志愿精神，在其鼓舞下始终保持积极向上的服务热情，感染了被服务人群以及其他社会群体，久而久之，激发和带动了群众积极参与到志愿服务中去，以青年大学生志愿者为模范，去支持志愿服务活动，保障志愿精神的传承，从而提高社会整体水平。培养大学生的志愿精神是社会的需要，这不仅是为了创造服务价值，更重要的是为了引导社会服务精神，让大家都参与其中。

三、大型赛会志愿服务的社会动员功能

从现代社会发展趋势来看，市场活动、政府活动，包括志愿服务在内的社会公益性活动是现代社会中不可或缺的三个支撑点。《中共中央关于加强党的执政能力建设的决定》要求"深入研究社会管理规律，完善社会管理体系和政策法规，整合社会资源，建立健全党委领导、政府负责、社会协同、公众参与的社会管理格局"。在构建社会主义和谐社会中，党对社会资源的整合，对各方面利益关系的妥善协调，对不同利益群体的最大限度整合，对社会稳定协调发展的维持，显得日益重要。大型赛会志愿服务提供了一个全方位展示志愿者的机会，能够促进志愿者个人和组织的自我完善，培养志愿者的公共精神，让志愿者在关注公共活动、承担公共责任的同时，获得道德精神的升华、社会价值的实现以及自身的全面发展，使得全社会达成一些基本共识，增强社会亲和力与凝聚力，有利于促进市民健康成长，促进社会和谐稳定。志愿者在全社会倡导奉献、友爱、互助、进步的时代新风，在一定程度上增进人与人之间的信任，有利于缓解社会冲突，促进社会安定与和谐友爱。

近年来，随着我国对外开放的程度不断加深，越来越多的人自愿投入到各种大型赛事、国际会议的志愿服务活动中，为各种大型赛事和会议提供服务和帮助，这不仅促进了大型赛事及会议的顺利举办和开展，同时对志愿者本身也是一种前所未有的体验和发展。在这样的背景条件下，志愿服务在各种大型赛事和会议中所发挥出来的功能也越来越显著。

与此同时，各种对于大型赛会志愿服务功能的研究和报道也越来越多，并且以各种形式，如报纸、电视、学术期刊等形式出现在大众的视野中，越来越受到大众的关注。正是在这样一种日渐开放的社会环境下，志愿服务功能的划分也日渐清晰，受到更多人的重视。这不仅对大型赛事及会议本身的顺利开展具有重要的意义，同时也让更多的人了解大型赛会志愿服务功能，激励其今后愿意投身于志愿服务活动中。正是由于社会环境日渐开放，有更多的人自愿投入到无偿的志愿服务活动中。此外，伴随着各种大型赛事及会议的成功举办，将世界的目光都集中到了一起，而这其中发挥重要作用的志愿服务也就进入大家的视野。

中国经济的快速发展、对外开放程度的不断加深、志愿服务思潮的深入人心、各类大型赛会的完满举办，这些都是大型赛会志愿服务功能不断发展和凸显的机遇。大型赛会志愿服务能充分发挥"第三部门"的协调优势，积极参与公共服务，将志愿服务的目光从关注弱势群体的生活投向提升人的生活质量和社会可持续发展这一更为广阔的空间，通过在更大领域内开展志愿服务，促进社会的可持续发展。志愿服务作为现代社会有效、便捷的动员方式，正在成为危机预防、危机应对、危机保障等社会应急机制方面的重要建设力量，并成为国际惯例。①

2016 年杭州峰会期间参与峰会城市志愿服务组织 13100 个，志愿者 185.2 万人次。峰会志愿服务本着"求突破、树标杆"的要求，全面收获了峰会志愿服务工作多维成效。

第一，确立了杭州市志愿服务工作的新标杆。峰会志愿服务是杭州乃至全国赛会志愿服务发展史上规格最高、要求最严、影响最大的活动。一是坚持最高标准。全面对标国际、国内赛会中的先进做法，主动向上级进行汇报，落实相关举措，参与国际赛会志愿者论坛，邀请了 20 余名国际、国内重量级专家作为峰会志愿服务工作指导委员会成员。二是落实最严要求。对宣传动员、组织规划、招募选拔、培训开发、运行管理、考核表彰、激励保障、成果转化等各个环节，都设立了严格规范的运行要求，尤其对涉及城市形象、国际关系等方面问题，邀请市外办、国安局、保密局、民宗局等部门的领导专家把关服务标准和服务进程。同时，抓牢"五定"，做到"点在哪里，人在哪些""岗位有多少、职责是什么""既定流程怎么走、应急处置怎么做"等问题理顺厘清，切实做到一切行动听指挥，落实无盲区、无死角，实现了"零事故、零差错、零投诉"。三是发挥最大效应。峰会国际志愿者由来自澳大利亚、德国、韩国、俄罗斯、哈萨克斯坦、印度尼西亚、也门、委内瑞拉等国家的 25 名浙大留学生代表组成，硕士、博士以上学历的有 14 名，不仅具备了出色的英语交流能力，还有一定的中文语言表达能力。峰会中，他们不仅完成了多语言平台（96020）的各项测试，还主动继续参加微笑亭、社区英语教学及各类峰会宣传展示活动。其中 3 名志愿者分别作为峰会期间，哈萨克斯坦、澳大利亚、韩国代表团翻译志愿者，参与峰会的系列外事活动，成为

① 罗强：《深化志愿行动　实现持续发展》，见 http：//news.sina.com.cn/o/2004-12-09/09434474086s.shtml。

峰会一道独特的风景。四是实现最佳效果。重点挖掘、大力选树、全面宣传峰会期间涌现出来的典型人物、典型事迹，充分发挥媒体宣传的放大效应。峰会期间，中央电视台、新华社、人民日报等十余家中央媒体报道峰会志愿服务60余篇次，浙江日报、浙江电视台、杭州日报等省市主要媒体报道90余篇次，其他媒体如澎湃新闻网等门户网站报道志愿者70余篇次。

第二，提供了赛会志愿服务标准化研究的新样本。充分运用好中国青年志愿者赛会服务研究培训基地挂牌成立的"红利"，做大做实杭州志愿服务研究中心，杭州团市委联合杭州师范大学、市质监局重点推进大型国际赛会标准化研究，组建了编委会，建立了管理标准化、岗位标准化、文化传播标准化、智慧系统标准化四个研究小组，开展了招募机制研究、服务能力培训机制研究、激励保障体系研究、服务功能研究、动员机制研究、现场指挥调度系统研究、大型赛会志愿者综合素质需求研究、志愿者时数记录制度和益币体系建设研究等十大课题研究。其中《大型赛会志愿服务标准研究》申报了市委办公厅、市政府研究室（参事室）2016年度重点调研课题，《杭州应对重大国际论坛和国际赛事志愿者培训和服务体系建设研究》在市政协十届五次会议大会发言环节建言献策，同时志愿者的个人行为引发了社会的高度评价。

第三，助推了全社会参与志愿服务的新浪潮。峰会城市志愿服务牵动性强，极大地调动了企事业单位、志愿服务组织以及广大市民的参与热情。自实施峰会城市志愿服务七大行动以来，全市志愿者人数已经从91.7万增长到152万，注册志愿服务组织从1200余家上升到了13100余家，为峰会期间城市文明素养提升做出了积极的贡献。"志愿汇"平台得到全国推广，截至2016年底浙江省内注册志愿者490万。

2008年8月1日，170万赛会、城市、社会、文明观众啦啦队志愿者集结完毕，北京奥运会、残运会志愿服务全面进入工作时段。以"志愿奥运，绽放激情"为主题的宣传活动广泛开展，集中宣传北京奥运会赛会志愿者、残奥会赛会志愿者和城市志愿者的工作表现、服务水平、精神风貌，以及服务故事和典型事迹，同时宣传奥运会参与各方及社会各界对志愿者的反映、评价以及不同国家、不同区域、不同文化的北京志愿者的合作交流，倡导奥林匹克精神和志愿精神。实践证明，全面覆盖、上下联动、职责清晰的工作机制，统筹了各类工作资源，保障了赛时各项工作运行顺畅，实现了对各类志愿者群体的全程服务。① 赛时北京奥运会、残奥会志愿者服务工作充分发挥了体制优势，最大限度地整合资源。从横向维度来看，北京奥运会志愿者工作协调小组在协调有关单位支持志愿者工作过程中起到了重要作用。从纵向维度来看，对上建立了与团中央、有关中央单位的良好合作关系，对下建立了高校、区县、场馆之间的运行体系和工作机制，形成了稳定、顺畅的对接关系，把"以竞赛为中心、以场馆为基础、以属地为保障"的要求落到了实处、落到了终端。北京奥组委负责赛会志愿者的指挥调配工作，场馆及区域、领域运行逐级落实工作任务，切实做好志愿者的上岗、考勤、轮休、评价等管理工作，努力做到指挥有力、反应灵敏、行动迅速、信息顺畅、配合默契、保障有力。赛场内，啦啦队志愿者工作组各成员单位间以及与组织单位、场馆对接单位的沟通和联系，切实建立了日常的沟通联络机制，落实"满座计划"赛场外，40 万城市志愿者和 100 万社会志愿者全心全力地参与和支持志愿者工作，形成了强大的社会动员力量，志愿者密切配合、整体联动，构建了无缝隙服务体系。

---

① 牛奔：《北京奥运会志愿服务对加速构建中国志愿服务体系的影响》，北京体育大学硕士学位论文，2011 年。

四、大型赛会志愿服务的实践育人功能

大学生志愿服务活动作为思想政治教育和校园文化建设的重要载体，对创新德育工作、提升社会服务能力及教育质量、丰富校园文化内涵起着积极作用。

志愿服务活动蕴含着中华民族"助人为乐、扶贫济困"传统美德，以及"奉献、友爱、互助、进步"等丰富的思想政治教育内容，是大学生思想政治教育的重要载体。志愿精神是对大学生进行思想政治教育的"活教材"，志愿服务活动为大学生提供了生活化的思想政治教育模式。[1] 作为社会实践活动的重要形式和实践育人的有效载体，志愿服务是高校思想政治工作的新形式和新载体。相较于思想政治理论课、社团活动和其他教育活动，志愿服务在引导广大青年学生树立正确的世界观、人生观、价值观，推动大学生砥砺品格、促进全面发展等方面发挥着独特的作用。

中国志愿服务及其蕴含的精神，既融合体现了中华民族扶贫济困、助人为乐的传统美德，又继承发扬了以"雷锋精神"为代表的社会主义道德，还汲取借鉴了人类文明的成果。志愿服务是精神时尚，它能唤醒并激活每个参与者、受助者内心深处的仁爱、善良等美好品质。志愿服务是文明传递、爱心接力的有效载体，志愿者在服务过程中，不计报酬、不辞辛劳，他们的所作所为和无私奉献的精神会潜移默化地感动受助者，感染周围的人们，参与者和受助者乃至旁观者都在其中获得心灵的成长和道德之化育。志愿服务是"助人自助"，志愿者在帮助他人的过程中，感受到给予的快乐，获得了别人发自内心的尊重；在服务实

---

[1] 杨欢欢：《大学生志愿服务活动的思想政治教育功能研究》，华中师范大学硕士学位论文，2013年。

践中，丰富了人生阅历，扩展了社会资源，砥砺了自身品格。在"奉献、友爱、互助、进步"的志愿精神中，奉献是志愿服务的体现形式和精神境界，友爱是行为基础和内因，互助是本质和特征，进步是成果和目标。①

大型赛会志愿服务具有重要的育人功能，以北京奥运会、上海世博会、G20 杭州峰会为代表的大型赛会志愿服务，因为动员广大青年学生参与其中，在整体上提升了一代人的素质和形象，关于对当代青年能否担当新时代民族复兴大任的质疑，也随着大型赛会志愿服务的深入开展而不攻自破。在改革开放的春风中出生成长的"80 后""90 后"甚至"00 后"青年学生，曾经有一段时间，社会各界对他们有一定的担忧甚至指责，认为他们是迷茫的一代。不过，随着后来许多大型的国际赛事及会议在中国举办和召开，这一代人作为参与赛会的志愿服务者，他们身上所表现出来的奉献和专注的精神，让社会各界对他们的看法发生了翻天覆地的改变。

大型赛会志愿服务对于个人思想道德素质的提升，是颇为深刻而又很有成效的。大型赛会志愿服务就像一个大熔炉，不仅锻造着青少年尚在成形之中的世界观、人生观及价值观，甚至还改变了很多成年人的价值观念。通过参与各种大型的国际赛事及会议志愿服务活动，志愿者本身增加了社会阅历，提升了专业技能，磨炼了意志品质，把服务他人、服务社会与实现个人价值有机结合起来，在做好事、献爱心的过程中陶冶情操、提升境界，有利于倡导爱国、敬业、诚信、友善等基本道德规范，提高公民思想道德素质，把践行社会主义核心价值观的任务落到实处。

大型赛会志愿服务有利于青年志愿者自身发展，具有良好的个人教育价值，具体体现在以下三点：②

---

① 廖恳：《论志愿服务的社会功能及其形成》，《中国青年研究》2012 年第 3 期。
② 周焱：《大型活动中大学生志愿者招募与培训实践探索——以长沙地方活动为例》，《鸭绿江》2014 年第 7 期。

第一，有利于青年志愿者形成良好的个人修养。每一次的大型赛会志愿服务过程，都是志愿者良好个人修养的形成和提升的过程。通过强化的礼仪培训和志愿精神培训，直到最后的具体服务环节，无不从志愿者的态度仪表、奉献精神等方面进行着强化和提升。通过大型赛会志愿服务的经历，志愿者增加了社会阅历、提升了专业技能、磨炼了志愿品质。志愿者把服务他人、服务社会和实现个人价值有机结合起来，在做好事、献爱心的过程中陶冶情操、提升境界。所有这一切都对倡导爱国、敬业、诚信、友善等基本道德规范，提升公民思想道德素质，建设社会主义核心价值体系产生重要意义。

第二，有利于提升青年志愿者优秀的心理素质。志愿者通过越来越多地参与到赛会的组织、筹备、运行的过程，使得服务的岗位也越来越广泛。在各种大型赛会上，志愿者都能够胜任自己的岗位并出色地完成服务工作。例如，上海世博会在 184 天的运行期间，全体志愿者共同为参观世博园的 7300 万观众提供服务；亚太经合组织领导人会议周期间，2280 名志愿者在大会超过 200 个岗位上服务。志愿者们在心智水平、意志品格和团队合作等方面都发生了较为明显的可喜变化。

第三，有利于培养青年志愿者出色的社交能力。首先，系统协调的培训训练过程为志愿服务打下基础，志愿者通过志愿培训中知识的学习，不仅能提高自己的志愿修养，在以后的生活中也能够从容应对，获得更多的成功，从而满足自己更高层次的需求。其次，每次大型赛会的举办，必定会有方方面面的人员参与其中，客户群人员构成复杂，上至国家领导人下至普通观众、工作人员，不同国籍、不同文化背景的人员参与其中，这就需要志愿者必须具备良好的社会交往能力，而大型赛会的服务过程为提升志愿者沟通交往能力提供了一个很好的实践平台。[1] 与此同时，在服务的过程中，志愿者能够结交很多同样具有"奉献、友

---

① 中国青少年研究中心、团中央青年志愿者行动指导中心课题组：《中国青年志愿者行动研究报告》，《中国青年研究》2001 年第 2 期。

爱"的朋友，正能量之间的相互影响，不断扩大的社会交往，都将会对志愿者未来走向工作岗位进入职业生涯产生积极作用。

大型赛会志愿服务不仅对青少年学生有着重要的育人作用，而且对于普通市民也有着重要的教育作用。在 G20 杭州峰会举办前后，很多杭州市民都有这样的感受，即杭州市民的社会公德意识和文明素质有很大提升。不论是在银行、商店、公交站点，人们都能够自觉排队、维护秩序、礼仪谦让，还是斑马线前车辆礼让行人，这些都充分说明了公民公共文明素质在不断提升，一种团结、互助的良好社会氛围正在形成。

五、大型赛会志愿服务的社会性发展功能

志愿服务的志愿性、奉献性（利用自己的时间和技能）、服务性（帮助他人、服务社会）具备了独特的精神价值和人文关怀，无论对参与者还是受助者都有无法替代的意义。多数学者认为，通过政治参与、促进经济发展，志愿服务亦具有政治功能和经济功能。而从社会建设的角度看，志愿服务的社会功能可归纳为四个方面。[1]

一是丰富人生阅历。志愿服务活动为大学生提供了开阔眼界视野、积累人生阅历、增长实践才干的机会，有利于自我教育、自我成长、自我发展，丰富生活体验。大学生志愿者利用闲暇时间，参与一些公益工作和活动，在为他人服务的同时，自己也得到了锻炼，提高了与人交往的能力，丰富了自己的阅历，同时增强了公民意识。在志愿者的眼里，志愿服务的经历完全是一个让参与者不断获得人生感悟的极有价值的实践。

二是增强社会责任感。志愿服务活动不仅为大学生施展才华、实现自我、服务社会提供了机会，也为大学生提供了一个实现责任感和使命

---

[1]　廖恳：《论志愿服务的社会功能及其形成》，《中国青年研究》2012 年第 3 期。

感的平台。在志愿服务的过程中，大学生走出校园，深入社会，深入基层，深入群众，加深了对国情、世情和民情的了解，增强了对国家、对民族、对社会的责任感，精神境界得到了升华。

三是促进职业发展。志愿服务是把课内教学与课外实践有机结合的良好平台，志愿者在服务他人和社会的同时，获得了各种学习和锻炼机会，有利于提升自己的职业技能和职业道德。实践证明，高校志愿服务活动是提升大学生职业素质的一种有效途径。志愿服务过程中，大学生学以致用，进一步运用和巩固所学知识技能，切实完善、巩固自身理论知识储备，能有效增强个人动手能力、实践技能和社会适应能力，为今后职业生涯发展奠定了坚实的基础。

四是提高综合素质。作为社会实践的重要载体，志愿服务为当代大学生在实践中锻炼成长提供了广阔的舞台，体现了在实践中育人的宗旨，是大学生"受教育、长才干、做贡献"不可替代的重要方式。实践证明，志愿服务是大学生锻炼能力、提升综合素质的有效途径。大学生参加志愿者活动，能够增强他们的社会适应能力、抗拒压力与承受挫折的能力，塑造健全人格和坚强的意志品质，增强团结协作精神。

六、促进我国大型赛会志愿服务功能 发展的策略

针对大型赛会特别是国际性的大型赛会，志愿者本身的高文化水平和良好的修养，在筹备和举办大型赛会的过程中体现得淋漓尽致。因而，志愿服务在未来的发展中，其功能不再仅仅局限于对大型赛会及志愿者本身，而需要将方向扩展至更广泛的领域。

上文所描述的大型赛会志愿服务功能所存在的问题和弊端，以及未来志愿服务功能的发展方向，需要提出一些完善途径。针对目前我国大

型赛会志愿服务功能发展所存在的问题和困境，本书在参见各国材料和借鉴学术界已有的研究成果基础之上，提出应从管理机制、发展环境、培养体系等多方面入手，切实加强对我国大型赛会志愿者服务功能发展的统筹推动。

（一）规范设置我国大型赛会志愿者的职责和岗位

第一，大力开发与设置大型赛会志愿服务的岗位和职责。[①] 坚持"成熟一批、设置一批"的原则，大型赛会志愿者从甄选、培训到最后的上岗服务，每一个环节都要对志愿者高要求，明确每个志愿者的职责和岗位，保证大型赛会从筹备、举办到结束，每一个环节都能分工明确、职责统一，进一步提高志愿服务的专业化水平，因而规范管理对大型赛会志愿者服务至关重要。

第二，明确大型赛会志愿服务岗位和职责。首先，明确大型赛会志愿服务构成和职责分工等，对相关工作职责进行定位、分解，确保岗责相称；其次，因岗而异，对大型赛会志愿者实施目标管理。要完善大型赛会志愿者的聘用制度，并制定科学的考核标准和模式，把量化指标与民主评议结合起来，将考核结果作为评先评优和公开选拔、竞争上岗时资格量化的重要依据。

第三，建立符合实际的大型赛会志愿者奖惩制度。探索建立动力与压力并存、激励与约束相连的大型赛会志愿服务标准化考评体系，实行"优胜劣汰"，以充分调动志愿者的积极性和主动性。志愿者的专业水平会在很大程度上影响到志愿服务功能的体现。

---

① 孟芳兵：《高校志愿者招募培训工作机制研究》，《华中农业大学学报（社会科学版）》2010 年第 2 期。

（二）努力优化我国大型赛会志愿服务功能的发展环境

第一，整合社会资源，夯实大型赛会志愿者队伍建设基础。大型赛会志愿服务功能的体现和发展主要还是依靠志愿者及其服务水平，通过上面的分析，其显而易见。因而夯实大型赛会志愿者队伍建设基础，进一步提高志愿者的整体素质及服务水平，这也是体现和推进大型赛会志愿者服务功能的重要方式。

第二，深入宣传乐于奉献精神，形成整体社会志愿服务风尚。志愿服务队伍的不断壮大，大型赛会的志愿服务水平的不断提高，这与社会整体的文明风尚息息相关。如果全社会都能形成乐于奉献的精神，越来越多的人乐于投身志愿服务中，那么伴随着大型赛会的成功举办，大型赛会志愿功能将会越来越显著地呈现在大众面前。因而其显著的社会功能将进一步完善。

（三）完善大型赛会志愿服务功能的发展方向

在第一节的内容中，主要介绍了目前学者们所总结出来的大型赛会志愿服务功能的内容，主要包括示范功能、价值引导功能、社会动员功能、育人功能和社会功能这五块内容。这些功能主要体现在大型赛会的筹备、召开和举办过程中，同时，功能本身不仅是对大型赛会召开有积极作用，也体现在对志愿者以及整个社会所带来的积极影响。那么，未来大型赛会志愿服务功能的发展应该朝什么样的方向呢？

未来对于大型赛会志愿服务功能的描述，一方面可以细化到它对于大型赛会和志愿者本身的功能，另一方面可以提升到对于整个社会的功能体现。这其中可以涵盖到国家层面，对于整个国家公民素质提升、国家文明程度进步、志愿服务意愿的贯彻等，这些都可以成为志愿服务功能的发展方向。同时，功能本身并不仅仅局限于积极方面，对于一些客观实际存在的问题也是不可避免的，关注问题本身也是功能的一种体现。因而，根据以上的分析，可以从以下三个方面来进一步完善大型赛会志愿服务功能的发展方向：

第一，提高志愿服务功能的知晓度。目前，大众只关注大型赛会举办成功后的社会效应以及在举办前后志愿者本身所表现出来的各种敬业、奉献甚至无私的事迹，他们并不了解或是知晓这其中志愿服务所带来的各种效应，这些恰恰就是志愿服务功能的体现。因而，要想进一步完善志愿服务功能，首先也是最关键的一点就是能被大家知晓和得到大家的认同。

第二，完善志愿服务功能。就目前学者们所总结出来的大型赛会志愿服务功能的内容，研究还不够深入，内容还不够健全，仍然需要通过今后大量的实例来进一步补充和细化，可以为未来研究这一方面的学者提供理论支持和参考。

第三，全民性质的公众参与志愿服务活动。学者们对于志愿服务功能的描述，特别是大型赛会志愿服务功能的描述，主要还是建立在国内外各种大型赛会的实例基础上所总结和归纳出来的。然而，这样的会议因为本身的重要程度甚至严格规范，只招募少数符合其志愿者规范和要求的人参与其中，因而很难在大众面前树立典型和权威，如果在未来的大型赛会中，能够尽可能运用好、平衡好赛（会）场内和赛（会）场外志愿服务平台，志愿服务活动功能的体现也会更加生动而权威。

第七章　大型赛会志愿服务对志愿者自身素质提升的影响

　　党的十九大报告提出：要"推进诚信建设和志愿服务制度化，强化社会责任意识、规则意识、奉献意识"。志愿服务是中华传统美德的良好载体，更是社会主义核心价值观的生动实践。随着时代的发展和社会的进步，特别是伴随着改革开放的深入和社会主义市场经济的发展，志愿服务成为人们社会生活的一个重要组成部分，也成为志愿者参与社会生活、实现自我价值的重要途径。

　　随着北京奥运会以及上海世博会等各种大型赛会的举办，志愿者们频繁进入我们的视线，他们秉承"奉献、友爱、互助、进步"的志愿精神，在抢险救灾、奥运会、世博会等志愿服务活动中付出了许多心血，担负起了自己作为公民的一种社会责任，也凝聚成了一股温暖社会的力量。"一个致力于创造明天的行动是有希望的行动，一项着眼于未来发展的事业是前途无量的事业。"这是 1994 年中国青年志愿者协会成立时在宣言里掷地有声的一句话。实践也证明了，志愿服务活动顺应了我国新时期社会转型、体制转轨与价值观变革的潮流，适应了志愿者参与意识、主体意识日益增强的趋势，成为志愿者自身素质提升的重要载体，它所具有的德育功能也越来越受到人们的关注。

　　浙江省是我国志愿服务水平较高的省份之一，志愿服务的形式和内容在日益地多元化，志愿服务成为人们日常生活的一个重要组成部分，政府提供的社会公共服务向精细化、专业化、社区化方向发展，G20 杭州峰会就是一个典型的成功实践。大型赛会的举办为志愿服务提供了一个大舞台，能够切实地提高志愿服务的水平，提高志愿者的各方面能力。由此，在志愿服务的大课题下，研究大型赛会对提升志愿者自身素质的影响研究具有重要的现实意义。

G20 杭州峰会是一个国际经济合作论坛，被称为"全球最具决策力的首脑级峰会"，此次峰会主题确定为"构建创新、活力、联动、包容的世界经济"。对中国这一最大的发展中国家来说，举办 G20 杭州峰会可以代表发展中国家发声，借助"一带一路"、亚投行等契机与更多国家进行良性互动，实现与其他国家的共赢。

此次国际峰会落户杭州不仅将拉动当地基础设施建设，提高当地外向型经济和国际化水平，而且也是检验并考验杭州公共志愿服务水平的良好契机。志愿者的工作无疑是此次峰会的亮点之一，无论是会前的准备工作，会中的服务工作，还是会后的收尾工作，都起着非常重要的作用，志愿者的资源优势成为大型赛会成功举办的基本要素。

在过去的实践行动中，学生志愿者以自己的实际行动、真诚的微笑和高度的责任感传播着志愿精神，得到了社会的广泛肯定。参加志愿服务，对于全面提高志愿者的自身素质有着重要的意义，是对志愿者自我价值的一种肯定和实现。

其理论研究意义体现在两个方面。首先，本研究能够丰富志愿服务德育功能。志愿服务作为实践育人工作的创新载体，具有重要的德育功能，从理论层面对其进行深刻的揭示，有助于我们更深入地认识志愿服务的价值所在。其次，本研究为志愿服务的发展提供了理论支撑。对志愿者自身素质提升的影响研究，可以从另一面为志愿服务的发展提供理论支撑。

其现实研究意义体现在两个方面。首先，本研究有助于提升志愿者的综合素质和能力。志愿者通过志愿服务实践活动，奉献爱心，服务他人和社会，在实践中培养了社会责任感，增强了爱国主义精神，也在实践中磨炼了坚定的意志和信念，促进了自我价值的实现，提升了自身素质和能力。其次，志愿服务促进社会公益事业的发展，增进人与人之间的情感交流，营造和谐的社会氛围，是弘扬和践行社会主义核心价值观的重要载体。

一、学界的相关研究及启迪

（一）早期对大型活动志愿者国内外研究

早期国外对大型活动志愿者研讨，主要在于大型活动管理和有效运行方面。从研究内容上看，主要强调大型活动志愿者管理各个环节，如要做好志愿者管理的招募、培训等方面的工作，只有做好这些，才能做好志愿服务工作。[①] 国内主要是重点介绍国外顺利举办大型活动经验的文章，即使在现有的一些研究中，也是重点研究北京奥运会。

关于志愿者管理存在问题研究。赵爱燕指出，我国志愿者存在管理机制在运行上的问题，因此必须要在运行管理方面加强努力。[②] 谭晔茗和柏连龙指出在我国大型活动举办过程中，会存在一些问题，如组织统筹管理能力需要加强、培训方式不灵活、培训没有考核形式、激励措施不足等。[③]

关于志愿者管理方法研究。姜中阳在有效总结历届奥运会举行情况后，明确了大型活动各个岗位对志愿者本身都会有一定要求，因此，要

---

① 沈纾丹：《非营利组织志愿者管理策略研究——以国际牡丹花会志愿者管理为例》，上海交通大学硕士学位论文，2009 年。
② 赵爱燕：《我国青年志愿者激励研究》，大连理工大学硕士学位论文，2007 年。
③ 谭晔茗：《残奥会志愿者组织激励式绩效评价的方法及应用》，《中国特殊教育》2008 年第 7 期。

做好工作，就要对志愿者个体进行分析，从志愿者的主观需要出发，做好工作。[①]殷小川和田惠芬从志愿服务动机方面探讨志愿者管理对策。[②]王双丽等认为，要做好志愿服务工作，就要从志愿者需求出发进行培训，同时，培训后进行合理分工，发挥志愿者最大潜能。[③]柏连龙指出，大型活动志愿者的管理问题主要是由于组织没有契合客观实际，导致出现问题，要做好工作，必须形成有特色、多元化的组织管理体系。[④]

综上所述，最早是"用志愿者"，仅强调如何使用志愿者。这在早期大型活动志愿管理中都有这样的情况出现，文献大多是讲"管理"，探究管理志愿者的策略。因此在研究的早期阶段，就是如何契合岗位需求，合理进行分工、规划和管理的过程。

（二）中期对大型活动志愿者研究

宋玉芳指出奥运会志愿者也是自我服务受益者。在提供服务过程中，既达到帮助他人的目的，也使自己在具体的服务实践过程中，学习到知识，提升自我能力，达到"助人助己"双发展的局面。[⑤]志愿者通过参与大型活动，开阔了眼界、提升了能力。

李忠誉在文章中指出杭州志愿者形象鲜明，主要是新人文精神的倡导者。[⑥]志愿者在可以帮助到他人的同时，也能提升自己的综合能力。

可以看到，研究开始注意到"可以帮助志愿者成长和发展"，开始注意到志愿服务对志愿者的积极影响。

---

① 姜中阳：《奥运会志愿者团队的形成战略》，《解放军体育学院学报》2005 年第 1 期。
② 殷小川、田惠芬：《大型体育赛事志愿者的动机分析与 2008 北京奥运会志愿者的管理对策》，《首都体育学院学报》2006 年第 1 期。
③ 王双丽、王斌、刘龑：《2008 年奥运会志愿者的激励问题与管理对策》，《武汉体育学院学报》2006 年第 5 期。
④ 柏连龙：《大冬会志愿者服务行为的激励策略》，《冰雪运动》2008 年第 7 期。
⑤ 宋玉芳：《奥运会志愿者管理研究》，北京体育大学硕士学位论文，2004 年。
⑥ 李忠誉：《大型活动的志愿者管理问题研究》，上海交通大学硕士论文，2008 年。

(三) 目前对大型活动志愿者研究

对大型活动志愿者研究，目前阶段是"服务性学习阶段"，在这个过程中，强调服务和学习是两个需要共同进行的步骤。服务性学习是指为了达到一定目标，有着详细的计划过程，学生在服务提供过程实现自我发展。

伊勒研究报告主要研究服务性学习对学生个体发展的巨大影响。[1]调查结果表明，在个人发展上，服务性学习强调要发挥自我主观能动性，促进学生助人自助，促进学生全面进步。[2]

兰德公司的调查报告指出，服务性学习对学生具有十分重要的意义和影响。[3]对志愿服务而言，服务性学习均强调服务与服务中的实践两者都重要，在实践中服务，在服务中实践。可见，服务性学习这个概念，已经被深入学习和广泛应用，但在国内还没有得到充分的应用。国内对于服务学习的志愿服务研究更少。[4]同时结果表明，我国学生开展的各项志愿服务以及综合实践活动具备服务性学习的基本要素。[5]

总的来说，通过文献整理，过去文献只强调"用志愿者"，"志愿者在服务中学习，在服务中成长"的问题在国内研究中没有得到应有的重视。本研究则是大型活动对提升志愿者自身素质的影响及对策。

---

[1]　王欢欢：《美国服务性学习对中国高校课程建设的启示》，《高教研究》2008 年第 1 期。

[2]　Janet Eyler, Dwight E. Giles, Jr. *Where's the Learning in Service- learning*? San Francisco : Jossey- Bass, 1999, pp.23-164.

[3]　Maryann J. Gray, etc., "Assessing Service- Learning : Results from a Survey of'Learn and Serve America,Higher education'". *Change*. Vol.32, No.2, March/April 2000, pp.30-39.

[4]　余若琪：《从服务学习谈图书馆志愿服务》，《医学信息》2007 年第 2 期。

[5]　王聪：《服务性学习质量对公民行动意向的影响——志愿服务观念的中介作用》，《北京师范大学学报》2008 年第 7 期。

二、大型赛会对提升志愿者自身素质的影响

广州市志愿者先后为第八届大运会、九运会、世界举重锦标赛等重要活动提供志愿服务。其中"亚运会""博览会"等大型活动便是其中的成功代表。2010 年 11 月至 12 月，广州亚运会的顺利举办，得益于兢兢业业的志愿者们。在亚运会举办过程中，共 60 万亚运志愿者参加到亚运会服务中，志愿者们热情澎湃、认真积极，向人民群众展示了良好的精神风貌，对我国大型活动和会议的志愿工作有着积极推动作用。[①] 同样地，据统计，2016 年 G20 杭州峰会共录用会场志愿者 4021 名，服务岗位 3760 个，服务点 299 个，累计服务时数 19.4 万小时，服务嘉宾 5 万余人次，峰会城市志愿服务累计参与志愿者 185.2 万人次，国内外媒体报道 300 余篇次，其中中央电视台报道 25 次，此次志愿服务推出了"小青荷"大型国际会议志愿者新形象。"小青荷"的优秀表现使得其形象家喻户晓、深入人心。志愿者与志愿服务活动是相辅相成的，志愿者们在推动志愿服务活动顺利进行的同时也提高了自己的各方面能力。

（一）志愿服务能促进个人的社会化

作为大型活动中典型的赛事和会议，广州亚运会和 G20 杭州峰会在志愿者的招募、培训和实际工作落实中都取得了很大的成功，这些成功是志愿者促成的，这些成功的环节也是志愿者提高社会能力的良好平台。比如在招募环节，广州亚运会以高校为招募点，确定严格有序的招

---

① 许人冰：《高校大学生志愿服务体系存在的问题及其优化》，《北京青年政治学院学报》2011 年第 1 期。

募程序，包括报名、背景初步审核、面试、培训、培训后考核、确定志愿者工作岗位等步骤，在笔试环节对学生的专业知识能力要求很高，经过笔试还有面试环节，面试由基本情况、综合知识测试和心理素质测试三部分构成。同样地，G20杭州峰会的招募工作也严格有序地进行。峰会志愿者的招募计划是通过定向招募、组织招募、委托招募等方式，招募一批精神面貌好、服务能力强、个人素质高的志愿者。在招募前制订计划对在杭州主城区的各高校进行摸底调研，确定志愿者专业和岗位范围，定下了杭州师范大学、浙江大学、浙江理工大学、浙江工商大学、浙江工业大学、浙江科技学院等15所高校。构建了一个网络心理测试的平台，对报名的志愿者从答题态度、性格、当前情绪、人际等共14个维度展开评估，通过互联网技术细致地分析数据，挑选合格志愿者。在培训阶段，广州亚运会期间，学校针对亚运会志愿者所需的知识设计了一系列课程和拓展活动，并且在学校教师中招募优秀的志愿讲师，在培训课程进行过程中，每一个培训都是有一定学分的，必须要修满学分后才能进入考核。而在2016年G20杭州峰会期间，峰会的组织部门在3月、6月、8月分别进行了培训，3月的通用培训主要落实峰会相关知识、志愿者基本理念、志愿者基本礼仪和沟通技巧、浙江及杭州文化、志愿者经验分享等内容；6月则是对领队教师进行培训；8月则是再一次地强化集中培训，地点设立在不同的高校，内容涉及国家安全及保密工作、大型赛会志愿服务知识、礼仪及形象管理强化、团队凝聚力建设、民族宗教禁忌等多方面的内容，全方位地应对峰会期间可能出现的问题和要注意的各项事宜。杭州峰会还设立了联络员，以推动志愿服务工作制度化、常态化。联络的具体措施是：建立例会制度；建立学习交流机制；建立信息报送和评价制度。招募和培训的贯彻落实保证了志愿服务具体实践工作的展开，展示了良好的城市及国家形象。在活动中，尤其在对外接待、服务的一些特殊场合，志愿者们用其民间、社会化的形象，拉近与国际友人的距离，形成了正面的社会效应和国际影响。

通过对广州亚运会和G20杭州峰会的分析，我们可以发现志愿服务能促进个人的社会化。所谓的社会化就是体验社会工作、生活的各种形式及流程。比如招募期间的笔试面试环节和心理测试环节，都是适应社会竞争，在社会上寻找工作时必须要经历的过程，志愿者们在志愿活动的过程中能积累社会实践的经验，加深对自身能力的理解，能够为他们未来适应社会打下良好的基础。而在参与志愿服务前的培训，则是开拓志愿者视野，较为系统地接触到社会知识、社会文化的良好途径。同时，在培训过程中，志愿者们可以相互交流学习，积累经验，提高融入社会所必备的观察能力、表达能力及交际能力。在联络工作方面，志愿者们被纳入了更加广泛的交际系统中，能够接触到不同学校专业、不同社会工作的人，接触到多元的信息。团队合作是融入社会越来越需要具备的素质和能力，而这一点在整个志愿服务工作中都能感受到和锻炼到。在志愿服务工作的实践阶段，志愿者们会经历更加真实、有效的社会化。广州亚运会和 G20 杭州峰会作为大型的活动，其规模其影响力都是巨大的，面向本国，也面向全世界，其环境、其流程、其参与人员都是社会化的产物，丰富的长期实践经历将大大促进志愿者们的社会化。

参加过亚运会和 G20 杭州峰会的许多同学都表示自己从这类大型赛会的志愿服务中收获到了丰硕的果实。比如志愿者 X，曾这样总结自己参加广州亚运会的影响："在大型赛事中提供志愿服务，更多的是怀着一种发自内心的奉献精神来服务。在这个过程中我收获到了快乐，会时刻提醒自己，除了要做到'老吾老以及人之老，幼吾幼以及人之幼'外，还应积极做到'乐吾乐以及人之乐'。"X 十分诚恳地总结着自己的所得所获，"还有就是志愿服务提升了个人沟通技巧和表达能力，也感受到'team work'的重要性。我自己在繁杂的工作中，也学会了坚持。每一项工作都要认真、细致地完成"。而被评为"第 16 届广州亚运会志愿者先进个人"、广州马术场赛会志愿者大队级"亚运微笑之星"、广州亚运从化赛区个人贡献奖、广州亚运从化赛区志愿服务"形象之星"的 Y 是这样回顾当时的经历对自己的影响的："当时在亚运服务期间，不断地磨炼，让我在知识水平上、眼界上有了很大发展。对于现在进入大学的我来说，回想起那段亚运服务历程，我感激万分。"Y说，以前在家里，他的生活自理能力很差，自从成为志愿者后，让他进步很大，所以他很感恩让他有机会参加到这一段亚运志愿服务中，促使他进步。"志愿活动让我在生活中更加坚韧、勇敢不怕吃苦；在工作中积极主动、敢于担当，并勇于挑战新事物；在人际交往中真诚、友好、守信；在工作团队中，更具团队协作精神和工作责任感。这一段美妙的经历，无论何时与人提起，我都觉得无比骄傲与自豪！"另一名现在在一所工厂从事人事助理工作的Z则这样总结道："亚运志愿服务使我接触更广阔的平台，我当时还是学生，没有接触过社会，所以通过这一次活动，能够更真实地接触社会，了解不同的文化。"[1]参与G20杭州峰会的一名会场志愿者也感慨道："成为峰会志愿者，真的增进了我的工作经验，能够为我日后求职累积丰富的社会经验。"还有志愿者说道，他参与志愿服务活动的很大原因就是锤炼自己，而在这次志愿服务活动中，他和不同领域的人打交道，比如其他专业的学生、老师、道路上的交警等。这种沟通和交流的过程，对于他来说就是获取自我进步的过程，他会发现自己思考方式和思考范围的局限，也会在今后的生活中不断完善自身。因此，在大型赛会中，志愿者可以把助人和自助结合起来，把服务和教育结合起来，把校园和社会联系起来，做到理论和实践结合。大型志愿活动其实就像一个小社会，里面有形形色色的人物。加入其中的志愿者们自然会扩大自身的交友圈子，交际恰好切合现代社会对人脉与合作的强调。因此，参与亚运会和峰会的志愿者们也真诚地、深切地感受到在团队活动和团队交流中，自己结交到了志同道合的朋友，为未来的发展奠定基础、积累经验。

---

① 姚秋江：《大型活动志愿者经历对中学生发展的影响及对策研究》，http://www.docin.com/p-1669824828.html。

（二）志愿服务能提升个人的精神境界

志愿服务是一项无偿劳动，它广泛地存在于快速发展的现代社会。形式和内容的增多一方面能够促进志愿服务的传播和扩大，另一方面也容易被学校等社会组织以考评、荣誉等挟持，使得很多人为了一些外在的功利性的原因而加入志愿服务的队伍。一个社会无法做到完全的纯净，但是我们的研究是为了志愿服务向好的方向发展，因此，我们要发现更多志愿服务的意义，去激励更多的人参与志愿服务活动，志愿服务就是在这个意义上能提升个人的精神境界，让志愿者享受到更美好的人生。比如，一个优秀志愿者参与 G20 杭州峰会志愿服务后表示此次志愿服务令他受益匪浅，他认为志愿服务是一种生活方式。从严格意义上说，为了达到学校里给学生定的参与志愿服务时数要求的志愿服务不是真正的志愿服务，这并不是发自内心的。当真正爱上志愿，它会成为一种健康的生活方式，也会成为净化人心灵的一种方式，你会感受到满足，感受到快乐，感受到生命的价值。上文提到的参与广州亚运会的 X 也说："我觉得亚运志愿活动的经历对我来说，意义重大，通过参加到这个活动中，我发现自己很不一样，比之前自信、开朗，比之前遇事淡定。我在志愿服务中遇到过很多困难，但想起在岗位上同伴经过时秀出的志愿礼，想起观众经过时那一声声的问候和关怀，想起运动员、领导经过时对自己赞许的目光，即使再累，心里也是甜的。也正因如此，我才能圆满完成亚运会各项任务。"X 说，"初中毕业后进入高中，一直到大学，尽管也遇到了不少的挫折，但每次回忆起亚运志愿者生活的那段点点滴滴，其便成为我坚持的动力。志愿者不求任何回报，没有物质上的报酬，但却收获了比物质更可贵的东西，那就是观众的笑脸"。在以后的生活和学习中，X 说她会继续用亚运精神激励自己，做得更好。

精神层面的人生价值的实现、自我满足、无私的精神等其实是很难用量化的指标去界定的，志愿服务本身的意义也是难以用量化的指标去衡量的。在这个意义上，更多参与其中的志愿者能够用自己的行动和收获发声，能够真正抱着一种实现自我人生价值的目的来参与到志愿服务活动，志愿服务的力量就会得到凝聚和壮大，志愿服务的意义就不言自明地蕴含其中，并悄然地传播出来，传递下去。

（三）能够激发志愿者的责任担当意识

大型赛会志愿服务可以说是新时期理论与实践相结合的最佳途径，也是提升大学生社会责任感的有效载体，青年志愿者活动是适应社会需求而产生的一种服务社会、奉献爱心，使人生价值得到升华的较好的形式，它能够把服务社会与教育青年有机结合起来，符合当代大学生的特点，容易为大学生所接受。一方面青年志愿者在实践中能够更真切地感受到"被人需要"，与此同时，社会的认可、公众的赞誉满足了他们对自我的肯定，也使大学生获得了自我反省、激励、评价和提高的机会，不断去升华自己的思想，规范自己的行为。另一方面它也是大学生走出校园、认识社会、了解国情的重要途径，可以帮助大学生解决社会发展过程中的一些困惑，加深对课本理论知识的理解和把握，并且在活动过程中使得大学生认识到"人人为我、我为人人"的理念，从而找到自己在社会中的正确位置，认识到自己在社会中应尽的责任，在活动中受到教育、增长才干，在为社会做贡献中培养社会责任感。

G20杭州峰会就涌现出了大量的富有责任感的志愿服务案例。如来自浙江师范大学的志愿者张广花，此次峰会承担的任务是会场引导，驻地酒店大堂是她工作的岗位。酒店共设有6个志愿引导岗，从上午8时到晚上8时，张广花每天轮岗3次，每次工作一个小时。"引导岗必须保持站姿。"张广花说，引导服务只是志愿工作的一部分，更重要的是上岗时要保持热情饱满的精神状态，如主动跟身边的来宾和大会工作人员等人打招呼。

来自浙江工业大学的志愿者张忆霄，在高速交警杭州支队队部服务，他的主要任务是画路线图。作为第一批上岗的志愿者，张忆霄8月9日就已上岗。通常，志愿者的上班时间是上午8点到下午5点半，但因为预案时常改变，需要不断地修改图纸，张忆霄熬夜到凌晨两三点是家常便饭。"画一幅图简单的需要一个小时，如果比较复杂的则要几个小时，还不排除预案的变化。"张忆霄有过连续六七天熬夜的经历，"每天从早上六点到次日凌晨三点一直在工作，与交警哥哥们一起加班"。

浙江大学研究生一年级的志愿者牟健娜是外围采访组的一名志愿者，为记者做简单的服务工作，带媒体出访，保障记者能得到充分的采访。她需要详细地了解路线，把握采访时间。而一些突发情况更考验志愿者的耐心。"有些媒体觉得自己行李特别重，想留在车上又觉得不太安全，志愿者会耐心讲解并给外媒全方面的服务支持。由于时间紧，有些记者采访途中到了规定的时间，这时候要不要去打断对志愿者来说是比较为难的，如何去用比较委婉的语气劝说便是对志愿者的一次小挑战。"

此次G20杭州峰会的大会新闻中心设在杭州奥体博览中心一楼，有15000平方米、10余个功能区块，是近5000名报道峰会记者写稿的主要场所。浙江大学和浙江传媒学院的268位志愿者们分布在会场的每一个角落。报道这次峰会的境外记者有2000多名，来自70多个国家和地区的媒体机构。从会场中央咨询台的细心解答，到摄影区的秩序维护、班车指引，还有在各功能区的有力辅助，峰会志愿者们时刻留意自己的一言一行，用出色的外语能力、贴心得体的服务，成为新闻中心井井有条的有力保障。

类似的案例还有很多，志愿者的责任意识在服务中得到了进一步升华。

三、志愿者自身素质提升的现有制约因素

通过本次调研，发现了诸多影响志愿服务对志愿者自身素质提升因素，主要体现为志愿者缺失志愿服务精神，参与动机功利；志愿者组织自身能力不足，队伍建设薄弱；学校对志愿服务重视不够，激励机制缺乏；社会对志愿活动认可度低，公众支持欠缺。这些因素会制约志愿服务对志愿者自身素质的提升。

（一）志愿服务精神缺失，参与动机功利

志愿服务作为一项无偿、高尚的事业，参与其中的前提便是志愿者们对志愿服务理念的认同。志愿者志愿精神的缺失导致无法践行"奉献、友爱、互助、进步"志愿理念，在追名逐利的过程中失去了志愿服务的乐趣和价值。长此以往，不仅挫伤了志愿者参与志愿活动的热情，又与志愿者活动的育人目的背道而驰，加剧社会的功利化，人与人之间的距离也会无形地加大，不利于建构和谐社会。尤其是我国将长期处于社会主义初级阶段，各方面还在发展适应的过程中，并且我国也正处于社会主义转型期，功利思想、拜金主义、急功近利之风盛行，在志愿群体中占据较大比重的青年正处于人生观、价值观、世界观的形成期，如果仅仅为了评优、得奖学金、出国留学需要、就业、追求一定目的而去参加志愿活动，便会使志愿活动流于形式，全然抹杀了志愿服务所具有的思想政治教育意义。

（二）志愿过程的安全感与幸福感较低

我们参与任何一项活动最基本保障是安全问题。在当今社会，很多

志愿服务活动首先无法保障志愿者们的安全，没有制定有效力的文件，仅仅依靠一些组织、机构或单位的临时执行，没有良好的规划和排查，志愿服务活动过程前后的一切都无法得到令人放心的安排。正因为各项保障措施不到位，志愿服务信息的不确定，导致许多志愿者无法准确定位，无法及时有效地选择，从而影响这些志愿者在实际活动中的行为表现。同时，他们也会失去家庭的支持，势单力薄，常常在内心产生冲突后逐渐丧失参与志愿服务活动的欲望。另外，根据文献记载某次国际赛事志愿访谈总结中，有不少志愿者反映赛事志愿服务还存在需要不断完善和改进的地方，比如选拔过程的公平性和全面性、活动结束后的反馈机制、志愿服务过程中的住宿问题等。这一切都会带来在服务提供过程中的不幸福感。因此，一旦在服务过程中出现角色动机和服务项目不匹配的意识，服务的质量就会大大地受到影响。

（三）志愿者组织能力不足，队伍建设薄弱

志愿者组织是志愿活动中的必要存在，是联结志愿者与具体活动的重要中介。志愿者组织如果不完善，那么志愿服务活动就无法在更深的层次和更广泛的范围开展。作为一个志愿组织，既要招募到志愿者，又要及时掌握志愿服务信息，有效地落实志愿服务活动，在这一系列过程中，活动能力、组织能力、筹集资金能力是必不可少的。完善和健全志愿组织的活动机制（比如长期的志愿活动、短期的体验活动等）、动员机制(宣讲会、志愿成果展示、志愿服务微信平台、网站平台的建设等)与激励机制（志愿分享会、纪念影集、志愿服务留言板等），提高管理能力，是近期国内志愿组织不可回避的问题。

对于一个团结的志愿者组织，最重要的就是队伍建设。队伍管理的好坏直接影响着志愿者组织的成长与发展。队伍建设不仅需要有组织的理念、组织的日常运行、人员的更新等，还需要有比较开阔的社会基础，能够与社会各领域进行良性的互动，保证志愿服务的有效开展。因

此，志愿组织的领导者很重要，他是队伍建设的领军人。然而现在就我国多数志愿者组织的领导者组织协调、整合资源等能力较强，但是专业化程度不够。如缺乏对志愿组织的整体认识，缺乏如何管理、如何开展项目、筹集资金、如何科学招募志愿者等，这势必会影响志愿者组织的管理与队伍建设。其次，一些基层志愿者组织整合能力差、培训条件有限，人才、资金的缺乏等在很大程度上成为制约志愿者组织发展的重要因素。最后，志愿者组织成员的素质参差不齐，严重影响、制约着志愿者组织整体水平的提高。很多志愿者之间缺乏交流互动，没有对共同的组织和共同的活动有亲近感，没有共同目标和理想的组织是不够团结的，这也在一定程度上成为很多志愿组织涣散、发展停滞的原因。

(四) 学校对志愿服务重视不够，激励机制缺乏

在当今社会，学生志愿者是志愿服务队伍的主要组成部分，原因在于对学生的实践能力要求在提高，学校和社会的接轨力度也在加大。然而，在这样的大背景下，部分学校对学生志愿者活动的重视程度还是不够的。首先，志愿服务工作的管理权和领导权不分明，"部分高校领导认为这是团组织的工作，而对学生参加志愿服务是高校开展思想政治教育的新平台认识不足"[1]。在没有明确的管理与领导下，志愿活动的资金、志愿活动的动员力度、对学生志愿精神的倡导力度等都得不到保障。因此，各种名义的志愿活动也容易流于形式，学生志愿者也感受不到志愿活动的乐趣，这无疑会直接影响学生志愿者活动的实效。其次，与学生最接近的教师在志愿服务方面的引导不够。正所谓言传身教，很多教师没有意识到自己在传授课堂知识的过程中，对学生产生深刻、全面影响的还有自己的言行举止、道德观念。究其原因，虽然目前我国教师队伍整体是优秀的，但是部分教师更多的是

---

[1]　韩晶：《当代大学生参与志愿服务的障碍研究》，《青年研究》2003 年第 1 期。

站在成绩的角度上与学生交流，在育人方面，是缺失的。再次，学校这一大环境也对志愿服务活动的发展产生了很大的影响。作为人才培养的基地，长期以来，学校都更偏重于对学生文化知识的培养。学习成绩成为人才评价的主要依据，很多学校尚未制定专门的实践育人的实施意见和考核评价办法。正因为不健全的考核和评价机制，学校对志愿服务所设置的奖励制度也不能很好地起到激励学生的作用，志愿者行动的政策需要进一步深化和落地。

（五）社会对志愿服务认可度有待提高

在西方很多发达国家，被冠以志愿者这一称呼，不仅仅是参与一项志愿服务那么简单，还需要这项活动达到一定的规模和社会认可度，并且志愿组织也需要有一定的效力。由此可见，志愿服务在西方发达国家是具有较为广泛的社会认可和支持的。由于西方发达国家的志愿服务已有一百多年的历史，具有深厚的文化底蕴和良好的群众基础，志愿服务的社会价值已经被社会认可。在长期的探索和实践中，西方发达国家的志愿服务也已经具备了规范化、系统化、高效化的运作机制。而我国的志愿服务情况与之不同，志愿服务活动开展较晚，还未能积淀起深厚的社会基础。而且我国正处于社会转型时期，各种思潮交互传播和影响，人们对志愿服务也缺乏全面的理解和配合，这一切都使得志愿服务的理念和志愿服务活动的成果难以充分展现，难以感动人们。最后，志愿者也是社会人，社会上不尽是无私奉献的志愿者，很多时候，志愿者们除了怀抱着一颗不求直接回报的心，也不会拒绝一些间接的具有长远意义的激励。比如，在应聘时，用人单位更看重应聘者的成绩、政治面貌，而忽视做志愿服务的经历，忽视志愿者在志愿过程中能力方面的考量。这种激励机制的缺乏，会使一部分把志愿经历作为应聘工作时的一项竞争资本的志愿者遭受打击，从而失去参与志愿服务活动的热情。不管怎么说，其实志愿服务活动的展开离不开志愿者本身，离不开志愿者组织这一平台，更离不开社会这一舞台。三者之间是相辅相成的，任何一方出现了失误或者脱轨，志愿服务就难以得到良性的可持续的发展。从另一个角度来看，任何一项活动的开展，都需要得到社会的认可和支持。志愿服务活动持续发展的必要保障之一是社会的认可和支持。

四、提升大型赛会志愿者自身素质的路径

立足于大型赛会对志愿者自身素质提升的影响因素，本报告在查阅大量文献资料和借鉴学术界已有研究成果的基础上，结合 G20 杭州峰会的实践经验，提出应当从做好角色保护和保障、提高角色认同、加强角色素质培训、角色冲突能力学习、角色管理，以及采取灵活多样的角色评价六个方面入手，进一步推动志愿服务工作，使志愿者在一个良好的环境中完成自己的工作并从中提升自己的综合素质。具体措施如下：

（一）做好角色保护和角色保障

第一，做好法律保障。立法可以增强志愿活动的影响力，获取稳定的社会支持。大型赛会中的志愿者发展离不开一个完善的法律环境支撑。法律作用于实践，也来源于实践。因此，必须要针对新出现的情况及时地进行分析总结，提出规范性意见，特别是志愿者的招募等赛事服务中的各大环节，都需要尽快制定出相关的法律法规，加大保障力度。比如 G20 杭州峰会，由于其规模和影响力，有大量的宣传信息需要报送和传播，因此峰会卫志部制定了《峰会志愿服务工作宣传信息报送规范》，明确规定了宣传原则、信息报送流程、信息报送内容和报送的要求与方式，规定详细，具有很强的可操作性，值得借鉴。

第二，完善后勤保障。要促进志愿者积极参与，就必须得到各个方面的关注和支持，充分协调和利用社会资源。同时，对志愿者应有必要的物质保障，建立健全费用报销制度是非常必要的。此次 G20 杭州峰会制定了比较完善的后勤保障措施：一是推进服装制作及纪念用品设计制作。通过峰会志愿者提供的服装设计及样衣样品方案，含帽子、T 恤、裤子、外套、背包、腰包、水壶、袜子、鞋子、皮带 10 个单品。2016年 7 月，4500 套服装已经全部下单制作，并委托服装设计师赴工厂督导服装生产工作。同时积极开展志愿者纪念用品设计，由建设银行赞助纪念银章和纪念卡。二是完善车辆保障举措。制定了《2016 二十国集团中国峰会志愿服务工作筹备期间车辆保障方案》，前期，在志愿者使用部门需求尚未明确的情况下，主动对接交通保障部门，经过多轮商议，明确志愿者保障用车 160 辆（其中大巴车 100 辆、中巴车 60 辆），保证有车可用。随着保障激励政策出台和志愿者使用部门岗位需求的明确，加强各部对接，移交保障车辆，并由志愿者使用部门明确车辆制证工作和做好通行权限设定。为做好紧急突发状况后的车辆保障，特制定了《峰会志愿服务工作用车使用管理办法》，各大队完善交通保障细化举措，指挥部备用了 2 辆大巴车和 4 辆中巴车，以备不时之需。同时，还对 26 辆高校大巴车辆和相关驾驶员进行了制证信息报送，以备应急之用。

第三，做好学生志愿者生活保障。学生志愿者在学习和生活上会存在各种需要协调的情况（比如住宿、临时请假等），为了确保学生志愿者活动正常举行，确保学生志愿者在服务性学习中积极主动参与，学校要根据实际，制定后勤和学业具体实施操作方案，投入试行，并不断修改总结意见，以切实安排好学生志愿者的生活和学习。只有这样，才能确保学生志愿者全身心投入大型活动的服务性学习中。如在峰会期间，每个组的志愿者都配备有一名负责的老师，每周汇报工作，总结这一周的经验教训，同时及时与组员联系，获得他们最新的志愿服务情况，解决他们的困难，增强组员对小组和峰会的认同感。除此之外，峰会还印发了《峰会志愿者保障激励通用政策》，全面落实志愿者的证件、交通、餐饮、休息等保障。

（二）提高角色认同

第一，提高参与意识，增强社会认同感。学校作为志愿服务的一个重要平台，在日常的教学活动中，要有意识地把志愿服务作为实践育人课程，实现志愿服务的常规化、课程化，发挥志愿服务在学生学习及生活中的积极作用。同时，学校还要积极做好宣传工作，在平时的教学活动中，积极营造服务社会的良好氛围，加强舆论宣传和典型表彰。学校各级领导也需要明确意识到参与大型赛会志愿服务活动对学生全面发展的积极作用，积极开拓学生公益活动第二课堂，增进学校与学校之间的交流合作，集中多所学校的力量扩大与社会的沟通，在此基础上，及时掌握社会动态，获取社会各类资源，开展丰富多彩的志愿服务活动。最后，在学校中成立志愿者协会，选配有经验的教师和有能力的学生参与建设，对学生志愿者进行有效管理和志愿服务时要进行有效登记。一方面锻炼学生的组织能力、参与能力；另一方面能够积极引导学生参与，提高应对各类志愿服务及其突发事件的能力。通过种种努力，不断提高学生们的参与意识，增强志愿服务认同感。比如此次的 G20 杭州峰会参照历次大型赛会志愿服务，在筹备工作启动后，组织专家、学者、热心市民来共同打造有"志愿精神、西湖元素、杭州特色、江南韵味、中国气派"特色的志愿文化形象。经多轮设计、磋商、评审，经筹备办同意，决定以"小青荷"作为峰会志愿者形象。"小青荷"引自"小荷才露尖尖角"，体现杭州别样精彩，又音同"亲和"，寓意志愿者微笑服务，展现最美亲和力。同时，配套设计生产了志愿者"小青荷"服装，融合了杭州湖光山色元素，呈现出独特韵味的自然之美，极大地增强了志愿者们对此次志愿服务活动的认同感。

第二，加强志愿服务文化建设，营造良好的社会氛围。现代传媒的发展，极大地开拓了影视业的发展，各种各样的形象大使成为推广各类活动的重要媒介。广州亚运会期间，负责方也有意地邀请各界知名人士担任志愿者形象大使，宣传亚运精神，开展志愿者口号、歌曲等征集活动，再辅之以现代传媒的力量，亚运会的社会影响力就会得到极大的提高。因此，学校和相关机构可以学习这一经验，将形象大使转化为一些标志性的能够加强认同感的文创产品，比如成立公益队伍后统一制作带有标识物的服装，举行全体参与人员参加的分享会，制作小纪念品（如零成本的电子影集），在队伍中间传发，加强志愿者的角色认同。

（三）加强角色素质培训

第一，建立培训机制，努力完善角色素质。适当到位的培训是志愿者队伍战斗力的前提。针对培训不到位的"缺陷点"，应当按照志愿者兴趣、时间进行适当工作分派，提高培训水准和建立独立专门的志愿者培训机构三方面来完善培训机制。分别来看，也就是将大型赛会志愿者的培训实践分为三个基本阶段：一是普通培训阶段，即定位培训。培训工作的开展顺利与否与志愿者的配合是密不可分的，目前的培训做法是固定时间、固定地点。培训活动不可避免地会在时间、地点上与志愿者的实际情况发生冲突，志愿者常常有心参加培训，但由于与自己的时间安排冲突而放弃，这不利于志愿者队伍的稳定性。对此可借鉴日本爱知世博会的做法，尊重志愿者本身的私人时间，将每个志愿者按照各自兴趣和职业进行适当的工作分派，并列出详细的培训时间表，使每位志愿者能结合自身时间完成适时的培训计划。[1]

---

[1] 闪茜菁、戴卫义：《论建立和完善高校青年志愿者活动的激励机制》，《广西青年干部学院学报》2003 年第 5 期。

二是集中培训阶段。可借鉴一些大型活动培训的成功经验，委托专门的人力资源开发公司或高校等制订周详的培训计划。大型赛会志愿者培训工作是个巨大工程，需要人力资源专家团队集体策划，才能保证培训工作的顺利完成。培训方法要强调现场培训，或通过相关录像和短片，使志愿者有身临其境的感觉，提高培训效果。三是专业培训阶段。聘请有经验的志愿者培训专家传授培训经验，介绍培训教材的编写经验和教训，结合各种大型赛会、各城市具体情况制订培训计划。迅速组建培训师队伍，并对培训师进行严格的培训与考核，这样才能确保培训工作的效果。充分调动社会力量，委托有优势教育资源的单位参与培训工作。前期的培训工作对志愿者在志愿服务过程中提升自身素质起着举足轻重的作用。

第二，素质培训形式多样化。多样化的培训形式能够很好地提高志愿者参与度，有很多志愿者在参与志愿活动的培训会后，会不约而同地认为培训过于老套，没有学习到实质性的内容，无法增加自己的知识和能力。大型活动的志愿者培训必须要根据对象的客观实际，及时更新和丰富内容，完善培训方式。一是培训对象进行分类。在培训过程中，由于个体实际不同，知识需求也不一样。因此，我们有必要对学生志愿者进行分类，根据志愿者的实际情况进行区分，对不同对象进行针对性的培训，在培训中发挥优势，弥补不足。因此在培训之前对志愿者进行初步的调查非常重要，比如可以通过在报名时填写相关问卷来获取志愿者的基本情况，也可以进入"志愿汇"等专门的网络平台填写相关的调查问卷，凭借互联网科学迅捷地进行数据分析，为培训对象的分类提供合理的数据支持。二是培训内容针对需求。培训内容不应进行明显限制，而应契合客观实际。做到在进行培训之前，做好摸底调查工作，明确当下志愿者不足之处，并做到再一次契合岗位需要，分析岗位要求，再确定具体培训内容和培训形式，以需求为主要导向。这一点也可以通过问卷的形式采集所需要的信息。三是培训内容更加丰富。在志愿服务中，除了岗位培训外，学校还可以在社会责任感教育上多下功夫，寓教于乐，以各类相关活动和素质拓展来辅助培训。在倡导服务性学习过程中，培养志愿者们主动思考和总结的能力，以此激发工作积极性。四是培训形式多样化。志愿者特别是学生志愿者大多对新鲜事物有着强烈的兴趣。因此在培训过程中，要考虑到志愿者的特点，采取多种形式的培训手段和方法，以帮助志愿者尽快掌握技能。在这一点上，可以建设微信平台和"志愿汇"APP等，推送实用的培训内容，以此提高学生志愿者的参与度。

第三，多渠道验收成果，合理利用人力资源。多渠道验收培训成果，并进行合理分工，是帮助志愿者进行正确的角色定位的前提。因此，除了要针对个体需求进行培训外，在培训结束后，进行有效考核和评估，针对志愿者的客观实际和优势进行合理分工，才能达到角色效能最大化，在这样的岗位上，更加有利于发挥志愿者的才能，而且还能促进其进一步发展。此次峰会实施"两轮选拔＋三轮测试"的形式，其中第一轮选拔由高校负责牵头，组建"团学干部＋外语教师＋礼仪教师＋心理教师"面试团队，按照"形象好、气质佳、外语强、素质高"的要求，完成 26266 名报名志愿者的首轮面试，选拔出 6000 名预招募人员。第二轮面试，由卫志部、志愿者使用部门、相关高校共同实施，按照"会站、会笑、会说"的要求，侧重考察志愿者应急服务和临场反应能力，进而建立了 3900 人左右的预录取志愿者数据库。同步实施了志愿者通用知识线上考核、心理测试和托业测试三轮测试，并完成了相关数据分析，其中托业测试是国际工作环境中英语交流能力的权威测评。

(四) 加强角色冲突能力学习

第一，建立应急处理机制，完善志愿者培训。志愿者作为一个提供服务的角色，经常会置身于有许多角色的现场，角色冲突也时有发生。因此，在角色冲突的时候，志愿者要有相关应急处理能力，并做到能够有效地反馈和解决问题，这样才能保证志愿服务活动的顺利进行。加强应急机制学习，并采取案例分析、现场模拟、情景假设等方式方法教导志愿者，在面临同样的问题和困惑时能积极应对就显得尤为重要。志愿者解决问题的能力在很大程度上也决定了志愿服务能否顺利开展。

第二，激发团队精神，加强团队建设。大型赛会中的志愿服务，要发挥出志愿者更大的潜能，做好团队建设工作的同时，要进一步促进志愿者的自身发展。团队的力量不单单是个人力量的总和，在相互磨合、配合、融合的过程中会进行最大的优化协调，从而使得团队发挥出巨大的力量。当然，优秀的团队在很大程度上还是要建立在较为优秀的个体的基础上，因此要培养志愿者的组织凝聚力，使他们积极主动为实现团队目标而努力，同时又能够在团队工作实践中快速、良性地成长。一个良好的团队工作氛围可以让学生志愿者感受到工作的快乐，体悟并升华志愿服务的意义。对于志愿者自身来说，一方面需要结合自身实际情况，准确定位，提高自身各方面能力，以处理好多重角色关系的内部冲突，促进自身发展；另一方面志愿者们也要努力、积极地在团队中学习，以处理好角色外部冲突，在团队中更好地成长、发展。

（五）加强角色管理

第一，依据规章制度，制定有效指南。志愿者们既需要被纳入一个团队，也需要被纳入一个组织。不管是一个志愿者团队的领队还是一个志愿者组织的负责人，在管理过程中，都要制定具体管理细则，比如在志愿者管理的各个环节制定相应的管理办法和规章制度，针对志愿服务活动制订活动内容指引等。还要及时做好总结，因为制度和人一样也应该是"活"的，需要在实践过程中淘汰旧制度，根据具体的情况进行制度的改革，不断修正，为志愿服务注入各种新活力。

第二，健全管理机制，创新管理手段。有了管理制度的保障，做好志愿者工作的要点还需要有创新管理手段，如实行信息化管理，完善注册登记，以帮助在招募过程中，分析志愿服务的动机，以便汇总、考评、反思和激励。日常工作中，要把志愿服务活动与学校社会实践、素质拓展活动等联系起来，并做好志愿时数登记，充分利用"志愿汇"APP、微信、QQ群等开展日常管理工作。

第三，建立服务性学习多元化管理模式。要促进大型赛会的顺利开展，就要对志愿者实施有效的管理。服务性学习多元化管理模式强调学习和服务都十分重要，因此在服务过程中，建立服务性学习的多元化管理模式，如设立网页版题库，按时进行简单的测试和调查；设立分享交流的平台，帮助志愿者之间适时交流和相互学习。在服务过程中不忘总结经验，相互学习，做到有效总结和改善，帮助志愿者发展。

第四，志愿服务结束后续管理要深化。在学生志愿服务结束后，要由相关机构和学校将志愿者资料保存，做好通讯录、QQ群等建设工作，以保持长期沟通和交流，其他志愿活动信息也可以通过通讯录来传递，保持志愿者的志愿服务热情和理想信念。同时，相关机构和学校还要做好后续的管理工作，如志愿者沟通交流会、优秀典型人物宣讲会等，进一步在总结中宣传志愿精神，组织开展志愿服务活动总结会，扩大志愿服务活动的影响力。还可以依托校园网平台出一刊电子板报，集中纪念志愿者的服务活动，或将之纳入校刊、院刊中，成为学院乃至学校的一个标志。

(六) 采取灵活多样角色评价

第一，采取多种激励方式，提高服务激情。有效的激励机制可以进一步吸引志愿者参与到大型赛会中，因此要做好有效激励方案。激励方案要强调契合个体的不同需求。例如，对于要促进自身发展而参与志愿服务的志愿者，可以为志愿者提供更加专业的培训；对于怀着对比赛热爱而参与志愿服务的志愿者，可以通过颁发有纪念意义的小纪念品进行激励；对于怀着真诚的奉献精神参与志愿服务的志愿者，可以通过合影留念，赠送有意义的照片作为激励；等等。此次 G20 杭州峰会激励政策主要分为政策激励、荣誉激励和物品激励。政策激励是通过政策引导增强志愿者的荣誉感、责任感和团队意识，使志愿者在服务期间保持良好的精神风貌；荣誉激励是志愿服务期间，开展人文关怀激励，在峰会结束后，开展总结表彰、经验分享会等活动，评选优秀志愿服务集体和个人，宣传先进事迹；物品激励是卫志部负责制作和发放峰会志愿者录取通知书、峰会志愿者纪念证书、峰会志愿者纪念品以及志愿者激励贴纸，志愿者使用部门将志愿者纳入相关部门激励物品发放范围，高校配合发放志愿者激励物品。

　　第二，建立反哺机制，提供发展机会。志愿者强调服务和学习，在服务中满足了自身需求，除了强调参与重要性外，更应重视自身需求。因此，志愿者组织应该从促进志愿者自身发展的角度进行考虑，在建立志愿者信息档案及以各种网络媒介创建与志愿者联系的基础上，为志愿者提供更多参与社会公益活动的机会，以及有利于自身学习的各种实习工作，还可以组织各种丰富多彩的业余休闲活动，增加志愿者间的相互了解，增强团队精神、组织意识。这样既可以作为一种辅助的激励手段，又能进一步促进自身发展。

五、利用大型赛会提升志愿者自身素质的再思考

（一）积极主动提升自身专业技能

志愿活动按照服务过程和内容可以分为专业化服务和非专业化服务

两种，"非专业化服务是指技术含量较低的一般性服务活动，如大型活动中的后勤保障工作；专业化服务是指具有某项专业知识技能或获得专业资格的人士提供的服务，如心理康复、翻译、义诊、支教、法律援助、维修等"[①]。非专业的志愿服务对能力的要求较低，因而它起着吸引大量志愿者的优势，能够有效地扩大志愿服务的群众基础。但是随着志愿活动的发展和社会的需求，简单的体力型非专业化志愿服务将难以满足被服务者的需求，发展专业化的志愿服务将是一件迫切的事情。从北京奥运会、广州亚运会、G20 杭州峰会等大型活动中，我们都可以清晰地看到大量大学生志愿者的出现。大学生作为一个集中较多专业知识和各项能力的生动活泼的群体，也成为大型赛会志愿服务队伍的重要组成部分。因而志愿服务专业化对大学生志愿者提出了更高的要求，亚运会和 G20 杭州峰会的志愿者招募设置更为细致，如通过各种心理测试，各种形式的笔试和面试，借助互联网得出较为科学合理的数据，以此选出优秀的志愿者。从这里我们也可以看出志愿服务专业化日趋重要。高等院校的大学生正处在人生的黄金时期，头脑灵活、思维敏捷、创新意识、动手能力强，正是学习知识和提升各方面能力的最佳阶段，通过志愿服务活动能够有效地增长和适应社会所需要的各项素质和能力。因此，大学生更要做好应对志愿服务活动专业化需求的准备，坚定信心、把握机会、全力以赴，努力学习科学文化知识，全面提升自身综合素质并积极参与各种社会实践，在实践中积累经验，不断提高自己的专业技能，以专业化的服务出色地完成志愿服务活动，同时在参与过程中也提高自己对某一领域的专业化水平。

(二) 勇于探索提高自身服务能力

作为志愿服务的主体，大学生需要不断提高自身的能力。一方面这

---

① 张科、彭巧胤：《高校青年志愿服务专业化研究》，《中国青年研究》2010 年第 2 期。

有利于志愿服务质量的提高，另一方面也有利于更好地实现大学生志愿者在志愿服务过程中的自身价值。第一，大学生要不断提高自身的学习能力。对于大学生而言，各种志愿服务活动是检验理论与实践是否能很好融合的过程，是能够切实提高自身能力的过程。随着志愿服务活动内容的更新、服务需求的提高、服务领域的扩大，我们要不断地以新知识和新思路武装自己，在研究和解决新问题的过程中，不断改善旧技能，培养新技能。在学习的过程中，积极地发挥主观能动性，及时总结经验，使自己能够适应各种新形势的需要。可以说，不能提高自己的学习能力将无法适应这个学习型社会，无法适应志愿服务的要求。第二，要不断提高自身的承受能力。志愿服务作为一项社会型公益活动，志愿者要接触到各种各样的人，在人与人的交流中，会遇到各种各样的情况。因此，大学生志愿者参与志愿服务活动承受着高强度的身心压力。提高志愿者的心理承受能力，学会更好地自我调节，以较为扎实丰富的心理健康知识来调节自己，坚定志愿服务信念，同时提高自己的意志力，学习交际的技巧，在人际交往中保持适宜的心理相容度，努力使自己拥有健康的心态参与到志愿服务中去。第三，不断提高自身的沟通能力。志愿服务实质上是一个人与人、心与心之间的交流活动，良好的沟通可以抵达彼此的内心，因此沟通是志愿服务的桥梁。尤其是社会弱势群体常常会成为志愿服务当中需要接受服务的对象，他们往往比平常人需要更多的理解和关爱，这使得沟通成为志愿服务过程中非常重要的一个组成部分。沟通技能的提高将使大学生志愿者在志愿服务的过程中更易于获得他人的理解和支持，从而顺利达到志愿活动目的，增强志愿服务的实效性。沟通能力的增强，可以从日常交际、课程培训、经验交流等方面入手。

（三）不断坚定志愿服务理想信念

当代大学生与以往的大学生相比，既富有远大的理想又注重现实利益、既充满爱国主义激情又强调自我价值的实现、既认同社会主义核心价值观又推崇个性独立。① 在志愿服务初期，大学生志愿者们的志愿理念可能是不清晰的、不坚定的、脆弱的。并且我国正处于社会转型期，社会意识形态多元化、市场经济全面发展带来的功利主义取向等，都会向传统的道德规范发起猛烈的攻击与挑战，传统道德规范的变异与退化都使大学生志愿者赤裸裸地陷入经济压力和物质诱惑共融而成的旋涡中，其间还夹杂着对物质追求和理想信念的多重矛盾冲突的选择。由此，我们会发现大学生志愿者群体虽然对志愿精神有着强烈的追求，但也不可避免地存在着动机多元化、功利化的趋向，在服务过程中则具体地表现为服务意识不坚定、志愿活动不长久等。理想信念存在于人类的精神生活中，是促使人类朝着一个方向行动的重要内驱力，坚定志愿服务的理想信念对于大学生志愿者参与志愿服务尤为重要。志愿服务的过程既是帮助他人、奉献社会的利他过程，也是逐步开发自身潜能，实现自身价值的过程。因此在实践的过程中，志愿者们需要努力学习提升自身综合素质、积极实践提高自身服务能力，树立正确的人生观、世界观、价值观，从而坚定志愿服务的理想信念，以更加饱满的热情不断投身志愿服务工作，在志愿服务工作中不断地提高自己的各方面能力，不断地树立自己的志愿服务理想信念。

本章节以大型赛会对提升大学生志愿者素质的影响研究为落脚点，在研究和吸收前人成果的基础上，通过对广州亚运会和 G20 杭州峰会的经验总结和比较分析，一方面得出了大型赛会对大学生志愿者素质的提升基于个人的社会化和个人精神境界提高的良性影响，另一方面也在理论和实际的分析基础上，得出了影响大学生志愿者提升自身素质的四个因素，包括志愿者自身、志愿者组织、学校以及社会。在综合分析这两方面内容的基础上，笔者依托 G20 杭州峰会的丰富、成功经验，提

---

① 夏义堃：《志愿者服务：高校德育工作的新视点》，《学校党建与思想教育》2002 年第 5 期。

出了做好角色保护和角色规范、提高角色认同、加强角色素质培训、加强角色冲突能力学习、加强角色管理、采取灵活多样角色评价六个提升大型赛会志愿者自身素质的措施，并予以详细的有理有据的分析、举例。实际上，志愿服务活动中所出现的包括志愿服务本身，志愿服务的组织都是与志愿者相辅相成的，因此志愿服务组织的努力仍是无法取代志愿者自身的努力的。

　　不可否认的是，随着城市化进程的加快，中国特色社会主义市场经济的快速发展，志愿服务活动会越来越趋向专业化，大型赛会也会不断增多，这一切都凸显出对于志愿者的要求会越来越高，志愿者的地位也会不断得到重视和凸显，志愿者的优秀与否很大程度上决定了志愿服务的效果和质量。这一切都表明这项研究将在实际的运作中不断地被完善。

参考文献

专　著

丁元竹：《中国志愿服务研究》，北京大学出版社 2007 年版。

冯英等：《外国的志愿者》，中国社会出版社 2007 年版。

丁元竹、江汛清：《志愿活动研究：类型、评价与管理》，北京体育大学出版社 2007 年版。

李森：《志愿服务是人生必修课》，广东人民出版社 2010 年版。

伏建全：《让员工动起来》，中华工商联合出版社 2006 年版。

共青团中央办公厅：《中国青年志愿者注册管理办法》2006 年版。

共青团中央：《中国注册志愿者管理办法》2013 年版。

魏娜：《北京奥运会志愿者读本》，中国人民大学出版社 2007 年版。

张晓红：《大型活动志愿服务组织与管理》，中国青年出版社 2014 年版。

施雪华：《政治学原理》，中山大学出版社 2001 年版。

郑杭生：《社会学概论》，中国人民大学出版社 2003 年版。

周雪光：《组织社会学十讲》，社会科学文献出版社 2003 年版。

李友梅：《组织社会学与决策分析》，上海大学出版社 2009 年版。

克兰德尔曼斯：《抗议的社会建构和多组织场域》，社会科学文献出版社 2002 年版。

艾尔东·莫里斯、卡洛尔·麦克拉吉·缪勒主编：《社会运动理论的前沿领域》，刘能译，北京大学出版社 2013 年版。

沈炜：《角色理论视角下的世博会志愿者》，华东理工大学出版社 2011 年版。

宋玉芳：《奥运会志愿者管理研究》，北京体育大学出版社 2008 年版。

唐志红、骆玲：《人力资源招聘·培训·考核》，首都经济贸易大学出版社 2003 年版。

詹姆斯·N. 罗西瑙：《没有政府的治理》，江西人民出版社 2001 年版。

韩森：《做志愿者》，金城出版社 2001 年版。

阿历克斯·英格尔斯：《人的现代化：心理·思想·态度·行为》，殷陆君编译，四川人民出版社 1985 年版。

黄海燕：《体育赛事管理》，人民体育出版社 2012 年版。

华尔德：《共产党社会的新传统主义——中国工业中的工作环境和权力结构》，龚小夏译，牛津大学出版社 1996 年版。

期刊论文

肖震：《浅析志愿者活动在大学生思想政治教育中的作用与意义》，《世纪桥》2011 年第 5 期。

张网成：《我国志愿者管理现状与问题的实证分析》，《中国社会科学院研究生院学报》2011 年第 6 期。

徐春娣：《浅谈高校志愿者活动的意义与发展对策》，《科技资讯》2011 年第 24 期。

曹锡康：《国内外志愿者研究成果综述》，《华东理工大学学报》2009 年第 4 期。

彭远威、王钰亮：《近十年来我国志愿者研究综述》，《黑龙江高教研究》2012 年第 12 期。

张瑾：《奥运会志愿者与人力资源管理》，《首都体育学院学报》2003 年第 2 期。

陈小沁：《奥运志愿活动与北京市社会志愿服务体系的建设》，《北京社会科学》2009 年第 3 期。

杨以仁：《城市应急与非应急一体化联动系统解决方案》，《中国信息界》2006

年 4 月 15 日。

李彦：《中国网球公开赛志愿者管理体系研究》，《北京体育大学学报》2013 年第 2 期。

刘轶民：《重大事故应急指挥系统（ICS）框架与功能》，《中国安全生产科学技术》2007 年第 2 期。

杨超、凌学武：《协调联动机制建设研究》，《武汉理工大学学报》2007 年第 4 期。

陈建军、袁玉平：《应急指挥系统建设方案设计与研究》，《武汉理工大学学报》2005 年第 2 期。

马奔、王郅强：《突发事件应急现场指挥系统研究》，《山东社会科学》2011 年第 5 期。

刘轶民：《突发事件应急指挥系统与联合指挥》，《中国公共安全》2006 年第 4 期。

张好：《突发事件中应急指挥通信系统的构建》，《计算机工程应用技术》2016 年第 3 期。

郑琛、佘廉：《我国突发事件现场应急指挥组织体系构建探析》，《华南理工大学学报》2016 年第 1 期。

鹿全礼、牛锦霞、胡庆波、徐梅：《城市应急联动指挥系统建设》，《软件工程》2008 年第 5 期。

刘霞：《公共危机治理：理论建构与战略重点》，《中国行政管理》2012 年第 3 期。

刘轶民：《重大事故应急处置基本原则与程序》，《中国安全生产科学技术》2007 年第 3 期。

林楲荷：《我国公共危机管理若干前沿理论探微》，《内蒙古农业大学学报》2009 年第 4 期。

孙多勇、鲁洋：《危机管理的理论发展与现实问题》，《江西社会科学》2004 年第 4 期。

郑双忠、邓云峰、刘轶民：《事故指挥系统的发展与框架分析》，《中国安全生产科学技术》2005 年第 4 期。

游志斌：《建立突发事件现场指挥制度》，《中国党政干部论坛》2015 年第 3 期。

付越强、刘卫东、安金朝：《突发公共事件应急系统的组织结构分析》，《江西社会科学》2007 年第 8 期。

郑双忠：《美国事故指挥体系（一）》，《国际》2006 年第 6 期。

杨春生：《对国内突发事件现场指挥系统的探讨》，《中国应急救援》2008 年第

2 期。

吴丹等：《我国 CDC 突发公共卫生事件应急处置能力与现状分析》，《中国卫生政策研究》2014 年第 7 期。

孙锦涛：《社会机制理论的新探索（上）（下）》，《沈阳师范大学学报》2007 年第 6 期和 2008 年第 1 期。

张梅、张人青：《大型活动志愿者管理对策》，《实务大观，管理天地》2008 年第 3 期。

牛春华、于洪钊：《学术赛会的志愿者管理工作》，《办公室业务》2011 年 8 月。

方俊、何雄杰：《2010 年广州市亚运会志愿者管理探索》，《华南理工大学学报》2009 年第 3 期。

徐家良、梁钜宵：《志愿者应急管理与冲突理论——以 5·12 地震四川 G 县为例》，《中国农业大学学报》2008 年第 4 期。

黄志坚：《中外青年志愿服务活动比较》，《社会科学研究》2000 年第 3 期。

张敏杰：《欧美志愿服务工作考察》，《青年研究》1997 年第 4 期。

周焱：《大型活动中大学生志愿者招募与培训实践探索——以长沙地方活动为例》，《鸭绿江》（下半月版）2014 年第 7 期。

王赢：《APEC 会议志愿者的四个"关键词"》，《中国社会工作》2014 年第 34 期。

江汛清：《关于志愿服务活动比较》，《中国青年政治学院学报》2002 年第 4 期。

张辉：《试论青年志愿者行动的运行机制》，《重庆工学院学报》1997 年第 2 期。

陈余泓：《上海世博局区园区志愿者部副部长栗芳接受本刊专访　世博会期待志愿服务立法》，《上海人大》2009 年第 4 期。

任炜、岳德钰：《大型活动志愿服务激励机制的创新研究》，《管理观察》2014 年第 34 期。

蒋新红：《我国志愿者激励机制存在的问题及对策思考》，《前沿》2011 年第 14 期。

蒋新红：《整合志愿者激励机制的基本原则》，《河南科技》2014 年第 2 期。

胡蓉：《我国志愿者的激励机制探讨》，《成都教育学院学报》2006 年第 1 期。

李晓军：《大学生志愿服务激励机制研究》，《改革与开发》2013 年第 11 期。

林敬平：《志愿者服务动机调查与激励机制设计》，《广东青年干部学院学报》2008 年第 72 期。

杨恕、续建宜：《美国志愿者运动述评》，《国际论坛》2002 年第 4 期。

文斌兴：《试论大学生志愿者的社会动员机制》，《高校教育研究》2009 年第 9 期。

赵凌云、邓蕾、陆烨：《民间组织动员机制论析》，《广西社会科学》2010 年第 8 期。

涂光晋：《基于新浪微博平台的网络动员机制研究》，《新闻界》2013 年第 2 期。

王延隆、蒋楠：《共青团组织动员方式的变迁对建构和谐校园的启示》，《学校党建与思想教育》2011 年第 5 期。

韩晶：《当代大学生参与志愿服务的障碍研究》，《青年研究》2003 年第 6 期。

张晓红、李凌：《志愿服务对共青团组织创新发展的作用》，《中国青年研究》2010 年第 10 期。

付晓静：《大众媒介与北京奥运会的社会动员》，《现代传播》（中国传媒大学学报）2008 年第 5 期。

李新华：《大学生志愿服务的组织动员机制新论》，《桂林师范高等专科学校学报》2013 年第 6 期。

邓国胜：《中国志愿服务发展的模式》，《社会科学研究》2002 年第 2 期。

方奕：《中国"志愿者行动"的社会机制问题》，《中国青年研究》1996 年第 6 期。

冯卫：《奥运会志愿者招募情况的解读——以伦敦奥运会和近几届奥运会为例》，《沈阳体育学院学报》2012 年第 4 期。

黄玉涛：《2009 年大冬会志愿者的管理研究》，《林区教学》2009 年第 2 期。

李致富、陈锡尧：《上海重大体育赛事志愿者招募与选拔机制探究》，《长江大学学报》（自科版）2014 年第 4 期。

刘俊生：《公共文化服务组织体系及其变迁研究——从旧思维到新思维的转变》，《中国行政管理》2010 年第 1 期。

陆桂英：《用高标准的志愿服务推动城市文明进步》，《杭州（周刊）》2016 年第 1 期。

孟芳兵：《高校志愿者招募培训工作机制研究》，《华中农业大学学报（社会科学版）》2010 年第 2 期。

谭建光：《志愿服务与义务工作：两种观念影响下的行为模式——以广东省珠江三角洲为个案的研究》，《中国青年政治学院学报》2004 年第 5 期。

田丽娜、王华琳：《大型活动志愿者招募机制探究》，《中国青年政治学院学报》2013 年第 4 期。

肖金明、龙晓杰：《志愿服务立法基本概念分析——侧重于志愿服务、志愿者与志愿服务组织概念界定》，《浙江学刊》2011 年第 4 期。

于江、魏崇辉：《多元主体协同治理：国家治理现代化之逻辑理路》，《求实》2015 年第 4 期。

张建华、高嵘、毛振明：《大型国际性运动会志愿者招募与培训经验的研究》，《体育科学》2006 年第 11 期。

张瑾：《奥运会志愿者与人力资源管理》，《首都体育学院学报》2003 年第 6 期。

张敏杰：《欧美志愿服务工作考察》，《青年研究》1997 年第 4 期。

中国青少年研究中心、团中央青年志愿者行动指导中心：《中国青年志愿者行动研究报告》，《中国青年研究》2001 年第 2 期。

吴江：《1994—2007 中国志愿服务的文献研究》，《中国青年研究》2008 年第 1 期。

张翠翠：《"服务学习"对于志愿者培训体系建立的启示——以南开大学"服务学习"课程为例》，《广东青年干部学院学报》2009 年第 3 期。

时怡雯：《"增权"视角下的志愿者领袖培训》，《社会福利》2010 年第 2 期。

樊娟：《从世博会看中外志愿者比较研究》，《中国青年政治学院学报》2009 年第 2 期。

宋延安：《论素质教育观下的体育教育》，《北京体育大学学报》2000 年第 3 期。

倪霓：《大型运动会志愿者培训研究》，《体育文化导刊》2012 年第 2 期。

董伟：《发展与问题并存——浅析我国志愿者现状》，《才智》2011 年第 7 期。

顾洪英：《充分发挥志愿服务在大学生思想政治教育中的载体作用》，《思想理论教育导刊》2014 年第 6 期。

许人冰：《高校大学生志愿服务体系存在的问题及其优化》，《中国青年政治学院学报》2011 年第 1 期。

徐子恒、王为正：《高校青年志愿服务存在的问题及对策》，《思想政治工作研究》2014 年第 8 期。

江汛清：《关于志愿服务若干问题的探讨》，《中国青年政治学院学》2002 年 7 月第 4 期。

胡凯、杨欣：《论大学生志愿服务的思想政治教育功能》，《思想教育研究》2010 年 2 月第 2 期。

魏娜：《我国志愿服务发展：成就、问题与展望》，《中国行政管理》2013 年第 7 期。

龚万达：《志愿服务 20 年——中国志愿服务研究综述》，《辅导员工作研究》

2010 年第 11 期。

王蕾、赵彦莉、穆娜：《志愿服务对大学生个人发展的价值意义研究》，《思想政治教育》2010 年第 4 期。

肖强、罗公利：《志愿服务研究综述》，《中国成人教育》2014 年第 4 期。

党秀云：《论志愿服务的常态化与可持续发展》，《中国行政管理》2011 年第 3 期。

金灿荣：《G20 杭州峰会的中国意义》，《南方都市报》2016 年 9 月 11 日。

刘威：《志愿服务："弱关系"群体间人际互动的路径选择》，《学习与探索》2015 年第 9 期。

富晓星：《互为中心：志愿者和服务对象的关系建构》，《青年研究》2015 年第 6 期。

李迎生：《志愿服务于弱势群体的权利保障》，《教学与研究》2005 年第 3 期。

殷小川、巩凌等：《关于 2008 北京奥运会志愿者培训问题的思考》，《山西大学学报》2006 年第 11 期。

邹智：《高校大学生志愿者服务参与度的影响因素研究》，《亚太教育》2016 年第 9 期。

王智慧：《大型体育赛事举办后对承办地区居民幸福指数影响的实证研究》，《体育科学》2012 年第 3 期。

高建华、高嵘等：《大型国际性运动会志愿者招募与培训经验的研究》，《体育科学》2006 年第 11 期。

唐士其：《市民社会、现代国家以及中国的国家与社会的关系》，《北京大学学报》1996 年第 6 期。

许悼云：《中国古代社会与国家之关系的变动》，《文物世界》1996 年第 2 期。

徐忠明：《国家与社会：汉代"独尊儒术"及其对当代法制建设的启示》，《江苏社会科学》1998 年第 4 期。

范翠红：《新中国成立初期国家与社会模式初探》，《南京师范大学学报》2001 年第 2 期。

孔令栋：《权威与依附——传统社会主义模式下的国家与社会关系》，《文史哲》2001 年第 6 期。

孙晓莉：《中国传统社会与国家同构状态探析》，《求是学刊》2002 年第 1 期。

学位论文

刘伟：《北京公共图书馆志愿者管理长效机制构建与对策研究》，硕士论文，西南大学，2010 年。

尚梦琦：《大学生志愿者动员机制研究》，硕士论文，山东大学，2013 年。

吴迪：《我国大型体育赛会志愿者发展研究》，硕士论文，山东师范大学，2008 年。

宋玉芳：《奥运会志愿者管理研究》，博士论文，北京体育大学，2004 年。

朱辰瑜：《高校志愿者参与机制的研究》，硕士论文，西北大学，2012 年。

张强：《城市突发事件应急指挥系统研究》，硕士论文，武汉大学，2007 年。

何丹：《北京奥运会赛会志愿服务研究》，硕士论文，首都体育学院，2010 年。

李颍川：《北京 2008 年奥运会志愿者的组织模式与评价体系的研究》，博士论文，苏州大学，2006 年。

张文静：《中国非营利组织志愿者管理研究》，硕士论文，西北大学，2008 年。

吉青珂莫：《志愿者管理体系的流程分析与构建》，硕士论文，清华大学，2008 年。

吕继青：《志愿者组织运行机制研究——以 2011 年中国国际航空体育节志愿服务为例》，硕士论文，山东大学，2012 年。

梅鲜：《中国大学生志愿者组织运行研究——以复旦大学志愿者组织为例》，硕士论文，复旦大学，2008 年。

蔡云斌：《应急指挥系统建设项目风险管理研究》，硕士论文，东华大学，2014 年。

杨杰：《我国大型活动志愿者管理研究》，硕士论文，华南理工大学，2012 年。

孙刚：《我国大型体育赛事志愿者管理研究》，硕士论文，四川大学，2007 年。

陈洁：《完善中国慈善事业行政管理体制研究》，硕士论文，上海师范大学，2014 年。

许婧：《中国网球公开赛志愿者管理现状的研究》，硕士论文，山西大学，2010 年。

熊正妩：《我国志愿者权益保护法律问题研究》，硕士论文，西南大学，2012 年。

袁明符:《我国社区志愿服务激励机制的问题与对策研究》,硕士论文,重庆大学,2011 年。

黄克宇:《北京奥运会志愿者管理体系的研究》,硕士论文,天津大学,2005 年。

潘良栋:《上海世博会园区志愿者管理方法对体育赛事的借鉴》,硕士论文,上海体育学院,2011 年。

胡蓉:《我国非营利组织志愿者的研究管理》,硕士论文,西南交通大学,2005 年。

朱琳:《鞍山市志愿者组织发展问题研究》,硕士论文,东北大学,2011 年。

陆金华:《城市突发事件现场应急指挥通用模式研究》,硕士论文,首都经济贸易大学,2009 年。

林龙圳:《大型活动中志愿者项目管理模式研究》,硕士论文,北京林业大学,2010 年。

马晓东:《多中心理论视角下公共危机治理与研究》,硕士论文,中央民族大学,2007 年。

库丽飞:《基于组织行为的大型活动事故风险管理研究》,硕士论文,哈尔滨理工大学,2013 年。

刘道香:《高校志愿者活动的协调机制研究》,硕士论文,华东师范大学,2009 年。

兰宇新:《大型活动中大学生志愿服务的机制建设研究》,硕士论文,华东师范大学,2008 年。

张秀娟:《社会学视野下大学生志愿者工作运行机制研究》,硕士论文,吉林大学,2009 年。

叶吴宇:《我国志愿服务社会动员机制研究——以成都市志愿服务为例》,硕士论文,电子科技大学,2009 年。

李忠臻:《大型赛会活动安保应急指挥系统研究》,硕士论文,上海交通大学,2011 年。

李颖川:《北京 2008 年奥运会志愿者的组织模式与评价体系的研究》,博士论文,苏州大学,2006 年。

聂秀丽:《城市社区志愿者的动员机制研究》,硕士论文,山东大学,2013 年。

陈华:《高校学科带头人能力建设研究》,硕士论文,武汉理工大学,2008 年。

时晓燕:《我国志愿服务的现状及对策分析》,硕士论文,河海大学,2007 年。

姚秋江：《大型活动志愿者经历对中学生发展的影响及对策研究》，硕士论文，四川师范大学，2015年。

兰宇新：《大型活动中大学生志愿服务的机制建设研究》，硕士论文，华东师范大学，2008年。

黄小玲：《大学生志愿服务的德育功能研究》，硕士论文，南昌大学，2013年。

孙梅：《大学生志愿服务活动的德育功能研究》，硕士论文，辽宁医科大学，2012年。

丁振：《大学生志愿服务及其思想政治教育功能》，硕士论文，河南大学，2012年。

姜丹：《大学生志愿服务精神培育研究》，硕士论文，浙江大学，2009年。

唐靖：《大学生志愿服务研究》，硕士论文，河北工业大学，2013年。

马海兰：《大学生志愿精神培育研究——以南京青奥会志愿服务为例》，硕士论文，南京信息工程大学，2014年。

郝志新：《大学生志愿者活动育人研究》，硕士论文，渤海大学，2012年。

王观宇：《当代大学生志愿服务体系研究》，硕士论文，齐齐哈尔大学，2013年。

删海章：《高校大学生志愿服务行动的思想政治教育功能研究》，硕士论文，南昌大学，2011年。

王海燕：《高校志愿服务对增强大学生思想政治教育的实效性研究》，硕士论文，武汉工程大学，2012年。

李瑾：《论志愿服务在大学生思想政治教育中作用的现状与对策》，硕士论文，华中师范大学，2011年。

李菁文：《志愿者活动对大学生思想道德素质作用研究》，硕士论文，杭州电子科技大学，2011年。

汪智汉：《中国志愿服务的现状、功能与问题研究》，硕士论文，华中师范大学，2005年。

外　文

Cnaan.Retal. *Public of Who is a Volunteer.An Examination of the net-cost Approach* *from across-cultural Perspective,27th Annual Conference Proceedings of ARNOVA. Washington* : Seattle,1998.

Graham Cuskelly, Russell Hoye and Chris Auld, *Working with Volunteers in Sports*, London : Routledge.

Handy, *Frtal Public Perception of Who is a Volunteer* : *an Examination of net-cost Approach from a cross-cultural Perspective*,Voluntas,11 (1) , pp. 45-46.

Maria Luisa Honrubia and Angel Ignacio Femandez Nino (1999) , *Volunteering versus Olympics.Paper presented at the Volunteers,Global Society and the Olympic Movement Conference* , Lausanne,November, pp.24-26.

Richard Pound (1999) , *Volunteers and Olympic Movement,Past,Present and Future.Paper presented at the Volunteers,Global Society and the Olympic Movement Conference,* Lausanne November, pp.24-26.

New York declaration, Olympic Review.2001, December-January (42) , p.11.

Graham Cuskelly, Russell Hoye and Chris Auld, *Working with Volunteers in Sports*, London : Routledge.

后 记

　　志愿服务是社会文明进步的重要标记。2016 年 G20 杭州峰会期间，浙江 15 所高校的 4021 名"小青荷"志愿者承担了礼宾接待、文艺演出等服务保障工作，赢得了国内外嘉宾的交口称赞，被誉为峰会"最美丽的风景"。在 2015 年年底，杭州团市委、杭州市志愿者工作指导中心和杭州师范大学就 G20 杭州峰会志愿服务培训和研究工作进行了深入探讨。在团中央和浙江团省委的领导和指导下，"中国青年志愿者赛会服务研究培训基地"在杭州挂牌成立，基地秘书处设立在杭州师范大学。《大型赛会志愿服务机制研究》一书出版，就是在总结提炼 2016 年 G20 杭州峰会志愿服务实践经验基础上，结合社会学等多学科理论开展研究的成果。团中央青年志愿者行动指导中心高度重视，将本书纳入中国青年志愿服务丛书，由人民出版社出版。以期为新时代全国各个城市大型赛会志愿服务培训提供科学的理论指导和业务参考，进一步丰富和发展中国志愿服务的理论体系。

　　本书由杭州师范大学和共青团杭州市委、杭州市志愿者工作指导中心的同仁一起研究探讨，提出总体设想和提纲。本书得到现任杭州团市委书记马利阳，杭州师范大学党委副书记王利琳教授，杭州师范大学公共管理学院（政治与社会学院）赵定东教授，厦门大学博士生导师、贵州师范大学校长助理史秋衡教授等领衔指导和支持，同时得到了团中央青年志愿者行动指导中心张朝晖书记、杨业功处长，团浙江省委朱林森书记、王慧琳副书记、陈掌军部长，以及时任团杭州市委周扬书记、团杭州市委吴洁静副书记，杭州市志愿者工作指导中心王跃军、沈晓峰、陈碧红等领导和专家的指导、支持和帮助。杭州师范大学朱俊瑞、余龙进、龚上华、何军等专家及曹丹丹、陈勋、王倩、董铮、卢晚秋、马珺等教师参与了部分工作。杭州师范大学相关学科研究生王伟平、汪振羽、胡媛琦、管燕燕、张莎婵、余柳君、许谦、葛颖颖、陆庭悦、李馨、李娜娜等同学参与并承担了各章节的文献搜集、整理和统稿工作。杭州师范大学人文学院余慧菊、倪佳佳、杨莎莎、洪雨涵等师生试读本书并提出宝贵修改意见。

本书在编写过程中还吸收了国内外许多有价值的相关理论成果资料，在此，我们一并表示衷心感谢！由于理论水平有限，实践经验还不足，书中难免有疏漏和不足，敬请专家、学者和同行批评指正。

编　者

2018 年 11 月

责任编辑：汪　逸

封面设计：王春峥

图书在版编目（CIP）数据

大型赛会志愿服务机制研究：基于 2016 年二十国集团领导人杭州峰会志愿服务
　工作 / 沈威，盛晓晶，林毅　著 . —北京：人民出版社，2019.12（2020.4 重印）
　（中国青年志愿服务丛书 / 汪鸿雁　主编）

ISBN 978 - 7 - 01 - 020523 - 6

I.①大… 　 II.①沈…②盛…③林… 　 III.①志愿 - 社会服务 - 研究 -

　中国　 IV.① D669.3

中国版本图书馆 CIP 数据核字（2019）第 047781 号

大型赛会志愿服务机制研究
DAXING SAIHUI ZHIYUAN FUWU JIZHI YANJIU
——基于 2016 年二十国集团领导人杭州峰会志愿服务工作

沈威　盛晓晶 林毅 著

人民出版社 出版发行

（100706　北京市东城区隆福寺街 99 号）

天津文林印务有限公司印刷　新华书店经销

2019 年 12 月第 1 版　2020 年 4 月第 2 次印刷

开本：710 毫米 × 1000 毫米 1/16　印张：16

字数：230 千字

ISBN 978 - 7 - 01 - 020523 - 6　定价：69.00 元

邮购地址 100706　北京市东城区隆福寺街 99 号

人民东方图书销售中心　电话（010）65250042　65289539